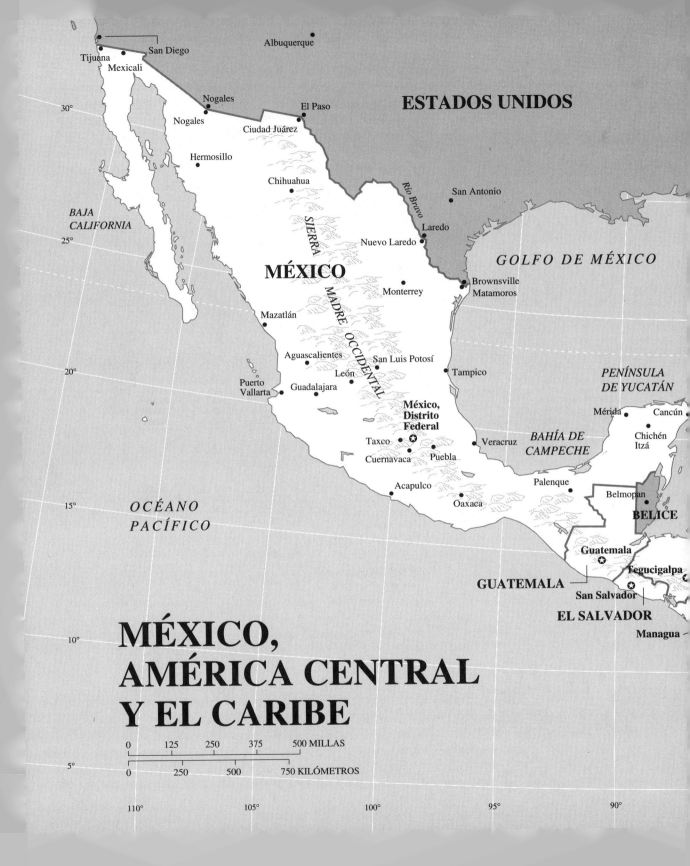

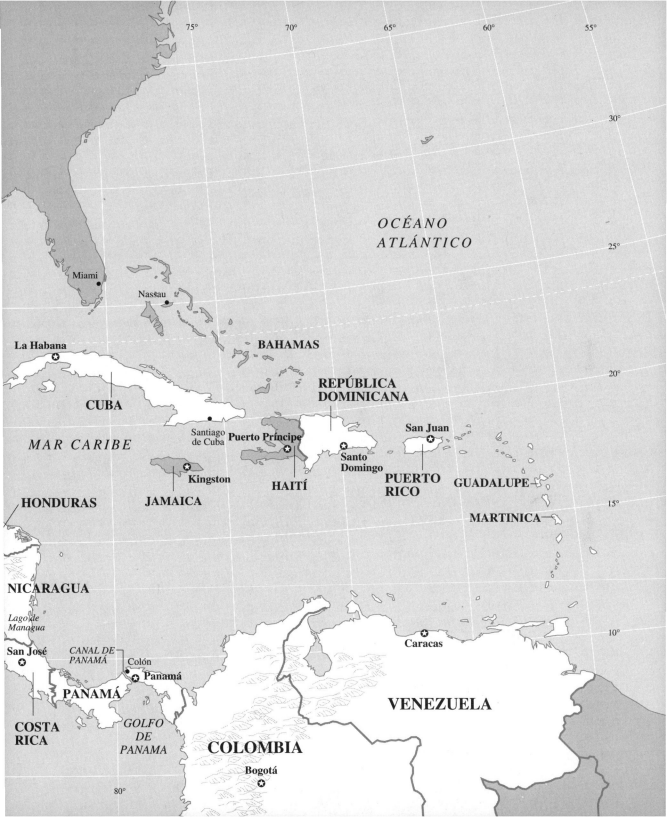

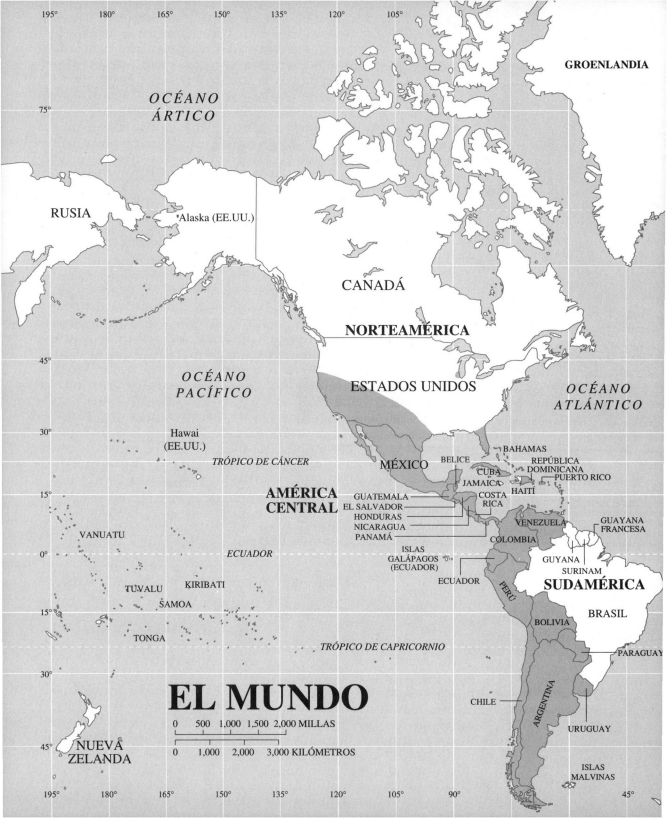

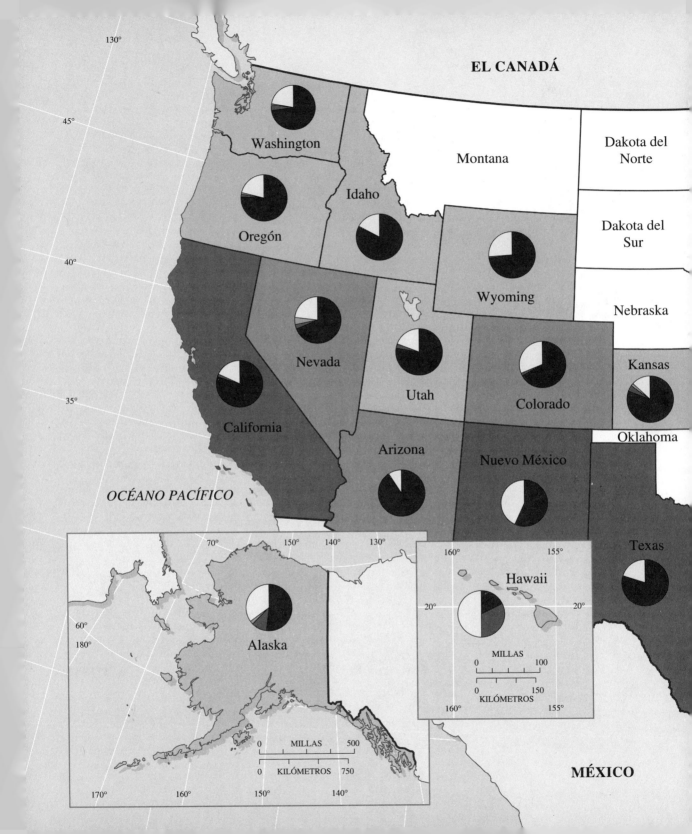

EL CANADÁ

Washington

Montana

Dakota del Norte

Dakota del Sur

Idaho

Oregón

Wyoming

Nebraska

Nevada

Utah

Colorado

Kansas

California

Arizona

Nuevo México

Oklahoma

OCÉANO PACÍFICO

Texas

70°   150°   140°   130°

160°   155°

Hawaii

Alaska

20°   20°

MILLAS
0   100

60°

180°   KILÓMETROS

MILLAS

0   150
KILÓMETROS

160°   155°

0   MILLAS   500

0   KILÓMETROS   750

MÉXICO

130°

45°

40°

35°

170°   160°   150°   140°

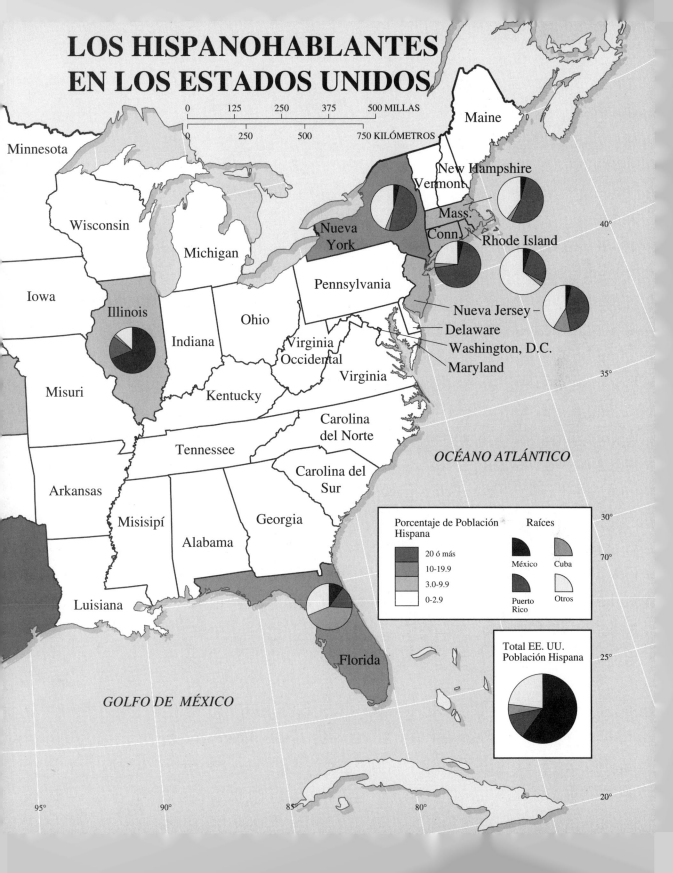

LOS HISPANOHABLANTES
EN LOS ESTADOS UNIDOS

500 MILLAS

750 KILÓMETROS

Minnesota

Maine

Wisconsin

New Hampshire

Vermont

Michigan

Mass.

Nueva York

Conn.

Iowa

Rhode Island

Illinois

Pennsylvania

Ohio

Indiana

Nueva Jersey

Misuri

Delaware

Virginia
Occidental

Washington, D.C.

Kentucky

Virginia

Maryland

Arkansas

Tennessee

Carolina
del Norte

OCÉANO ATLÁNTICO

Misisipí

Carolina del
Sur

Georgia

Porcentaje de Población
Hispana

Raíces

Alabama

20 ó más

10-19.9

México

Cuba

Luisiana

3.0-9.9

0-2.9

Puerto
Rico

Otros

Florida

Total EE. UU.
Población Hispana

GOLFO DE MÉXICO

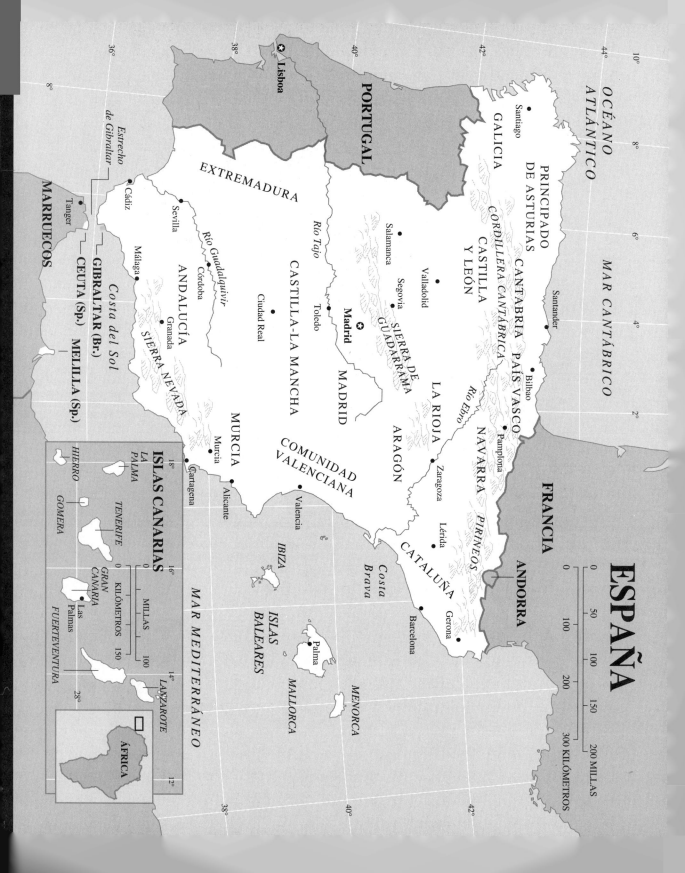

Generaciones

Composición y conversación en español

Generaciones

Composición y conversación en español

George D. Greenia

The College of William and Mary

With the Collaboration of David L. Paulson
Concordia College, Moorhead

HOLT, RINEHART AND WINSTON
Harcourt Brace College Publishers
Fort Worth Philadelphia San Diego New York Orlando Austin San Antonio
Toronto Montreal London Sydney Tokyo

Vice President/Publisher	Rolando Hernández-Arriessecq
Program Director	Terri Rowenhorst
Senior Developmental Editor	Jeff Gilbreath
Project Editors	Elke Herbst, Karen R. Masters
Production Manager	Serena Manning
Art Director	Burl Dean Sloan
Photo Editor	Shirley Webster

ISBN: 0-15-501283-5

Library of Congress Catalog Card Number: 95-79210

Address for Editorial Correspondence: Harcourt Brace College Publishers, 301 Commerce Street, Suite 3700, Fort Worth, TX 76102

Address for Orders: Harcourt Brace & Company, 6277 Sea Harbour Drive, Orlando, FL 32887-6777. 1-800-782-4479

(Credits appear on page 221, which constitutes a continuation of this copyright page.)

Harcourt Brace College Publishers may provide complimentary intructional aids and supplements or supplement packages to those adopters qualified under our adoption policy. Please contact your sales representative for more information. If as an adopter or potential user you receive supplements you do not need, please return them to your sales representative or send them to:

Attn: Returns Department
Troy Warehouse
465 South Lincoln Drive
Troy, MO 63379

> For more suggestions on working with *Generaciones,*
> please access our home page at http://www.hrwcollege.com

Printed in the United States of America

6 7 8 9 0 1 2 3 4 5   016   10 9 8 7 6 5 4 3 2 1

Preface to the Instructor

1 Audience and language goals

Generaciones is an intermediate composition and conversation text. The title alludes to the chronological generations within families that provide the structuring metaphor for the book, but also to the generation of spoken and written words to express the experience of family and life stages that everyone goes through. It also relates to the "generations" of successive drafts that all good writers use to develop their ideas. Speech and writing are the children of our minds and together give birth to the ideas that become our mental families.

Opportunities for conversation in the first half of each chapter, *Conversación y exploración*, represent an extensive repertoire of functions of spoken language, such as inquiries, complaints, excuses, compliments, and defending opinions. Structured discussions and open-ended conversations guide students in exploring the themes of each chapter and collecting information and ideas from each other. The second half of each chapter, *Composición y concreción*, builds confidence and control in mature writing in Spanish. By writing in all the registers of natural language—from notes left on the refrigerator to a sustained argument for a controversial position—students will master many styles of composition and will learn how to modulate their voice for their intended reader. They are also guided in moving their compositions through successive draft stages (writing as process, rather than as product), and writing to accomplish a clear goal (task-oriented writing). A substantial corpus of authentic readings for both the conversation and composition sections helps prompt cultural awareness and expand vocabulary. It is not expected that there will be time in every curriculum to cover all the materials provided. Instructors should pick and choose from the many oral activities and written exercises in the text and workbook according to the needs and abilities of their students and the structure of their local program.

2 Content, scope and sequence

The title *Generaciones* reflects the thematic trajectory of the book: exploring in Spanish the relations between family generations and common concerns for universal life experiences or stages. Class discussion and writing assignments allow students to formulate apt strategies for clarifying their own feelings and opinions about issues, surveying the ideas of others and communicating the insights gained along the way.

Capítulo 1: Generaciones asks students to consider families as they have evolved across generations, and how the American nuclear family contrasts with the Hispanic extended family. Instructors may develop additional topics that include relations of one generation to the next; a typical day in a Mexican/Argentinean/Venezuelan family; building a genealogical tree; describing an interesting relative; or imagining an ideal ancestor.

Capítulo 2: Experiencia de la niñez invites adult writers to muse about childhood, its fairy tales, its myths, first friendships, and perhaps growing up bilingual and bicultural. Instructors may wish to explore topics that include recalling formative experiences; thinking about early friendships; "protective censorship" that screens books unsuitable for young readers; favorite Hispanic children's stories; games like *Juguemos a pirata* (relating ideal and real adventures); and the tensions of bilingual education and bicultural formation.

Capítulo 3: Los animales surveys how Americans and Hispanics have used and relate to the animals that touch their lives, and how animals can help the young learn responsibility and provide grown-ups and the elderly with valued companions. At the discretion of the teacher, topics for exploration could also embrace animals and their place in the family; which animals are good companions for which ages; writing ads for pet products; pets as surrogate children for the childless; cockfights and bullfights in the Hispanic world; writing advice on pet care; writing to companies that experiment with animals; paying for pets in a world of limited resources; and the enslavement of pets for our pleasure.

Capítulo 4: Cuestiones sociales moves into the realm of emerging responsibilities with communities beyond the family and the creation of social families at school. Supplementary topics might include "campus" topics such as date rape and co-ed dorms; the treatment of gypsies in Spain and blacks or native peoples of Latin America; and communicating with the school administration in memos, committee reports, and petitions.

Capítulo 5: La salud investigates health facts, fads, and fashions, taking control of one's own physical well-being—and nudging those you love into being more responsible for their own. Teacher-selected topics might include stress and how Hispanics handle it; "fad" diets; noise pollution; the intrinsic healthiness of a "Mediterranean" diet; exposure to the sun in Latin countries; contrasts between competitive and non-competitive sports; recreations that promote good health; and interviews with various generations on health and self-care.

Capítulo 6: El medio ambiente y la tecnología confronts us with global responsibilities to safeguard our families (including those we hope to have). It examines a cross section of 20th-century technology and how quickly our world is being changed by computers. Complementary topics could include organizing a campus clean-up; habits for a healthy planet; the sort of world we will leave for those who come after us; over-population in the Americas; computer games; computers and piracy; computer dating; "cashierless" grocery stores; and saving the rain forests.

Capítulo 7: La amistad y las relaciones delves into the complexities of human relationships. Friendships and relationships influence how we view the world around us. Teachers may wish to expand on these topics to include dating "dos and don'ts" in the 1990s; an ideal best friend; wedding ceremony customs in the United States and in the Hispanic world; alternatives to marriage; and the advantages and disadvantages of society recognizing other sorts of legal partnerships.

Capítulo 8: Llegar a ser profesional deals with one's move into a professional world, with its own relationships and its own style of writing. Instructors could well craft additional themes based on writing resumes tailored for a specific job; answering personality and aptitude surveys; university degrees and facing *oposiciones* in Spain; drafting job descriptions; sexist attitudes in the work place; memos to coworkers; and communicating with Hispanic agencies in formal registers and styles.

Capítulo 9: La plenitud seriously treats having children and the advice a writer might want to obtain and eventually pass on to another generation. This chapter also looks at where the writer might be twenty or thirty years from now, and what he or she will leave to the world. Teachers desiring further topics for writing practice might consider the following: contemplating having children; listing names one might give their children; describing how Hispanic families maintain links with many generations of family members; letters of referral for a former babysitter; recommendations for traveling with children; fictional memoirs; and describing ideal descendants.

3   Speaking and Writing

In *Generaciones* students will discover exciting new ways to engage in conversation and writing activities in Spanish. This text presents Spanish writing activities in a format that is challenging, intriguing, creative, playful, and, most of all, realistic. It focuses on cultural content with extensive readings from native sources; Hispanic culture is laced throughout. Ethical concerns are a leitmotif of the whole text in order to enhance investment in interpersonal communication and to see that Spanish can be a vehicle for promoting and defending serious topics. Samples of actual compositions written by students of Spanish are included in the text and the *Manual de ejercicios*. These samples offer realistic models and give students the opportunity to respond with their writing and practice peer editing.

Novice writers often complain that they don't know what to write about or don't have anything to say. They write their compositions the night before they're due and never look at them again after they are graded. They dislike writing because they always feel isolated. They are implicitly convinced that no one will read their work except to look for grammatical errors. These are frustrations common to all academic writers.

In *Generaciones*, students are presented with writing tasks in each chapter that will challenge them to write about a wide variety of topics based on life experiences. Much class time can be spent discussing, drafting, and writing in teams after working together with authentic texts. Writers will read about the issues in each chapter, and will have opportunities to hash out tensions within these issues in pairs and groups before sitting down to concretize their own ideas on paper. Compositions are drafted in stages throughout the chapter, so that there are many opportunities to consult with the instructor and classmates to sort out ideas and questions about vocabulary and grammar.

Instructors sometimes complain about composition classes in terms of the boring nature of grading papers, having to read generalities about insoluble social problems, the thin satisfactions of lecturing about rhetorical theory, and the unreasonable expectations of colleagues who assume that students who have taken the specified writing class in Spanish should be able to produce compositions with flawless grammar from then on. It is no secret that teaching a course in composition is hard work, but an instructor's efforts do not need to be dreary and monotonous. *Generaciones* sets up a class environment that facilitates a collaborative writing community where instructors and students write for each other and with each other's help because in a writing community all members are responsible for reading and responding to others' writing. Students are also involved in planning for each class session: group discussions, debates, oral presentations, etc., are all based on specific issues presented in the readings and on the results of brainstorming and survey activities. Student writers should emerge with the necessary tools and skills for them to be able to further their writing abilities and critical thinking in upper division courses in Spanish and to develop their own style in Spanish.

4   Writing with a Purpose

The basic philosophy of this text is that *all* writing must have a communicative purpose. *Generaciones* provides teachers and students with a dynamic, flexible structure that will provide many opportunities to write in Spanish about plausible topics. No assigned writing task will be simply mechanical or will fail to represent real writing that young adults might do for themselves. Much low-quality student writing is the result of writing without understanding its goal, a phenomenon exacerbated when the writer is also struggling with a foreign language. Certainly, students learn to write by writing, but there must be a purpose for the writing event, and that purpose must be plausible for effective, intelligent writing to be generated.

Students should also develop a sense of their own writing process and the steps they take along the way. Instructors using *Generaciones* should encourage students to keep all their written work in a folder or portfolio for this class, and to draw on earlier exercises (brainstorming, vocabulary organizing, constructing mental maps, etc.) when developing a theme for a subsequent piece of writing.

5   Heuristic Devices—Tools for Discovery

Prewriting and advanced organization of vocabulary resources are fundamental elements in *Generaciones*. The conversation exercises will naturally serve as prewriting activities. Students cannot write effectively without some structure for each task, so advance organizers are built into the sequenced conversation and composition exercises. *Generaciones* incorporates into every chapter heuristic devices—thinking tools—to prompt analysis and build language.

6   Evaluating Writing

The evaluation of a given piece of writing should correspond to the task and not be controlled by a single factor, such as register, range of vocabulary, length of sentences, or grammatical accuracy. Overall course goals should also be reflected in all evaluations of individual writing assignments and exercises. Not all student writing should be graded. *All* student writing, however, should receive some response by a *real* reader, such as the instructor or a classmate, and that response should be focused on how the writer addressed the goal of the writing task.

Composing and editing are different processes. In *Generaciones*, students compose *before* they edit. Student writing is evaluated for syntactic and grammatical accuracy at specified junctures *after* students have had the opportunity to edit their own and their peers' writing. Suggested grading formats, modified for different sorts of writing assignments, are included in both the textbook and the workbook. Instructors may wish to select one of the specific evaluation schemes provided in the text and workbook or design their own and then review the format selected in class at the start of a writing assignment. If the formats in *Generaciones* are used, students can remove the copies reproduced in the workbook and attach them to the final version of a composition that they hand in for a grade. Students can also use duplicates of these in their peer reviews for each other.

7   Recurring Subsections in *Generaciones*

Instructional design is reflected in the organizational subsections which may appear more than once in any given chapter.

Conversación y exploración   The first half of each chapter provides background readings and suggests strategies for learning from each other about the chapter theme through class surveys, group discussions, etc.

- The *Introducción al tema* offers a brief prose introduction to raise questions and preview themes that will be covered in the chapter.

- *Lecturas* are readings[1] taken from native Hispanic sources and are used to introduce key vocabulary, essential concepts, and contrasting points of view, and model a wide range of registers of discourse. The follow-up exercises on vocabulary, *modismos*, and themes point the way toward further developing some of the *Posibles temas de redacción* suggested at the outset of the chapter. Additional readings are positioned throughout the chapter as articles in the *Ampliación* sections for background and to provide additional samples of prose composition.

---

[1] The instructor will note that the reading selections in *Generaciones* are not glossed in the margin. This is done intentionally so as not to distract the reader from seeking the essential themes and key concepts in each reading. Lexical support is offered before each reading in the *Investigación de vocabulario útil* section, and elsewhere throughout the chapter.

- *Actividades* show that writing problems are thinking problems. Oral organizational strategies for small groups and pairs, such as key questions, mental maps, drawing concrete pictures of arguments, word association games, are built into each topic. These help initiate discussions of major themes and sort the ideas and opinions of the group. In the opening chapters, activities labeled *Encuesta pública* and *Firma aquí, por favor* are repeated in both text (short form) and *Manual de ejercicios* (in-class work sheet). In later chapters, instructors may wish to have students compose their own *encuestas* as a writing activity.

Composición y concreción   The second half of each chapter provides step-by-step guidance in taking a composition topic from brainstorming and jotting down notes to structuring an argument and preparing a clean, finished copy. The student is first prompted with suitable themes and subjects to spark ideas; these are clustered as *Temas y géneros*, options for short- and mid-length writing tasks that may lead to an extended composition or project according to the teacher's semester goals. The sequenced writing exercises frequently include the following.

- *Ensayo al instante* shows how a paragraph written in class may be completed in less than five minutes. This exercise helps each student quickly concretize an initial personal statement on specific issues.
- *Lazarillo de temas (parejas)* demonstrates how to talk out a possible writing topic with a classmate as scribe or secretary, someone who then prompts revisions through questions and requests for clarification.
- *Autoeditor/a* marks the phase when students can re-read and start to re-draft their work in light of the suggestions made by the instructor and fellow students.
- *Al público* guides student writers through crucial steps in preparing a text for a wider audience. This section allows students to polish longer pieces of writing as culminating chapter exercises. A variety of formal evaluation sheets are included in the text for grading compositions. In many cases the instructor may assign the writing project for one chapter to be completed for submission after the next chapter is already begun in class.

Teachers should not feel obliged to assign a full composition in every chapter: the work load would be excessive for both instructor and student. The authors suggest requiring only three or four extensive writing projects during a given term and frequent minor writing assignments that allow students to practice note taking, building thematic vocabulary, organizing ideas in graphic ways, and drafting expressive opening or closing paragraphs. Sections marked *Realización del borrador* are therefore optional and may be used by the teacher if the whole class is writing a full composition in a given chapter. Some teachers may simply wish to require that students complete a major writing assignment once every three chapters. Additional suggestions for course design and evaluation procedures are given in the *Instructor's Manual* that accompanies *Generaciones*.

Each chapter concludes with one more optional section entitled *Curiosidades de cultura y lenguaje*, which introduces notes and exercises on how speakers of Spanish and English perceive the world and employ their languages to describe it. This section is in English to make the discussion of nuances of language more accessible.

8 Recurring Subsections in the *Manual de ejercicios*

Formats for guided conversation and additional topical readings are provided for exploring perceptions and ideas and manipulation of social register, genre, and audience. These written exercises allow for examining authentic and student-generated texts, and then critiqueing and revising them as needed. Selective grammar and vocabulary practice is provided in exercises coordinated with the textbook and its writing tasks, but each instructor should choose a specific recommended reference grammar that students can continue to use in later courses.

- *Encuesta pública/Firma aquí, por favor* sections include questionnaires, both ready-made and student designed, that students can use to find out one another's beliefs and opinions on topics presented throughout the book.
- *Cartas entre tres* are structured "dialogue journals" prompted by letters written from the author of this text: there is room for a "postscript" from the teacher if desired and each letter invites one or several students to comment on a specific aspect of the chapter's themes; letters can be exchanged between pairs of students who share their own insights on the topic before the teacher receives their letters and offers his or her own perspective. These student letters are not intended to be graded other than as completed assignments.
- *Investigación de vocabulario útil* directs students as to when and how to use dictionaries so as not to choke the composition process itself: they are best used to marshal essential terminology before writing a first draft, and then later during the rewriting process or expand the richness and strength of the language employed. Students are guided in assembling key terminology that a writer wants to keep in play as a way of starting to organize one's ideas.
- *Voces del mundo hispano* provides exercises based on listening selections from the cassette tape that accompanies the *Manual de ejercicios* for *Generaciones;* conversations build on the life-stage theme of each chapter.
- *Elaborar un borrador* structures the phases of a writing task in a graphic way so that students can consciously walk through the steps of good writing.
- *Poesía/fantasía* provides pre-designed opportunities for creative writing built into every chapter of the *Manual de ejercicios.* This type of writing promotes brainstorming and alternate registers of expression.
- *Ser editor/a* offers students a chance to learn editing skills by critiqueing real samples of student writing. Among their many goals, these editing exercises demonstrate how extracting an outline of someone else's work

helps the reader to step back and examine the organization of the ideas presented.

- *Structures for Communication* contain grammar and vocabulary exercises that provide additional practice. Teachers wishing to reinforce or extend the grammatical components of their course may assign additional exercises from a supplementary reference grammar.

9   *Apéndices* on Evaluation Criteria, Advanced Placement Spanish, and Writing with Computers

Apéndice 1 contains suggested evaluation criteria sheets for use by the teacher and, if desired, by students during peer review. Instructors may wish to have students select the criteria on which they wish a certain writing project to be graded or use these criteria during peer reviews. Teachers are urged to modify these criteria to meet their specific course goals. Additional suggestions for evaluation procedures are given in the *Instructor's Manual* that accompanies *Generaciones*.

Apéndice 2 describes the free writing component of the national Advanced Placement Exam in Spanish Language taken every year by more than thirty thousand high school students across the U.S. High school teachers can use this section to help prepare their students for the AP Exam. College teachers may simply wish to learn more about the prior training of their AP students in order to build on those skills in subsequent college courses.

Apéndice 3, on word processing in Spanish, is found at the back of this book, and complementary computer diskettes are packaged with the Instructor's Manual. This appendix gives general instructions and counsel on managing logical subdirectories or folders for class assignments, rough drafts, peer editing, private space, etc., in a variety of platforms and word processing programs.

In both the textbook and the manual, certain exercises are marked with an icon and the phrase «Ejercicio también en el microdisquete», referring to the diskettes shipped with the Instructor's Manual and available for copying by students. These are text editing exercises best transformed on a computer screen in the word processing program students are familiar with. The files that contain these exercises are gathered from both books into subdirectories or folders labeled with the number of the chapter. Editing instructions are given with the Spanish prose text to be transformed as well as some basic coaching on how to take advantage of word processing functions like block moves, doing a spell check, etc. You or your department should make these diskettes available to students for copying.

Acknowledgements

This book was authored principally by George Greenia. David Paulson became a faithful ally who invested himself fully in the project and took on responsibilities and labors beyond the demands of friendship. He ranks as a true author of

Generaciones. We would both like to acknowledge the support and assistance of the many individuals who listened with the same display of patience to both our best ideas and our most wayward notions, and helped us to recognize the difference between them.

Special thanks go to over twelve years of students of Spanish Composition at the College of William and Mary. They were an intelligent and receptive audience who provided frank feedback on what might eventually work in a textbook. They were also true co-authors, generously providing the writing samples that were recast to help other novice writers learn from their natural student voices. Individuals who deserve special mention are Davina Spinelli, Rebecca Fallen, Tom Iarocci, Angela Sweeney, Stephanie Jenkins, Angie Acosta, Andrea Jorgensen, Kirt Komocki, Kate Matney, and Kathleen O'Neill.

The professional staff at Holt, Rinehart and Winston were every author's dream and sternest conscience, offering both praise and sound advice as necessary to keep the project going and make it the best book possible. Jim Harmon was the first to extend an invitation to pursue *Generaciones,* and Jeff Gilbreath expertly guided it through the process of development. Thanks are also due to Elke Herbst, Burl Sloan, and Tad Gaither for leading the project through production, and to Dr. Luz Garcés-Galante and Steve Patterson for their skillful editing of the manuscript.

Colleagues and native speakers provided an invaluable professional and linguistic aid. Among the foremost are María Robredo, Rosa López Cañete, Teresa Pérez Gamboa, Manuela González-Bueno, Leonor Valdarrama de Sillers, Viann Pederson de Castañeda, Javier Fernández, and Wilma Linares. Special thanks go to Javier Estrada Artal who composed the taped listening segments for the workbook and allowed use of his original fiction for certain chapters of *Generaciones.*

Many outside readers gave insightful feedback during the development of this project. They include

Geraldine Ameriks	University of Notre Dame
Doug Benson	Kansas State University
Kathleen Boykin	Slippery Rock University
Robert Davis	University of Oregon
Jorge Febles	Western Michigan University
Diana Frantzen	Indiana University
Derek Frost	Yale University
Rita Goldberg	St. Lawrence University
Susan Haydu	Yale University
Hayden Irvin	Gustavus Adolphus College
Bill Moseley	Colorado State University
Stanley Rose	University of Montana, Missoula
Marcela Ruiz-Funes	University of Wisconsin at Green Bay
Frances Sweeney	Ohio University
Peggy Watson	Texas Christian University
Anne Marie Wiseman	Wofford College

They bear no responsibilities for the shortcomings of the authors nor for those of the finished product, but they did save us from countless missteps all the same.

We cannot forget those who taught and guided us during our formative years, and who remained by us as valued friends. Trisha Dvorak first mentored George Greenia in the beauty and art of teaching at the University of Michigan in the late 1970s and showed him the practical applications of the full rigors of linguistics. She remains to this day his model of the consummate foreign language educator. James F. Lee directed David Paulson's doctoral dissertation in Second Language Acquisition at the University of Illinois and introduced David Paulson and George Greenia to each other at a crucial stage in their independent research.

Finally this book is dedicated to our parents and families, and especially to Tom Wood, whose support and patience never wavered.

The author hopes that *Generaciones* can be a flexible tool for mastering oral and written skills that will help students express themselves as mature adults in Spanish—and with a "voice" appropriate for every occasion.

George D. Greenia
College of William and Mary

Preface to the Student

Whether you are a native speaker of English studying Spanish conversation and composition at an intermediate or advanced level, or an experienced speaker of Spanish wishing to perfect your formal skills in the language, *Generaciones* offers oral activities and written exercises that will improve your abilities to express yourself effectively. The title *Generaciones* alludes to the focus on Hispanic and American families, to generating ideas for speech and writing, and to the "generations" of successive drafts that good writers habitually work through.

This book will help you develop your mastery of both speaking and writing, but the thematic focus of each chapter steers the speaking activities toward prewriting and collaborative brainstorming. In some ways *Generaciones* is like a composition course in English, but you and your classmates are guided in working as each other's partners in oral dialogue to sort through writing topics, and then as peer editors in developing successive drafts. Try to get to know your classmates; they are your best readers and conversation partners, in some ways better than your teacher because you can ask for their help as a friend and equal. The more experienced speakers of Spanish in your class have a special contribution to make in lending their ear and vocabulary resources to others. Those who are better at formulating their thoughts in writing can offer invaluable coaching to those who want to make more progress in that area. Everyone's contributions are important.

The nine chapters in *Generaciones* are structured in two main parts, *Conversación y exploración* for speaking, and *Composición y concreción* for writing. Both sections incorporate readings from native Hispanic sources that provide cultural information and background on the chapter themes, and many of the readings have exercises associated with them to help you both understand the content and appreciate them as samples of diverse kinds of writing. Some of the readings are not presented with exercises; they are offered as "sidebar" articles for background and to provide additional samples of prose composition.

After a brief statement about the theme of the chapter (*Introducción al tema*), the readings and speaking activities in *Conversación y exploración* ask you to explore what you already know about families, childhood, health, preparing for a professional career, and so on. You should canvass what others in class know or perceive about a topic, brainstorm for new ideas that interest you, and come up with topics that you think would interest various types of reading audiences. These are all *«Palancas para colocar ideas»*, "levers" for exploring and expressing your thoughts in new and more effective ways.

In *Composición y concreción* you are guided in examining additional readings as jumping-off points for writing of your own. This section contains suggestions for writing projects that are built on practical functions of writing, for example, describing people and objects, telling stories, defending points of view, and analyzing issues. Some of these suggested assignments are quite practical,

such as preparing a campus brochure on alcohol consumption, while others are
more fun, like telling a children's story.

Generaciones encourages a "process approach" to writing. Focusing immediately on the end product is not as important for learning how to write well as
cultivating the path that gets you there. It is best to think about the stages that
help you gather your thoughts and materials, including language resources such
as vocabulary and grammar, but also cultural perceptions that will affect your
audience. That means that good writing can include a lot of trial and error on
the way toward clear expression. The speaking activities in the first half of each
chapter are a good preparation. Teamwork on writing exercises in the second
half of each chapter moves you forward.

Writing exercises include *Investigación de vocabulario útil*, *Ensayo al instante*,
Lazarillo de temas (explaining your ideas to others orally), *Realización del borrador* (first draft), *Editores en colaboración*, *Autoeditor/a*, and *Al público* (the final pol-
ishing process).

One of the unique features of *Generaciones* are the *Evaluation Criteria* presented for each chapter in *Apéndice 1*. Different sorts of writing are successful in
different ways; examining in advance the evaluation criteria or goals of various
styles of writing helps you focus on doing them well.

A final section in each chapter, *Curiosidades de cultura y lenguaje*, presents
in English some of the differences between how language and culture influence
the perceptions of speakers of Spanish and English.

The *Manual de ejercicios* follows the structure of the textbook. There are
additional speaking activities like public opinion polls (*Encuesta pública* and
Firma aquí, por favor) and team projects. In later chapters you may be asked to
develop appropriate public polls of your own. There are also exercises to ac-
company the listening cassette tape that contains *Voces del mundo hispano* for
each chapter. To further develop your writing skills, there are exercises in editing samples of student compositions, and *Cartas entre tres*, letters from the author of *Generaciones* that you will answer and then exchange with a classmate
and finally your teacher. Last of all, there are opportunities for more literary
kinds of writing (*Poesía/fantasía*) and supplementary grammar exercises.

Remember that good, clear writing is never easy and is almost always a
messy process; the author can testify to the many zigzags he took while writing
and rewriting this book! But writing is learning too. You don't write because
you already know something as much as to figure it out. Or as a friend puts it,
"Writing is mind travel, destination unknown!"

George D. Greenia
College of William and Mary

Table of Contents

Generaciones

Composición y conversación en español

CAPITULO 1

Generaciones

•••

Conversación y exploración

Introducción al tema

El tema de la familia se ha convertido en una cuestión emocionante en las últimas décadas. Se discute la familia como foco de atención al tratar asuntos tan diversos como la difusión de drogas en las Américas, el impacto de altibajos económicos, las diversiones y los pasatiempos, el índice de embarazos imprevistos, la fragilidad de la clase media, el materialismo de nuestra cultura y la música contemporánea. Todo parece influir en la familia, una institución que según algunos afirman, está en perpetuo estado de crisis.

Este capítulo nos invita a sondear las características transgeneracionales de la familia, y el papel de los individuos que la forman. Sobre todo hay que contemplar seriamente los estereotipos que hemos recibido de nuestro entorno cultural sobre la llamada «familia nuclear» norteamericana y la celebrada «familia extendida» hispana. Especialmente en las Américas—en la parte continental de los Estados Unidos, Puerto Rico, México, América Central, y en el cono europeo del Sur (Chile y la Argentina)—estos modelos van desapareciendo o tomando nuevas formas que van siendo dictadas por las presiones de la vida moderna.

Por una parte la familia nuclear anglosajona viene diversificándose. Hay familias de un solo padre de familia, de dos padres que trabajan fuera de casa, familias con padres que han vuelto a casarse y a establecerse con los hijos de familias anteriores, solteros heterosexuales y parejas homosexuales que adoptan para formar nuevas familias unidas por el amor.

Por otra parte mucha gente hispana se ve obligada a trasladarse de su tierra natal en busca de medios económicos adecuados, como sucede con los obreros inmigrantes en los Estados Unidos y con los refugiados políticos y económicos de Cuba o de América Central. La convivencia de hispanos y norteamericanos en los EE.UU. fomenta una síntesis intercultural.

Pero antes que nada, ¿quién es usted y quiénes son sus familiares? La historia particular de cada familia posee una gran diversidad de experiencias que la hace más rica y original. ¿Cuáles son las facetas que hacen la suya única?

Actividad 1: Nuestras familias

En los EE.UU. somos un crisol de pueblos, y una manera muy común de identificarnos es revelar las raíces de nuestras familias. ¿Cuántos adjetivos de nacionalidad o de tipo étnico pueden aplicársele a usted? ¿Cuántos están representados entre todos los miembros de la clase? Vea los mapas del mundo y del mundo hispano en las primeras páginas de este libro para orientarse.

africano	armenio	boliviano
alemán	austriaco	brasileño
argentino	belga	canadiense

catalán	griego	paraguayo
colombiano	guatemalteco	peruano
coreano	holandés	polaco
costarricense	hondureño	puertorriqueño
cubano	indio americano	ruso
chileno	indio oriental	salvadoreño
chino	inglés	sudafricano
dominicano	irlandés	sueco
ecuatoriano	israelita	suizo
egipcio	italiano	tailandés
escocés	japonés	turco
español	marroquí	uruguayo
filipino	mexicano	vasco
finlandés	nicaragüense	venezolano
francés	noruego	vietnamita
gallego	panameño	

Actividad 2: Hispanos famosos

Son muchísimas las personalidades hispanas que han alcanzado fama mundial por sus contribuciones artísticas o culturales. He aquí unos ejemplos según su profesión o distinción. Añada más nombres a cada lista y señale otra categoría en la que haya habido contribuciones hispanas importantes.

pintura   El Greco, Velázquez, Goya, Joan Miró, Pablo Picasso, Salvador Dalí, Diego Rivera, Frida Kahlo, _____, _____

letras   Jorge Luis Borges, Federico García Lorca, Gabriel García Márquez, Carlos Fuentes, Carmen Laforet, Isabel Allende, Sandra Cisneros, _____, _____

política   César Chávez, Gloria Molina, Henry Cisneros, _____, _____

deporte   Chi Chi Rodríguez, Nancy López, José María Olazabal, Gabriela Sabatini, _____, _____

cine   Ricardo Montalbán, Rita Moreno, Andy García, Edward James Olmos, Antonio Banderas, Raúl Julia, _____, _____

música   Andrés Segovia, Pablo Casals, Vicki Carr, Julio Iglesias, Linda Ronstadt, _____, _____

_____   _____, _____,

Actividad 3: Antes de leer

Las palabras subrayadas aparecen en la lectura siguiente. Según el contexto trate de adivinar su sentido.

1. Cuando Fred Ronstadt cruza la frontera para llegar a la ciudad de Tucson, Arizona, en 1882, comienza la historia de una de las familias <u>pioneras</u> de Arizona.

   a. ordinarias   b. distinguidas   c. fundadoras

2. Palabras que hacen eco en las mentes de los que sueñan con una vida mejor, motivándolos a <u>trasladarse</u> al norte.

   a. mudarse   b. quedarse   c. enojarse

3. Durante los últimos años la artista <u>estrenó</u> dos álbumes, *Canciones de mi padre* y *Más canciones*, junto a una exitosa gira musical por todos los EE.UU.

   a. produjo   b. olvidó   c. comenzó

4. «Mi padre creció con la revolución mexicana de <u>trasfondo</u>», recuerda don Gilberto.

   a. futuro   b. contexto   c. educación

Linda Ronstadt: El espejo de dos culturas

José Ronstadt

Sus raíces son profundas. La historia de su familia es un hermoso bordado de música y lenguaje, de rica tradición, del México de ayer y de siempre. Es también reflejo del encuentro de dos culturas, espejo del mexicoamericano y del suroeste de Estados Unidos. Cuando Fred Ronstadt cruza la frontera para llegar a la ciudad de Tucson, Arizona, en 1882, comienza la historia de una de las familias pioneras de Arizona. La historia de los Ronstadt es la historia misma de este estado fronterizo. Sus sueños y aspiraciones, sus fracasos y sus realidades, no son muy diferentes a las de miles de inmigrantes que día a día han cruzado la frontera. La crónica de la familia revela cómo Fred Ronstadt, al momento de pasar la línea divisoria, escuchó a su padre Federico Augusto decirle: «Ésta es la tierra de la oportunidad».

Palabras que hacen eco en las mentes de los que sueñan con una vida mejor, motivándolos a trasladarse al norte. 'El Norte', tierra soñada donde nuestras raíces mexicanas jamás pierden vigencia porque nuestro idioma permanece palpitante. Y ahí, en el lenguaje español, es donde varias generaciones de mexicanos y chicanos se encuentran y renacen.

Para muchos en 'El Norte' la música del mariachi era algo «del otro lado de la frontera» para entretener a los turistas. «La idea de que el mariachi es para acompañar una comida en un restaurante es ridícula», afirma la más celebrada Ronstadt, Linda. «Hacemos el amor con esta música, peleamos con esta música y morimos con esta música». Durante los últimos años la artista estrenó dos álbumes, *Canciones de mi padre* y *Más canciones*, junto a una exitosa gira musical por todo los EE.UU.

Es precisamente a través de don Gilberto, hijo de Fred y padre de Linda, que uno comprende la rica herencia mexicana que formó la tierra firme en que la joven cantante se expresa artísticamente. «Mi padre creció con la revolución mexicana de trasfondo», recuerda don Gilberto. «La música de aquellos

continúa...

tiempos era algo que llevaba en su sangre». Y con orgullo agrega: «Mi padre, a pesar de haberse hecho ciudadano estadounidense, siempre hizo lo que pudo para que no se nos olvidara lo que él adoraba. Así crecimos».

«Mi padre es buen cantante», comenta Linda. «La música dominaba toda nuestra vida social.» Mágico recuerdo de su niñez, de sus tardes y noches en las que cantaba y tocaba la guitarra con sus hermanos y con don Gilberto. Para ella «la música es para identificar tus sentimientos, no para crearlos. Para ayudarnos a nombrar lo que estamos sintiendo». Esa forma de sentir fue moldeada en sus primeros ocho años de vida.

Linda Ronstadt admite que no es bilingüe. «Mis primeras palabras fueron en español», observa, «pero las escuelas no apoyaban su uso. Para mí el español era la lengua en que te regañaban, te elogiaban y la lengua en que cantabas. Y como siempre canté en español, es más natural cantarlo que hablarlo». Su experiencia no difiere de la de miles de hispanos de segunda, tercera o cuarta generación.

El idioma español seguirá siendo el denominador común entre Linda Ronstadt y los hispanos de este país. «La herencia cultural que mi abuelo Fred y mi padre Gilberto me legaron seguirá siendo la fuente en que habremos de encontrarnos como participantes de dos culturas unidas en la música.»

(Adaptado de la revista *Más*, mayo, de 1993 EE.UU.)

Actividad 4: Palancas para colocar ideas

Después de leer el artículo anterior, formen grupos y pónganse en círculos. El profesor o la profesora, o algún estudiante, preparará tarjetas donde apuntará la serie de términos y frases que aparecen a continuación; estas tarjetas se fijarán en los escritorios de manera que todos puedan verlas.

a pesar de	hacer eco
cruzar la frontera	herencia cultural
cultura	hermoso bordado
de ayer y de siempre	legar
es más natural	llevar en la sangre
fuente	renacer

Turnándose para discutir las cuestiones en los ejercicios siguientes (o en conversación libre sobre la herencia cultural de sus propias familias), cada uno tendrá que emplear una de las frases indicadas para su grupo en cada oración que formule. Después de cuatro minutos (o tres turnos para cada persona), todos se levantarán y cambiarán de grupo para reanudar la conversación con otros.

Actividad 5: Exploración de trasfondo cultural

1. **Mensaje formal.** Su escuela va a celebrar un Día Internacional y quiere llevar a cabo una encuesta sobre las nacionalidades representadas en el cuerpo estudiantil. En un grupo pequeño, exploren las naciones de las cuales vienen los antepasados de su comunidad y averigüen qué conservan de aquella identidad nacional. Luego preparen el texto de un discurso formal para dar en una asamblea de estudiantes o en la emisora de radio.

2. **Diálogo informal.** Usted acaba de instalarse con su familia en un nuevo apartamento en el centro de Lima, Perú. Sale al patio interior y se encuentra con un niño peruano que muestra mucha curiosidad sobre usted y los suyos. Tomando estos papeles (joven americano y niño peruano), conversen sobre sus familias y sobre sus costumbres. ¿Qué preguntas le hará el niño a su nuevo amigo? (La conversación debe realizarse usando las formas de «tú».)

3. **Diálogo formal.** La Casa Internacional de la universidad está entrevistando a candidatos para residir en la Casa el año que viene. Claro, prefieren una combinación de extranjeros y americanos que realmente muestren interés en vivir en contacto estrecho con gente de otros países. Una será profesora encargada con la selección de solicitantes, otro, el joven candidato que desea ser admitido en la Casa. ¿Cómo será la conversación entre los dos? (La conversación debe llevarse a cabo usando las formas de «usted».)

4. **Diálogo de tú/usted.** Dos individuos se encuentran en el parque. Uno es un anciano que vino a los EE.UU. muchas décadas después de pasar la juventud en la pobreza en otro país. Opina que la gente joven americana de hoy está mimada, y que no sabe lo que es el sacrificio. El otro es un adolescente americano que escucha con atención pero que piensa que ya ha visto abundantes tensiones y padecido sacrificios en su propia vida. ¿Cómo será su conversación? (La conversación debe llevarse a cabo usando las formas de «tú» (para el anciano) y «usted» (para el joven americano.)

5. **Entrevista formal.** Dos jóvenes universitarios (uno de ellos es reportero para la revista estudiantil) tienen una entrevista destinada a una serie sobre la herencia cultural del campus. El estudiante que no haga el papel del periodista deberá representar a un miembro típico de la comunidad. ¿Cómo será su conversación? (La conversación debe realizarse usando la forma «usted».)

AMPLIACION

Situación laboral de la mujer embarazada en 1996

Carla Pulín

CHILE

La madre chilena descansa *18 semanas* y cuenta con la posibilidad de prorrogar este permiso con una excedencia de un año. Las empresas que cuenten con 20 o más mujeres en su plantilla están obligadas a mantener una sala cuna bajo la dirección de una enfermera.

ESTADOS UNIDOS

No existe un permiso oficial de maternidad. Cada empresa decide las semanas de descanso que concede a sus empleadas (suele ofrecer unas *seis semanas*). Las funcionarias tienen un número estipulado de días al mes que se incrementa por cada año trabajado.

continúa...

ESPAÑA

La madre expañola descansa *16 semanas,* ampliables a dos más por parto múltiple, en las que cobra el 100 por ciento de su sueldo. Tiene posibilidad de ceder al padre las últimas cuatro semanas. Respecto a la etapa de lactancia, durante los nueve primeros meses del niño, madre o padre puede ausentarse del trabajo en dos fracciones de media hora diarias. Tanto la madre como el padre pueden solicitar una excedencia de tres años para criar al hijo. El primer año será considerado una excedencia forzosa, que implica la reserva del puesto de trabajo.

FRANCIA

En Francia, la madre disfruta de *16 semanas* de permiso por maternidad: cuatro antes del nacimiento, diez después y dos a su elección. A partir del tercer hijo o si el parto es múltiple, la madre dispondría de 18 semanas. Mientras la madre recibe el 84 por ciento de su salario, el padre puede acogerse a una excedencia de 36 meses. Los franceses tienen múltiples subsidios familiares destinados a la crianza y educación de los hijos. La familia recibe por el tercer hijo 48.000 pesetas [US $380] mensuales durante tres años y añade un 10 por ciento a su futura pensión.

MEXICO

La legislación contempla *12 semanas* con el salario íntegro, aunque sin opción a excedencia. Los padres no gozan de ningún permiso especial. La mujer puede acogerse a dos descansos por día que no excedan de media hora cada uno para alimentar a su hijo en la etapa lactante.

(*Cambio 16*, 1268, 11 de marzo de 1996)

Actividad 6: Describiendo objetos

1. Todos deben pensar en un objeto que represente a una cultura específica, como una piñata, la Torre Inclinada de Pisa o la Estatua de la Libertad. Los otros tienen que identificar el objeto haciendo no más de veinte preguntas que permitan contestaciones de «sí» o «no». (Esto es lo que llamaremos en este libro «preguntas cerradas».)

2. Ahora describa uno de estos objetos, u otro parecido, en una o dos oraciones sin nombrarlo directamente. Los otros estudiantes levantarán la mano tan pronto puedan identificarlo. Siga con su descripción hasta que todos tengan la mano levantada.

3. En una tarjeta u hojita de papel, todos deben escribir cuatro palabras en español que correspondan a objetos, animales o acciones. Le pasarán las hojitas a un/a compañero/a (o las recogerá y repartirá el/la profesor/a). Al recibir un papelito, el estudiante tendrá que describir el objeto, el animal o la acción en cuantas palabras sean necesarias para comunicarle la idea a su compañero/a.

4. Ahora repita el mismo ejercicio con palabras en inglés cuyo equivalente en español a lo mejor es desconocido, como *eyeliner, screen door* o *hubcap.* Trate de comunicar el sentido de la palabra hasta que su compañero de clase adivine el término o concepto en inglés.

Composición y concreción

Metas de exposición: La descripción subjetiva

En este capítulo usted se describirá a sí mismo/a o describirá un objeto concreto de una manera breve y concisa.

- La descripción debe ser «hacia adentro», haciendo hincapié en la personalidad y los sentimientos de la persona o los sentimientos provocados por el objeto.
- Entreteja factores concretos que estimulen los cinco sentidos (el oído, la vista, el olfato, el tacto, el gusto).
- Conteste las siguientes preguntas:
  ¿Quién es la persona descrita?
  ¿Cuál es su papel en su familia?
  ¿De dónde es?

Posibles temas de redacción

1. Haga una lista de descripciones breves de los miembros de su familia enfocando en los talentos y las cualidades de cada uno.
2. Lleve a cabo una entrevista con un/a compañero/a de clase para trazar el árbol genealógico de sus parientes.
3. Escriba un ensayo breve que describa al anciano más interesante que conozca.
4. Describa la habitación de un/a niño/a imaginario/a o real. Incluya en su descripción una impresión de lo que esta habitación revela del individuo y de su familia.
5. Escriba un ensayo que describa sus responsabilidades en la familia (por ejemplo, «Yo siempre soy la persona que... »).
6. Escriba un breve ensayo que explore la experiencia de ser huérfano/a o hijo/a adoptado/a.
7. Trace en unos párrafos los rasgos personales de un antepasado ideal. ¿Cómo debió ser este hombre o mujer que encabezó su familia?

Los pasos internos para un ensayo

De la misma manera que «no en una hora se ganó Zamora» (*"Rome wasn't built in a day"*), no en un solo paso se hace una buena composición. A lo largo de este libro se presentarán muchos pasos intermedios útiles para elaborar y clarificar sus ensayos. La lista que sigue no es definitiva ni mucho menos, pero sí representa algunos de los pasos más importantes un buen escritor seguirá al desarrollar sus ideas.

Primero, es preciso pasar por una fase de **PRE-ESCRITURA** durante la cual se recogen los elementos básicos que uno quiere emplear en la composición de su texto. Especialmente cuando se trata de un escrito en una segunda lengua, esta fase incluye los pasos siguientes.

- **Comenzar a hablar**—la primera exploración informal y oral; barajar los conceptos de otros; discutir el tema entre amigos
- **Leer algo informativo**—armarse con unos datos básicos
- **Apuntar vocabulario útil**—comenzar a adquirir los términos apropiados
- **Ensayo al instante**—lanzarse a la obra, apuntando las primeras impresiones sobre una tesis
- **Lluvia de ideas**—derramar en el papel cuantas ideas afines se le ocurran
- **Ideas en dibujos**—organizar los conceptos visualmente, como en un plano gráfico
- **Lazarillo de temas**[1] = **Ensayar las ideas cara a cara**—presentar el propósito de un texto frente a un solo compañero

Después, se pasa a una fase de **BORRADORES** desarrollados a través de versiones preliminares de ideas simples y de párrafos sueltos, hasta terminar con una escritura final.

- **Preparar un borrador**—la primera versión de un texto provisional
- **Primer lector**—ofrecer reacciones globales sobre la claridad de la tesis y su organización.
- **Editores en colaboración** = **Segundo lector**—claridad y organización de la tesis, e identificación del público implícito, es decir, ¿a quién concretamente se dirige este escrito?
- **Autoeditor** = **Materia técnica**—repasar la variedad de vocabulario, el formato y las cuestiones gramaticales en obras de referencia (por ejemplo, en *En breve* por Resnick y Guiliano, publicado por Holt, Rinehart and Winston)

Sólo en la última etapa de todo el proceso, la de **REVISIÓN FINAL,** se llegan a refinar los pormenores de una composición, tales como ajustar el formato, variar el vocabulario y pulir puntos gramaticales que permanezcan dudosos.

- **Al público**—retocar y pulir un texto en su forma definitiva

Éstos son los pasos en los que vamos a trabajar en los diversos capítulos de este libro a fin de promover la realización de composiciones por etapas, con las reacciones vivas de nuestros oyentes o lectores (nuestros compañeros de clase) a cada paso. La secuencia de estos pasos no es rígida: pueden saltarse algunos en el desarrollo de una composición dada, o repetir otros para iniciar una dirección alternativa, si la anterior no resulta acertada.

Lo más fundamental es que siempre se habla y se escribe <u>a alguien</u> para <u>informarle</u> de algo: conocer el público y comunicarle algo de peso son los factores más destacados del buen escribir.

---

[1] *Un «Lazarillo» (de la famosa novela picaresca* Lazarillo de Tormes*) es un muchacho que sirve de guía para ciegos. En este curso usted va a guiar a sus compañeros de clase prestándoles sus ojos para leer y perfeccionar sus papeles.*

Ejercicio 1: Investigación de vocabulario útil

Emplear el diccionario es una tarea bastante frecuente para todo estudiante de lengua extranjera. A este nivel, el diccionario que Ud. va a necesitar será más amplio y completo que aquellos tomitos forrados en rústica (*paperback*) con los que todos comenzamos. Si usted no ha comprado un buen diccionario inglés/español que le dé las expresiones idiomáticas (modismos), ahora es el momento de hacerlo.

Una de las dificultades para buscar las palabras correctas es reconocer estas expresiones idiomáticas cuando las encuentre. Las expresiones corrientes que utilizamos diariamente en inglés pueden parecernos absolutamente literales pero, claro, no lo son.

1. En las frases escritas a continuación, subraye las expresiones que son modismos en inglés, es decir, las que contienen una comparación o una figura que probablemente no se traducirá directamente al español.

1. When the accident took place, she lost her head completely and broke into a run.

2. Try your best to finish, but remember, Rome wasn't built in a day.

3. She's a naturally curious kid, but her habit of asking questions constantly was driving me up a wall.

4. He finally kicked the bucket last winter, although everyone thought he was a tough old guy who would last forever.

5. The little boy was the pride of his parents and smart as a whip.

6. I couldn't fall asleep because my grandmother was rocking non-stop in her squeaky old chair.

7. She looked up now and then to see the birds feeding right outside her window.

8. They threw in the towel after years of struggle and effort.

2. Ahora marque con los números correspondientes a las frases anteriores las expresiones que usted crea que interpreten bien el sentido.

_____ dormirse	_____ sacar de quicio
_____ echarse a	_____ sin parar
_____ esforzarse	_____ tener luces
_____ estirar la pata	_____ tirar la toalla
_____ justamente fuera	_____ trastornarle a uno el juicio
_____ no en una hora se ganó Zamora	

A lo mejor fue necesario verificar algunas de las expresiones en español antes de poder identificar su pareja en inglés—lo que indica la importancia de mirar las dos partes del diccionario (del español al inglés, del inglés al español) para realizar una investigación adecuada. A veces sí hay una expresión idiomática que tiene un equivalente directo en español (como «tirar la toalla»), pero se trata de un caso excepcional: traducir de forma literal normalmente resulta en una tontería.

Ejercicio 2: Antes de leer

Las palabras subrayadas aparecen en la lectura que sigue. Según el contexto trate de adivinar su sentido.

1. La falta de control que, hasta el momento, se ha podido <u>llevar a cabo</u> en el sector de las residencias privadas de ancianos...
   a. realizar   b. comparar   c. empujar

2. ... se traduce con frecuencia en la falta de condiciones <u>idóneas</u> de habitabilidad, disponibilidad de espacio, asistencia sanitaria y médica de higiene.
   a. peores   b. mediocres   c. óptimas

3. ... todavía hay muchos centros privados <u>deficitarios</u> en estos aspectos.
   a. superlativos   b. insuficientes   c. apropiados

4. A menudo esa asistencia sólo consiste de un <u>botiquín</u> o de un estudiante de Medicina que acude a la residencia una vez a la semana.
   a. farmacéutico   b. especialista   c. abogado

5. Los ancianos requieren un cuidado y una vigilancia especiales, que no pueden facilitarse adecuadamente con personal <u>escaso</u>.
   a. abundante   b. infrecuente   c. limitado

Precauciones para seleccionar una residencia privada

La falta de control que, hasta el momento, se ha podido llevar a cabo en el sector de las residencias privadas de ancianos, se traduce con frecuencia como la falta de condiciones idóneas de habitabilidad, disponibilidad de espacio, asistencia sanitaria y médica de higiene. Aunque la creciente demanda social de establecimientos privados implica competencia y, por lo tanto, mejora de esta situación, todavía hay muchos centros privados deficitarios en estos aspectos.

Si busca una residencia de ancianos para un familiar y no consigue, o no quiere, una plaza en un centro de la Seguridad Social, tenga usted en cuenta las siguientes medidas de precaución cuando visite establecimientos privados para seleccionar.

- Desconfíe de aquellos centros que tengan las puertas cerradas al público, y donde sólo se puede entrar en horas prefijadas, tanto para solicitar información como para visitar a los residentes. Una residencia no tiene por qué ser una cárcel.
- Exija que le enseñe toda la residencia. Algunas tienen «habitaciones piloto» para enseñar a los clientes, muy distintas de las que luego habitará el anciano.
- Si el centro dispone de asistencia médica, insista en hablar con el médico que se en-

continúa...

carga de ella. A menudo esa asistencia sólo consiste en un botiquín o en un estudiante de Medicina que acude a la residencia una vez a la semana.

- Observe el número de personas que trabajan en la residencia. Los ancianos requieren un cuidado y una vigilancia especiales, que no pueden facilitarse adecuadamente con personal escaso.
- La alimentación es un factor importante. Visite las cocinas, consulte los menús ela-

borados y pregunte a los residentes sobre este aspecto de su vida cotidiana, que es, generalmente, el que más les importa. Aunque no es lo habitual, algunos centros permiten que los familiares visiten a los residentes a la hora de comer. Es la mejor forma de asegurarse si se les da de comer como es debido.

(Cambio 16, enero de 1985)

Ejercicio 3: Después de leer

*1. Marque los espacios en blanco contestando **C** (cierto), **F** (falso) o **ND** (no dice) para las siguientes preguntas.*

_____ 1. El artículo trata de las enfermedades que sufren los ancianos.

_____ 2. Todavía no hay suficientes residencias para ancianos en España.

_____ 3. Muchos ancianos se sienten abandonados por sus familias.

_____ 4. Se supone que el lector es un anciano que necesita una residencia.

_____ 5. Hay residencias públicas y privadas en España.

_____ 6. La falta de personal adecuado para el número de residentes es un factor negativo en algunas residencias.

_____ 7. El factor que quizás les interese más a los ancianos es la comida.

_____ 8. Por motivo de amor propio, el anciano debe contribuir al coste de la residencia.

_____ 9. Algunas residencias reciben subvenciones, o sea, ayuda financiera del gobierno en adición a lo que cobran de los residentes y sus familias.

_____ 10. Las residencias católicas ofrecen una atención y respeto más individuales.

2. Después de leer «Precauciones para seleccionar una residencia privada» trate de identificar las seis palabras «claves» ligadas al tema de residencias para ancianos:

_____   _____   _____

_____   _____   _____

Ahora compare sus selecciones con los términos apuntados por sus compañeros de clase. ¿Cuáles tienen en común? ¿Pueden formar una lista definitiva?

_____   _____   _____

_____   _____   _____

3. Tomen estas palabras «claves» y escriban en 25 palabras o menos la tesis de la lectura que acaban de leer. Si pueden, deben incluir todos los vocablos identificados.

_____

_____

_____

_____

_____

_____

_____

_____

4. Vuelvan a leer rápidamente la selección para identificar todas las formas verbales empleadas por el autor original (incluyendo las repeticiones de un mismo verbo). Anoten estas formas en una lista.

_____   _____   _____

_____   _____   _____

_____   _____   _____

_____   _____   _____

_____   _____   _____

_____   _____   _____

_____   _____   _____

_____   _____   _____

_____   _____   _____

_____   _____   _____

_____   _____   _____

_____   _____   _____

*5. Ahora marquen con un asterisco (*) las formas que sean mandatos formales en «usted» («desconfíe», «tengan», etc.).*

6. Ustedes probablemente habrán tenido alguna experiencia con alguna residencia de ancianos o habrán visitado una residencia alguna vez. Escriban otro consejo que le darían a alguien que esté investigando el asunto para un familiar de edad avanzada.

_____

_____

_____

_____

_____

7. El título del artículo, «Precauciones para seleccionar una residencia privada», es adecuado pero algo simple. ¿Pueden ustedes en colaboración inventar otros dos títulos que también sirvan?

1. _____

2. _____

Ejercicio 4: Lluvia de ideas

Discuta con un grupo pequeño las ventajas y desventajas de mantener a los abuelos o a otros parientes mayores en casa con el resto de la familia (en vez de ponerlos en una residencia para ancianos). Juntos, preparen una lista de dos columnas con puntos en pro y en contra de esta convivencia familiar.

puntos en pro	**puntos en contra**
_____	_____
_____	_____
_____	_____
_____	_____

Ejercicio 5: El primer borrador

1. Vuelva a mirar en la sección «Posibles temas de redacción» las opciones para una composición en este capítulo. Comience apuntando seis (o más) palabras «claves» para su tema (si no sabe un término necesario pregúnteselo a su profesor/a).

——————— ——————— ———————

——————— ——————— ———————

2. Tome estas palabras «claves» y en una tarjeta grande o en una hoja aparte escriba en unas veinticinco palabras la tesis de su ensayo. Éste será, por el momento, el primer párrafo.

3. Escriba otro párrafo más que desarrolle la tesis y concrete las ideas con detalles. Por supuesto, todo esto representa una versión muy preliminar con las ideas que se le hayan ocurrido hasta el momento.

4. Vuelva a mirar lo que usted tiene escrito y subraye las palabras claves.

PALABRAS CLAVES

biología	título universitario	síndrome del nido vacío
medicina	~~padres~~	~~vacaciones~~
estudios ambientales	dudas	guardabosques
~~hijo menor~~	ecología	halcones salvajes

Marcos acaba de graduarse de la universidad con un <u>título</u> en <u>biología</u> pero ahora tiene <u>dudas</u> sobre su soñada carrera en <u>medicina</u> y ha vuelto a instalarse en la casa de sus padres hasta que decida su futuro.

Al principio pensaba que el apoyo de sus padres para ser médico le daba dirección en la vida, pero ahora teme que será más bien una ilusión de ellos tener un hijo médico que lo mejor para él. Pasó unas semanas fantásticas durante el verano ayudando en un programa para volver a establecer <u>halcones</u> en el hábitat del Valle del Shenandoah. Ahora vive con sus padres -y con cierta fricción- en su antigua habitación, vacilando entre <u>estudios ambientales</u> o buscar un puesto como <u>guardabosques</u> en un Parque Nacional.

———————————————————

Así los padres de Marcos, en realidad, no sufrían del síndrome del "nido vacío" sino esperaban con ilusión el día cuando tuvieran la casa para los dos sin otros que dependieran de ellos, no importa tanto la futura profesión de Marcos como ayudarle a independizarse en otro lugar.

Ejercicio 6: Editores en colaboración

1. Intercambie su borrador con otra persona de la clase.

2. Lea atentamente los dos párrafos que su compañero ha escrito y después de reflexionar un momento, trace una línea divisoria al final de su borrador y escríbale una conclusión que continúe la trayectoria establecida por lo que usted ha leído.

3. Firme su contribución y acto seguido devuélvasela.

Ejercicio 7: Autoeditor/a

Mire lo que le ha apuntado su compañero/a como conclusión a su versión preliminar. ¿Le parece válida la conclusión para sus propósitos originales? ¿Le ofrece una perspectiva que no había previsto? Mire también si el lector/segundo escritor ha utilizado palabras nuevas que podría incorporar entre sus palabras claves. Haga una lista de los nuevos términos nacidos de la contribución de su compañero/a y de los que se le ocurran ahora.

AMPLIACION

Cuando salí de Cuba
Juan Fernández

Playa de Cojimar, La Habana, 21 de agosto de 1994. El maestro panadero Jaime Martorell y un grupo de amigos han pasado dos días enteros fabricando una balsa con dos recámaras de tractor y la lona de un camión. Son las seis y media de la tarde, está cayendo el sol, es el momento ideal para salir.

Playa de Jaimonita, La Habana, 11 de octubre. El enfermero Salvador Solís y cuatro vecinos que viven en su misma manzana en la capital han pasado dos semanas trabajando día y noche en un porche para fabricar una barca de madera que resista el oleaje. Es mejor salir de noche porque entonces la corriente, dicen, es favorable a Miami. Si van a buen ritmo, antes de las cinco de la madrugada habrán pasado la Cortina de la Muerte, un cruce de corrientes situado a mitad de camino que sólo se vence remando con fuerza sin que la balsa se mueva.

«Para nosotros los balseros... ». Los 70 cubanos que huyeron de su país tirándose al mar el pasado verano y que acaban de llegar como refugiados a España hablan de ellos mismos con la naturalidad de quien se refiere a un grupo humano bien definido. Son cubanos, sí, pero antes que nada, balseros: «Para nosotros los balseros, la balsa se convirtió en nuestra patria».

Jaime se salvó de la muerte por dos remos. La premura con que confeccionó su balsa la pagó en alta mar. Con la embarcación hecha añicos por el oleaje, el cuerpo sumergido hasta la cintura y apartando los cadáveres que flotaban, Jaime pensaba en el final cuando apareció otra embarcación de balseros que, como habían perdido sus remos, se ayudaban de los brazos para abrirse paso entre las aguas. Le subieron y así alcanzaron un guardacostas norteamericano. Había pasado cuarenta y siete horas en el mar.

continúa...

Ser joven o mujer sola, tener familia en España, ser candidato a refugiado político, o tener una profesión que encaje en el mercado laboral español. Éstos fueron los criterios utilizados por los funcionarios del Ministro de Justicia e Interior que seleccionaron en Panamá a los 70 balseros entre los 420 que, en una planilla con el nombre de todos los países del mundo excepto Estados Unidos y Puerto Rico, pidieron España como lugar de destino para desarrollar su futuro.

Después de todo lo vivido en los últimos meses, a Salvador Solís sólo lo encoge una duda: «¿Es cierto que en enero hace todavía más frío en Madrid?», pregunta frotándose las mangas del único jersey de lana que ha traído. En Cuba, la temperatura difícilmente baja de los 20 grados.

(Cambio 16, diciembre de 1994)

Al público

Antes de declarar terminada una composición hay que hacer los retoques finales para hacer su presentación lo más amena posible para su público. Un defecto muy frecuente de hablantes nativos del inglés consiste en la repetición de los pronombres personales usados como sujeto: yo, tú, usted, él, ella, nosotros, vosotros, ustedes, ellos, ellas.

EJERCICIO TAMBIÉN EN EL MICRODISQUETE

Ejercicio 8: Pronombres innecesarios

He aquí una muestra de una composición con un exceso de pronombres personales. ¿Cuántos pueden eliminarse sin afectar el sentido?

(Del tablón de noticias y consejos de la clase...)

¿Tú sientes que siempre tú tienes demasiado que hacer? ¿Piensas tú que nunca terminarás el trabajo que tú tienes? ¿Sientes tú muchísima tensión cada día de tu vida? Es posible que tú necesites unas vacaciones instantáneas: ¡un día comprando ropa!

Un día para ti mismo cuando tú tienes muchísima tensión te ayuda a mantener tu cordura, y con tu cordura puedes estudiar mejor. Yo sé que muchos estudiantes no tienen suficiente dinero para comprar ropa todos los días, pero este tipo de vacaciones temporales debe ser un regalo que uno se permite de vez en cuando. Yo me relajo así de vez en cuando, y yo lo encuentro no sólo refrescante sino ¡una gran ventaja para vestirme de moda!

María Mitchell

¿Puede identificar frases enteras que se repiten innecesariamente? ¿Cómo modificaría usted el texto para eliminarlas? Prepare una versión revisada en otra hoja de papel.

CURIOSIDADES DE CULTURA Y LENGUAJE
Personal Names and Family Names

Special ways of handling family names and forming nicknames are peculiar to each language and community. In English the father's family name (**el apellido**) usually passes to a man's wife and children, although many women now keep their maiden name or combine that name with their husband's last name: Hillary Rodham Clinton.

In Spanish, family names are preserved from both sides of the family with the father's family name first; this "patronymic" will predominate if only one **apellido** is used (Miguel de Cervantes Saavedra). So the son of **Pedro Fernández** and **Amalia Guzmán** will be legally identified as **Jorge Fernández Guzmán** or **Jorge Fernández y Guzmán**. Since there may be hundreds of Fernández in a given Hispanic city, you will want to know *both* names if you are going to look Jorge up in the phone book. Because of confusions (especially for non-Hispanics) about which **apellido** "counts", many Latin Americans now connect their family names with a hyphen: **Jorge Fernández-Guzmán**.

There are many cases in Spanish history where an individual chose to reverse the usual positions of his mother's and father's family names to highlight the more famous or better connected maternal clan, or simply became famous under the mother's family name because the **apellido materno** was more distinctive, such as Diego Rodríguez de Silva y Velázquez, Benito Pérez Galdós, or Federico García Lorca. The famous novelist and essayist of the **Generación del 98**, José Martínez Ruiz, found both his inherited family names so undistinguished that he chose to adopt a pen name with more flair: Azorín.

When a woman marries, she may elect to simply take her husband's last name—**Amalia Fernández** in our examples—a custom in Latin America but not in Spain. She may keep her full name and simply attach her husband's (**Amalia Guzmán de Fernández**) although this is considered rather old-fashioned. For polite or formal purposes she may be called **la señora (de) Fernández**, although some Hispanic women find the "possessive" construction with **de** to be uncomfortably patriarchal.

Nombres (de pila) or given (Christian, baptismal) names are important for Hispanics because of a close association with their patron saint of the same name. Some individuals celebrate their saint's feast day every year in addition to or in place of their birthday, and in many cases they are the same date since a child may be named for the saint's day he or she was born on. The most important names in Catholic tradition, **María**, **José** and **Jesús**, are common given names and can be used as a second name for the opposite sex: a name like that of Mexican author Alberto María Carreño is quite acceptable, and María Jesús Lacarra is a well known Spanish scholar. A few women's names that end in **-o** or otherwise look masculine are in fact derived from honorary or regional titles of the Virgin Mary: **Amparo** (*Refuge* of Sinners), **Consuelo** (*Consolation* of the Afflicted), **Milagros**, **Pilar**, **Carmen** and **Rosario**.

continued...

◆ ◆ ◆

Nicknames or **apodos** in Spanish don't follow a person into adulthood as often as they do in American usage. Here are some common nicknames in Spanish.

APODO	**NOMBRE**
Cari	Caridad
Concha	Concepción
Lencho	Lorenzo
Lupe	Guadalupe (hombre o mujer)
Paco/Paca	Francisco/Francisca
Pepe/Pepa	José/Josefina
Piti	Demetrio/Demetria
Tita	Josefita

Ejercicio 9

Can you guess the **nombres** *that go with these* **apodos**?[2]

Nati	_____
Pili	_____
Nacho	_____
Maripili	_____
Trini	_____
Chuy	_____

----

[2] Natividad, Pilar, Ignacio, María del Pilar, Trinidad and Jesús.

CAPITULO 2

Experiencia
de la niñez

◆ ◆ ◆

Conversación y exploración

Introducción al tema

Nuestros primeros recuerdos datan de la niñez. A pesar de la preocupación de los padres, los niños parecen pasar esta época de su vida con energía y curiosidad, confiando en la presencia y protección de los mayores que los rodean. Desde nuestra perspectiva de adultos, conocemos claramente las dificultades, ya sean físicas o psicológicas, que suelen surgir en esta tierna edad y nos dedicamos a asegurarle a toda criatura la posibilidad de madurar con las mejores oportunidades de desarrollar sus capacidades y sus dones.

Queremos en este capítulo explorar la experiencia de la niñez bajo diversos puntos de vista. Primero, ¿cuánta variedad hay en nuestra experiencia colectiva de la primera década de vida? Aunque todos estén de acuerdo en su importancia y delicadeza, todos venimos de ambientes concretos, bastante dispares y desiguales. La verdad es que los pasos hacia la adolescencia se ven a menudo marcados por particularidades en la familia, recursos económicos, curiosidades de la región y pequeña patria en la que vemos la luz por primera vez, etcétera. Nadie goza de una niñez «ideal» y totalmente protegida ni quizá deba gozarla porque luego, como adultos, apreciamos la variedad de experiencias que nos formaron. Hasta cabe preguntarnos si nuestra concepción de la niñez en sí es algo que hemos pintado como fantasía adulta que imponemos inconscientemente a nuestros hijos a través de una literatura y otras artes creadas especialmente para ellos.

Por otra parte, es interesante examinar de cerca nuestra comunicación con los niños, tanto oral como escrita. Hacerse entender por un pequeñito a veces es un ejercicio bastante duro, pero ofrecerles escritos en forma de instrucciones y cuentos nos aclara el estilo y mejora nuestro control del lenguaje.

Actividad 1: Exploración del tema

1. En un grupo pequeño, discuta las obligaciones «educativas» que comúnmente se imponen a los niños norteamericanos. ¿Cuáles son beneficiosas y cuáles perjudiciales?

2. En grupos pequeños, de tres o cuatro, hagan una lista de todas las actividades en las que ustedes participaban de niños. Utilicen dos columnas, una para las actividades que eran organizadas o supervisadas por los mayores (equipos de deportes, natación, visitas a museos) y la otra para las que hacían a solas sin supervisión (como juegos de mesa, caminatas en la naturaleza, pesca, construcción de castillos de nieve, etc.). ¿Cuáles eran las actividades que más les gustaban? ¿Qué pasatiempos hacen todavía por su propia cuenta? ¿con sus familiares?

3. Describa para los otros miembros del grupo una actividad imaginativa que usted haya hecho junto con un niño o un grupo de niños. ¿Qué objetos o materiales se necesitan para realizar esta actividad? ¿Cuántos adultos deben estar presentes?

4. Comente en su grupo los posibles peligros para los niños de 8 a 12 años que se divierten por sí mismos. Entre todos, formulen cinco recomendaciones para guiar a los padres.

5. Formen parejas ficticias de padre o madre, e hijo o hija, para discutir el tiempo libre de estos últimos en una dramatización ante la clase. El/La jovencito/a quiere más tiempo libre, pero el/la mayor duda que el/la chico/a sea responsable para hacer sus tareas y los quehaceres domésticos. En la dramatización inventada por la primera pareja, el/la niño/a tendrá 6 años, en la segunda pareja 8 años, en la tercera 10 años, y así hasta terminar con todas las parejas.

Actividad 2: Palancas para colocar ideas

Muchas veces una foto u otra imagen nos despierta la imaginación de una manera muy profunda. Otras veces, un dibujo o una figura nos comunica una emoción o concepto más directamente que las puras palabras.

1. Busque una foto de unos niños y tráigala a clase. Explique lo que esta foto muestra de la niñez y en qué medida obedece esto a lo que se piensa comúnmente de los pequeños.

2. En un grupo pequeño miren todas las fotos reunidas. Decidan cuál es la más triste y cuál la más alegre. También traten de inventar un orden que vaya de lo más común a lo más insólito.

3. a. Una mitad de la clase debe formar parejas tomando una sola foto por pareja. Cada individuo debe apuntar secretamente en un papel dos adjetivos para describirla (como «pensativo y solitario», «descuidado y malicioso» o «travieso pero inocente»). Luego los dos deben inventar un cuentecillo que represente las impresiones de ustedes dos sobre el individuo retratado (carácter, actividades, etc.).

    b. La otra mitad de la clase puede tomar sus propias fotos y las que sobren de las parejas que trabajan con una sola imagen. En grupos de cuatro inventen una historia que incluya a todos los niños en las fotos. Traten de formar conexiones lógicas y claras en los pasos de una foto a otra. Luego, uno del grupo puede contar la historia a todos los demás.

Actividad 3: Antes de leer

Las palabras subrayadas aparecen en la lectura que sigue. Según el contexto trate de adivinar su sentido.

1. Entre los hispanos es frecuente que los adultos vayan acompañados de niños a las consultas de los doctores, al mercado o a una reunión de vecinos. Y no es una <u>casualidad</u>.
   a. contradicción   b. coincidencia   c. indiferencia

2. Este hecho, que se impone como una necesidad, puede ser frustrante o <u>enriquecedor</u> para el niño, dependiendo de cómo se maneje.
   a. que aumenta   b. difícil   c. de provecho

3. En cambio para Tina Martínez el mismo recuerdo tiene <u>tintes</u> sombríos.
   a. asociaciones   b. colores   c. pinturas

4. Los niños traductores de sus padres <u>desempeñan</u> un papel muy importante en la supervivencia de la familia.
   a. realizan   b. pierden   c. ignoran

5. El niño sigue siendo niño, aunque para los padres represente su <u>vínculo</u> con el mundo.
   a. conexión   b. escape   c. justificación

Traductores sin licencia

Entre los hispanos es frecuente que los adultos vayan acompañados de niños a las consultas de los doctores, al mercado o a una reunión de vecinos. Y no es una casualidad. Los niños acompañan a sus padres para servir de traductores y para ayudar a que los adultos, que no hablan inglés, puedan entenderse en el mundo de habla inglesa.

Este hecho, que se impone como una necesidad, puede ser frustrante o enriquecedor para el niño, dependiendo de cómo se maneje. Roberto Redondo de California recuerda con orgullo haber sido el traductor oficial de su familia. «Era estupendo sentir que yo podía ayudar y hacer algo que mis padres no podían» afirma.

En cambio para Tina Martínez el mismo recuerdo tiene tintes sombríos. «Fue una experiencia frustrante» cuenta. «Yo era muy chica y no conocía muchas de las palabras que tenía que traducir, ni siquiera en español. Mis padres se enfurecían y gritaban, "¿Para qué estudias entonces?" Sentía que fracasaba en los dos idiomas.»

Los niños traductores de sus padres desempeñan un papel muy importante en la supervivencia de la familia. Pero también pueden caer en la trampa de mezclar la responsabilidad del niño con la del adulto. Ellos dependen de sus padres, pero también tienen que cuidarlos. Para evitar consecuencias negativas, los expertos afirman que es preciso apoyar y comprender muy bien a estos jóvenes intérpretes.

Si a los niños traductores se les trata

continúa...

como a niños y se les explica en cada situación la ayuda que se requiere de ellos, sin exigirles más de lo que pueden dar, entonces la experiencia puede ser muy valiosa y enriquecedora. El niño podrá aumentar la confianza en sí mismo y estrechar la relación con sus padres y con toda la familia en general.

Consejos para padres

- Aprendan junto con el niño. Hay demasiada presión cuando los padres dependen totalmente del niño. Los padres deben aprovechar la capacidad bilingüe de su hijo para aprender inglés y valerse por sí mismos.
- El niño sigue siendo niño, aunque para los padres represente su vínculo con el mundo. No le critiquen cuando no encuentre la palabra exacta. Recuerden que no es un experto.
- Cuando requieran su ayuda explíquenle primero la situación o el tema sobre el que tendrá que traducir.

(*Más*, enero-febrero de 1993)

Los niños en el mundo hispánico tradicionalmente no escriben a Santa Claus para pedir regalos sino a los Reyes Magos que vienen el 6 de enero.

Actividad 4: Después de leer

Estos ejercicios le ayudarán a verificar sus intuiciones y los datos que se sacaron del artículo.

1. *Lea la lectura «Traductores sin licencia» otra vez, sin buscar nada en el diccionario, y trate de entenderla simplemente en el contexto interno. Luego trace líneas para identificar palabras afines entre las dos columnas. Las palabras en* letra romana *aparecen en el artículo.*

intérprete	conexión
idioma	interpretar
no tener éxito	*aprovechar*
traducir	*fracasar*
vínculo	*requerir*
mantenimiento	*supervivencia*
llevar a cabo	*desempeñar*
exigir	lengua
sacar ventaja de	*traductor*

2. *Este artículo trata tan sólo de ocasiones de* hablar *por los padres en otra lengua. Puede haber también momentos en los que un jovencito* escriba *por ellos. Indique con una marca las formas de escribir que usted crea que estén al alcance de un chico bilingüe de 10 años.*

    _____ un cheque (menos la firma, claro)

    _____ una carta social

    _____ una carta formal (de protesta a una compañía o una explicación legal)

    _____ un formulario en el consultorio del médico

    _____ un recado con instrucciones para su hermano mayor

    _____ una lista de compras en el supermercado

    _____ una explicación al mecánico de por qué no funciona el coche

    _____ una lista de invitados para una fiesta

    _____ una nota para dar las gracias por un regalo o invitación a cenar

    _____ unas notas de una conversación con un agente de viajes para saber los vuelos y sus horas de salida y llegada

3. *Ahora, en parejas, una persona (el «adulto») debe tomar una de las formas marcadas anteriormente y explicar a la segunda, en español, qué quiere tener escrito en inglés. La segunda persona pasará a otro grupo y comunicará oralmente en español*

a otro individuo (el «chico») lo que el adulto quiere que escriba. Al escribirlo lo mejor qua pueda en inglés, la segunda persona volverá a su compañero original y le explicará lo que dice la nota. Al terminar, todos pueden señalar las dificultades que encontraron.

4. *Formen grupos de tres. Uno será adulto monolingüe inglés, el segundo monolingüe español, y el tercero un niño bilingüe. Tomen una de las circunstancias que aparecen a continuación y desempeñen los papeles indicados.*

   a. **En el consultorio del médico.** Mamá no sabe si sus tres hijos necesitan inyecciones contra enfermedades contagiosas antes de asistir a la escuela. inglés: mamá; español: médico/a; bilingüe: niño/a (vocabulario: el sarampión = *measles*, las paperas = *mumps*, la viruela o varicela = *chicken pox*)

   b. **En la carretera.** Un/a policía ha detenido a su familia porque papá tiene dos faroles traseros apagados y estaba conduciendo a unas 15 millas más de la velocidad indicada. También olvidó su carnet de conducir en casa. inglés: el/la policía; español: papá; bilingüe: niño/a

   c. **En el hotel.** Todos están de vacaciones en México. Los abuelos insisten en tener una habitación de no fumar (no existen en este hotel), y la mamá se preocupa porque los ruidos de la calle le molestan cuando quiere dormir. Al papá más que nada le importa que el niño pueda quedarse gratis en el hotel (no cobran por más de uno, pero por éste sí hay que pagar). inglés: papá/mamá; español: asistente de hotel; bilingüe: niño/a

5. *Ahora, consultándose en grupos de tres, inventen otra situación parecida y apunten en tres papeles las personalidades y problemas de cada uno. Al terminar, pasen los papeles a otro grupo que tenga que presentar la escena.*

Composición y concreción

Metas de exposición: La descripción objetiva y la narración

- Usar descripciones más desarrolladas para dar instrucciones a otros o para matizar el trasfondo emocional en una narración.
- Describir objetos curiosos o costumbres peculiares de tema educativo.
- Contar recuerdos de la niñez en forma narrativa.
- Contar un cuento infantil.

Posibles temas de redacción

1.   Haga una breve historia de su propia niñez mediante uno de los siguientes puntos de vista.
     a. simple cronología
     b. su desarrollo emocional
     c. eventos significativos
2.   Elabore una descripción de una costumbre curiosa o de un objeto sugestivo que sea desconocido del gran público y que también sea educativo para lectores jóvenes. (Por ejemplo, el «mate» tomado como bebida tradicional en la Argentina; los dientes de madera de George Washington; las lindas playas y montañas de Chile; la bicicleta más cara del mundo.)
3.   ¡No hay nada más fastidioso que pasar tiempo con un niño mimado! Escriba un cuento o una fábula que describa la historia de tal niño/a. ¿Qué le pasa por ser mal educado/a? (¡OJO! Una fábula siempre termina con una moraleja.)
4.   Describa la habitación de un/a niño/a imaginario/a o real enseñando a la vez lo que revela esta recámara de su familia.
5.   Usted es el/la encargado/a de un campamento de verano para niños de varias edades. Escriba una guía de juegos que recomiende a los otros animadores cómo pasar el tiempo. Indique en cada juego las reglas, los papeles de los participantes, las precauciones que deben tomar los monitores y el valor educativo del juego, si lo hay.
6.   Basándose en las lecturas de este capítulo, escriba un ensayo que describa los problemas fundamentales planteados en torno a la educación de los niños.
7.   Otro tema después de consultarlo con su profesor/a.

Ejercicio 1: Investigación de vocabulario útil

A veces las palabras que pensamos utilizar en español no corresponden a nuestras asociaciones en inglés. De vez en cuando la diferencia es cómica: un «smoking» en español es lo que llamamos *tuxedo* en inglés. Los términos estrictamente técnicos sí tienen en su mayor parte un equivalente exacto en español como «el oxígeno/*oxigen*.» Estas palabras tienen sentido más o menos equivalente en las dos lenguas.

Pero la mayoría de las veces las diferencias son más sutiles y las dos palabras comparten sólo una parte de sus sentidos en cada lengua: «gordo» quiere decir *fat* tanto en español como en inglés, y en los dos casos constituye una palabra poco delicada. En español es únicamente un adjetivo (no sustantivo) con varias acepciones como *fleshy, plump, corpulent, obese, rich (food), coarse* y *thick*, y la expresión «el premio gordo» significa *the first prize (in a contest or lottery)*. En inglés se usa «*fat*» como adjetivo y también como sustantivo (*to have too much fat in your diet, to cut the fat from the budget*).

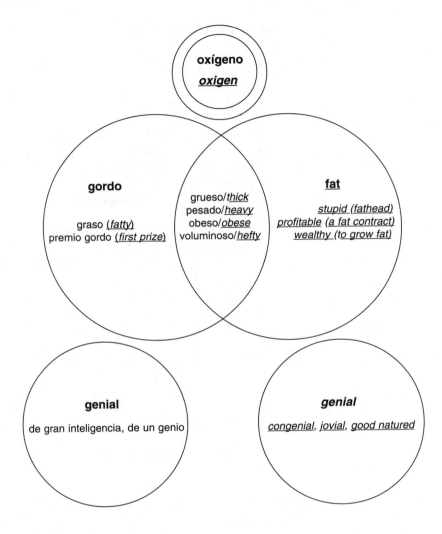

Finalmente, existen palabras que parecen semejantes pero que no tienen ningún significado en común. *Genial* en inglés sugiere «de buen humor, buen compañero, chistoso», mientras que «genial» en español se refiere o a la calidad intelectual de un genio, como Albert Einstein, o a algo sobresaliente.

A. Aquí están varias palabras de sentido ambiguo. Apunte primero las definiciones que se le ocurran en inglés sin consultar un diccionario.

1. *illusion: a false idea or conception; a deceptive image; a magic trick*

2. *complete:* _____

3.   *idiom:* _____

4.   *pure:* _____

5.   *unique:* _____

6.   *tramp:* _____

7.   *vulgar:* _____

8.   *bomb:* _____

9.   *to dispatch:* _____

10. *scandal:* _____

B. Ahora busque estos términos en un buen diccionario español, o español/inglés (la Sala de Referencias en la biblioteca tendrá varios), y tome nota de las acepciones, especialmente las que no tengan correspondencia en inglés.

1.   ilusión: *error de los sentidos, esperanza, sueño, deseo, intención*

2.   completo: _____

3.   idioma: _____

4.   puro _____

5.   único: _____

6.   trampa: _____

7.   vulgar: _____

8.   bomba: _____

9.   despachar: _____

10. escándalo: _____

Ejercicio 2: Ensayo al instante

Escoja uno de los temas que encabezan esta sección (u otro, consultando con su profesor/a). La decisión es sólo provisional y usted no tiene obligación alguna de conservar esta decisión si cambia de opinión y su futuro ensayo cambia de perspectiva. Quizá lo más importante en su selección sea la amplitud de sus propias experiencias. Pregúntese a sí mismo/a en qué asunto tiene <u>más experiencia y conocimientos que sus lectores</u>. Recuerde que quiere <u>informarles</u> algo que capte su interés al leerlo.

1. Escriba durante exactamente cuatro minutos <u>contados</u> y <u>sin detenerse</u>. Escriba siempre en español, sin embargo si se le ocurre una expresión o término que no sepa en español, anótelo en inglés entre paréntesis. De momento no se preocupe de la gramática. La única regla es que no debe dejar de escribir por ningún motivo.

   Ejemplo: Los alumnos del autor de este texto le pidieron que escribiera sin parar en la pizarra durante cuatro minutos sobre «LAS PIRÁMIDES». He aquí lo que produjo antes de que se le acabara el tiempo.

   Las pirámides—son tumbas de los faraones de Egipto y los cadáveres están en las pirámides—muchas veces hay otras personas como su mujer y sus sirvientes en la tumba con él. Está en una caja grande que se llama un (*sarcophagus?*) y el cuerpo está petrificado? con (*spices*) y químicos para no pudrir. Los órganos se quitan para ponerlos por separado en (*jars*) y las cajas son muy bonitas y muchas veces están en los museos. Hay muchas cosas escritas en letras que incluyen animales. Se necesitan muchos años para construir las pirámides y ahora muchos turistas vienen a visitarlas pero la presencia de tanta gente comienza a deteriorar las piedras; muchas pirámides fueron robadas en el pasado...

   Ahora escriba sobre su propio tema *sin parar*. Su profesor/a se ocupará del tiempo.

2. Pásele su «Ensayo al instante» a un/a compañero/a de clase. Al recibir un ensayo, usted no va a corregir nada, simplemente va a leerlo y continuar el proceso siguiente.

   a. Tiene UN MINUTO para leer y comprender; todavía no se permite escribir.

   b. Deje unos renglones en blanco al final del papel y por DOS MINUTOS siga el mismo tema añadiendo información que le parezca pertinente.

   c. Por DOS MINUTOS escriba preguntas al autor del «Ensayo al instante» sobre lo que le interesó y lo que más le llamó la atención.

   d. Devuelva la hoja al/a la autor/a original; lea lo que usted recibió y *subraye* las frases e ideas que le parezcan útiles para incorporarlas más tarde.

   e. Guarde esta hoja en su carpeta como referencia.

Ejercicio 3: Lazarillo de temas

1ᵣ Paso   Formen un círculo de cuatro a seis personas. Cada uno, por turnos, tendrá que anunciar su tema y los otros tendrán que ofrecer un verbo, un sustantivo y un adjetivo relacionado con este asunto (pero no necesariamente relacionados entre sí). El individuo que ha propuesto el tema tiene que anotar en una lista todo el vocabulario ofrecido para guardarlo con sus otras notas provisionales. Por ejemplo:

TABACO

1ª persona: fumar, el cigarrillo, enfermo
2ª persona: toser, el cigarro, masculino
3ª persona: respirar, los pulmones, viejo
4ª persona: oler, las pipas, anticuado
5ª persona: vender, las hojas, agrícola
6ª persona: plantar, la cosecha, ahumado

2° Paso   1. Ahora en parejas cada uno debe tomar exactamente un minuto para explicarle a su compañero lo que piensa escribir sobre su tema. Ninguno de los dos toma ninguna nota ni le hace preguntas a su compañero.

2. Luego se combinan dos parejas en un grupo de cuatro y cada persona debe explicarles a los nuevos miembros en un minuto lo que entendió del tema de su compañero original (sin la intervención de éste). Los otros dos deben escuchar, y luego hacer preguntas para aclarar lo que no hayan entendido.

3. Para terminar los oyentes deben apuntar en tarjetas dos preguntas que van a hacerle al autor: una centrada en el contenido del futuro ensayo, y otra que abra otros horizontes en busca de más información relevante.

Ejercicio 4: Realización del borrador

*Una buena manera de concretar sus ideas y comenzar a organizarlas es producir un dibujo que le permita relacionarlas físicamente con otras ideas afines. Estas **ideas en dibujos** son un buen comienzo para explicárselas a otros. Una técnica es trazar una cadena de globos que muestre las conexiones lógicas entre ellos.*

Utilizando este dibujo como base se pueden añadir otras ideas asociadas y el vocabulario apropiado que será útil más tarde. Normalmente no se escriben oraciones completas en esta fase.

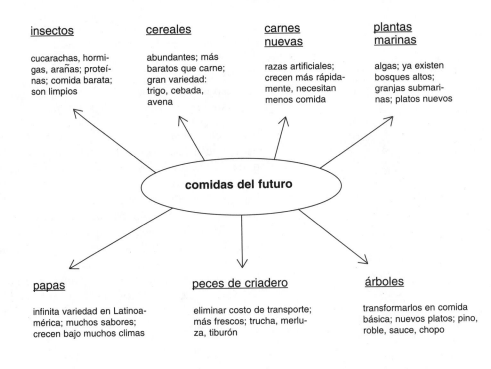

insectos

cucarachas, hormi-
gas, arañas; proteí-
nas; comida barata;
son limpios

cereales

abundantes; más
baratos que carne;
gran variedad:
trigo, cebada,
avena

carnes
nuevas

razas artificiales;
crecen más rápida-
mente, necesitan
menos comida

plantas
marinas

algas; ya existen
bosques altos;
granjas submari-
nas; platos nuevos

comidas del futuro

papas

infinita variedad en Latinoa-
mérica; muchos sabores;
crecen bajo muchos climas

peces de criadero

eliminar costo de transporte;
más frescos; trucha, merlu-
za, tiburón

árboles

transformarlos en comida
básica; nuevos platos; pino,
roble, sauce, chopo

Ejercicio 5: Editores en colaboración

Ahora trate de realizar un diagrama de globos relacionados con su tema. Prepare su dibujo en una hoja grande para traerlo a clase y mostrárselo a todos. Si su profesor/a se lo pide, prepare una copia grande que pueda servir de cartel para fijar en la pared. Luego todos deben circular por la clase leyendo los carteles y pegando hojitas firmadas con sus comentarios, sus preguntas y sus sugerencias para ampliar el tema anunciado.

Ejercicio 6: Tomar apuntes sobre vocabulario

A veces la lectura casual en español nos aporta expresiones sobre sensibilidades culturales que se comparten entre países. Lea la lectura que sigue y después busque equivalentes para las frases en inglés indicadas al final.

El racismo es un cuento

Angeles Zamora

La integración social, la igualdad entre los sexos, la defensa del medio ambiente, la salud o el consumo ya no suenan a chino a los niños. *Los cuentos de Quique y Mumbi*, obra de Cruz Blanco, es una apuesta didáctica y muy divertida para que los más pequeños tomen medida de las materias transversales.

—Mi pretensión ha sido que los niños entiendan conceptos y cuestiones relativos a los contenidos transversales, elementos como antixenofobia, convivencia o interculturalidad, aparentemente indescifrables, forman parte de sus vidas y no han de ser considerados sólo materias de estudio —explica Blanco.

Periodista especializada en temas de educación —colabora en *El País* desde 1988—, Blanco se ha sentido desde siempre muy atraída por la infancia. En *Los cuentos de Quique y Mumbi*, la asignatura constante es la lucha contra el racismo y la xenofobia. «Intencionadamente he escogido como protagonistas a un niño español, Quique, y a una niña africana, Mumbi... Nuestros hijos están acostumbrados a ver por los medios de comunicación a otros niños africanos que sufren... pero no nos llega su forma de vida, sus costumbres, que nos permitiría conectar con ellos, quererlos.»

El cuento es un elemento ideal para potenciar la imaginación y la fantasía infantil. Quique es el fiel reflejo de un niño marcado por la sociedad de consumo, por el mundo de abundancia y superficialidad. Mumbi representa el mundo en su estado salvaje. La naturaleza es el universo en el que está inmersa con el amor a los animales, a las plantas o a las costumbres más ancestrales. El anhelo por conocerse convierten la amistad y la solidaridad en valores fundamentales. Tienen entre 6 y 8 años, como el público al que se dirigen sus historias.

«Las cosas que aprendí de pequeña con los cuentos de hadas, con los juegos, han sido valores positivos que han pervivido en mí desde mi infancia... Hay que volver a la lectura en clase y a la lectura del cuento a los niños cuando se acuestan», explica Blanco, que ha dedicado la obra a sus dos hijos Ana y Jorge, claro objeto de inspiración y referencia y que incluso le han permitido «reactivar su propia infancia».

(*Cambio 16*, diciembre de 1994)

Busque en la lectura equivalentes en español para las siguientes frases en inglés.

1. *that have endured in me* _____

2. *to empower the imagination* _____

3. *are not Greek to . . .* _____

4. *consumer society* _____

5. *to take the measure of/take stock of* _____

6. *themes of social consciousness* _____

Ejercicio 7: Ejercicio de redacción

La composición que aparece a continuación representa un borrador compuesto por una joven universitaria norteamericana. Como se ve en las notas marginales hay varios aspectos que hay que corregir y pulir. Trabajando solo/a o en parejas, prepare una nueva versión que tome en cuenta las sugerencias del profesor.

¿Nevascas... o tifones?°

Cuando vivíamos° en Montana, con frecuencia las escuelas se cerraban° definitivamente° porque había muchas nevascas. Pero cuando nos trasladamos a Guam no existían las nevascas. En cambio las escuelas se cerraban por los tifones.

En los ojos de los niños, las nevascas y los tifones son muy parecidos. Cuando un tifón se estaba acercando a la isla, las bases militares lo miraban° con cuidado. El aviso de veinticuatro horas significaba que sobraban° veinticuatro horas antes que la tormenta alcanzara la isla. Por lo tanto las escuelas mandaban a los niños a sus casas para que se prepararan para el tifón. Esto era tan emocionante como una nevasca.

Afortunadamente mi hermana menor y yo pudimos experimentar una de estas tormentas increíbles. Era una mañana tranquila cuando salimos para la escuela aunque mi padre nos había hablado de un vendaval pequeño que estaba amenazando desde el océano. El trabajo de mi padre era pilotar dentro de los tifones y reunir los datos. Así, mi hermana y yo fuimos a la escuela con mucha anticipación°.

¡Qué asombro! En el medio del día, la escuela recibió el aviso de veinticuatro horas y nos mandó a casa. Cuando llegamos a casa, todas las mujeres en la vecindad estaban asegurando las ventanas con las contraventanas. [Muchos de los hombres, como mi padre, se habían ido al trabajo.]°

—Me ayuden° con las contraventanas antes de que los vientos aumentan°— nuestra madre incitó.

Nosotras terminamos de preparar nuestra casa y ayudamos a algunos de los vecinos. Entonces, entramos para esperar. Al anochecer, los vientos se pusieron° violentos y la lluvia torrencial golpeó° el techo. No teníamos° miedo, sino que éramos fascinadas.°

—Salgamos afuera —nuestra madre decidió—. Quiero tomar fotografías del tifón.

Así las tres de nosotras nos aventuramos a salir al patio. En menos de un momento la lluvia nos dejó empapadas. El cielo era° negro. Había un aullido en el aire. Las palmeras se doblaban hasta la tierra.

título eficaz, pero ¿se puede expresar sin «...»?
verbos en pretérito
= para siempre; mejor «inesperadamente»

otro verbo: vigilar, observar
"were left over?" ¿quedar?

buscar esta palabra en español

¿necesario? ¿conexión?
Ayúdenme
aumenten (subjuntivo)

imperfectos
estar fascinado

estar

—Espero que las palmeras todavía tendrán° cocos por la   *subj*
mañana —gritó mi hermana.

—Espero que tendremos° las palmeras por la mañana —yo   *subj*
contesté con sarcasmo.

Nuestra madre dejó de sacar esas fotografías «necesarias» y
pasamos el resto de la noche dentro de la casa con las contraven-
tanas°. No nos dormimos hasta muy tarde. Nuestro padre vino a   *¿por qué importa aquí este*
casa durante la noche.   *detalle?*

Nos despertamos con una mañana tranquila para otro día de
escuela.

*Es una linda historia que tiene sus elementos bien articulados. ¿No se le pueden agregar detalles que
especifiquen los daños usuales de los tifones o los que sufrieron ustedes después de éste? ¿Qué pensó
su papá sobre eso de salir a tomar fotos durante la tormenta? ¿Cómo salieron las fotos que sacó su
mamá? ¿Qué hacía su papá durante el tifón? Su trabajo parece fascinante y merece una explicación.
¿Se puede volver una vez más a mencionar la comparación con las nevascas a que estaba acostum-
brada en su niñez para terminar con el contraste inicial?*

Ejercicio 8: Autoeditor/a

*Ahora vuelva a leer su primer «Ensayo al instante». Probablemente está en una condi-
ción bastante provisional, pero puede servirle de base para examinar y comenzar a sacar
ideas sueltas para una composición posterior.*

1. Llegado/a usted a este punto, ¿cuál considera usted la idea más destacada
    o valiosa que merece ser desarrollada en un ensayo más extenso? Señálela
    con un plumón o rotulador (*highlighter*) o con un círculo de otro color.

2. En el centro de una hoja en blanco escriba esta idea de nuevo simple-
    mente como tema en general, no como tesis para defender.

3. Ahora comience a trazar líneas conectando otras ideas asociadas que se
    relacionen con este tema. Apunte cuantas ideas asociadas pueda, por lo
    menos diez, aunque la conexión sea sólo parcial.

4. Con tinta de color indique cuáles serían las ideas más estrechamente li-
    gadas a su tema central. Estas serán las ideas que pueden formar el núcleo
    de sendos párrafos cuando llegue el momento de redactar el primer bo-
    rrador.

5. Pásele su hoja a un/a compañero/a de clase y déjele considerar los cinco
    subtemas o ideas asociadas. Después de leerlos y ver su relación con la
    idea central, su compañero/a debe marcar con números del **1** al **5** la im-
    portancia que tienen para el tema, según sus propios criterios. ¿Resulta su
    secuencia idéntica a la que planteó usted al principio? ¿Tuvo su lector
    otras intuiciones sobre la relación de las ideas propuestas? Converse un
    momento acerca de sus diferentes perspectivas.

Ejercicio 9: Pulir el formato

Una manera de clarificar lo que Ud. intenta comunicarle a su público es separar su presentación en párrafos. Antes que nada, los párrafos sirven para organizar las ideas. Debe haber una sola idea central (o subtesis) que se desarrolle en cada párrafo. La tendencia moderna, especialmente en el periodismo, es de hacer todos los párrafos algo cortos para hacer resaltar las subtesis.

El primer amor nunca se olvida

Recuerdo la primera vez que me enamoré. Se llamaba David. Tenía ojos oscuros. Era guapo, y tenía siete años. Me tomaba de la mano en el almuerzo. Me dio un anillo de turquesa que probablemente confiscó del tocador de su madre. Yo creía que nuestro romance duraría para siempre. Hasta las vacaciones de verano. En alguna parte, a través de los años, perdí el anillo. Después de estas décadas todavía pienso en David. Parece que el primer amor realmente es para siempre...

(Más, primavera de 1990)

La técnica resulta un tanto artificial y no logra comunicar las conexiones esenciales **entre** ideas y subtesis. Mire el mismo texto reorganizado en párrafos normales (con las conexiones en **negrita**).

Recuerdo la primera vez que me enamoré. Su nombre era David, tenía ojos oscuros, era guapo, y tenía siete años. Me tomaba de la mano durante el almuerzo, **y por fin** un día me dio un anillo de turquesa que probablemente había confiscado del tocador de su madre.

Yo creía que nuestro romance duraría para siempre, **o por lo menos** hasta las vacaciones de verano. En alguna parte, a través de los años, perdí el anillo **pero** después de estas décadas todavía pienso en David. Parece que el primer amor realmente es para siempre...

Otro motivo para prestar atención a los párrafos es que la posición—tanto visual como lógica—de las ideas dentro de esta unidad les otorga más relieve. La última oración debe ser breve y memorable. Ante todo la última posición en un párrafo debe reservársele al concepto que merezca más relieve y atención.

...

Desde un punto de vista psicológico, el primer enamoramiento tiene un impacto crucial en el resto de la vida. La habilidad de amar y de confiar en alguien fuera de la familia es un paso en la formación del carácter social del niño. Es una señal de independencia: mientras que los padres todavía controlan lo que comen, visten y aun con quién juegan los niños, el primer objeto de afecto es estrictamente una elección personal. **Y la ternura que aprendemos durante el primer encuentro romántico,** aunque sea inocente, **afectará nuestras relaciones por el resto de nuestra vida.**

...

Ejercicio 10: La secuencia de las ideas

En el texto que sigue, continúa el mismo artículo pero las frases están fuera de orden y divididas innecesariamente en dos. Organícelas en dos párrafos lógicos y bien estructurados.

1. No trate de invalidar los sentimientos del niño.

2. Ya vendrán a usted cuando estén listos.

3. Usted puede decir: «Me gusta que te sientas de esa manera, pero si las cosas cambian, también está bien».

4. Ayúdele a ponerlos en contexto diciendo algo como: «Es bueno tener esos sentimientos por alguien, ¿no es verdad? Te hace sentir feliz».

5. Es importante decirle que usted está dispuesto a hablar, pero no haga demasiadas preguntas.

6. Tenga en cuenta que el enamoramiento no puede durar para siempre. Está bien decirle esto a su hijo/a.

7. La primera regla es: resista el impulso de bromear, hacer chistes o ridiculizar cuando su hijo/a está obnubilado/a por alguien.

8. Cuando se trata del primer amor, hay solamente una cosa segura: no importa lo que pase, ya sea a los siete o a los setenta años, siempre estaremos dispuestos a darle otra oportunidad.

9. Si los niños creen que no se les está tomando en serio, será más difícil que ellos confíen en usted cuando realmente le necesiten.

10. Los sentimientos de los niños suelen ser muy inconsistentes...

_____

_____

_____

_____

_____

_____

_____

Finalmente, así comienza el último párrafo de este artículo. ¿Lo puede terminar de una forma satisfactoria para su lector?

¿Y qué pasa con el rechazo? Ver sufrir a sus hijos puede romperle el corazón a usted también. Ofrezca mucha simpatía y déjele saber que usted siempre estará listo/a para ayudarle cuando lo necesita. ¿ ... ?

_____
_____
_____
_____
_____
_____
_____
_____

Al público

Es fácil pensar en inglés cuando uno está escribiendo rápidamente, pero antes de terminar hay que comprobar que las expresiones que usamos no sean modismos que resisten traducción de una lengua a otra.

Ejercicio 11: Modismos que no se traducen

Busque un buen diccionario inglés-español en la Sala de Referencias en su biblioteca, y poniéndoles mucho cuidado a las expresiones idiomáticas, traduzca las frases a continuación:

1. *a crowd of people*   _____

    crowded streets   _____

    to feel crowded   _____

2. *our gymnastics team*   _____

    a gymnastics meet   _____

    a gymnast's outfit   _____

3. *a hide jacket*   _____

    a game of hide and seek   _____

4. *a salt cellar (shaker)*   _____

    a salt lick   _____

    "the salt of the earth"   _____

5. *a strong individual*   _____

    an individual strength   _____

6. *a right answer*   _____

to turn right _____

a universal human right _____

a playwright _____

right way _____

right outside my window _____

7. *a cold front* _____

at the head of the parade _____

facing me _____

in front of them _____

CURIOSIDADES DE CULTURA Y LENGUAJE
Children's Literature in Spanish

One of the curiosities of Spanish literature is that Hispanic children seem to have no literature of their own. Speakers of English are used to a dense tradition of children's stories, and there are even well-known subgenres like Mother Goose rhymes (Humpty Dumpty, Little Miss Muffet), fairy tales (Snow White, Goldilocks), mystery stories (Nancy Drew, the Hardy Boys), and tales of magic and adventure (Peter Pan, Mary Poppins). Some of these exhibit a more homespun, traditional style while others are products of a thriving publishing industry, which in turn creates new children's "classics" on demand.

Much of our affection for children's literature seems to be a consequence of the Romantic movement in the early nineteenth century and Romantic notions about childhood as an idealized period of life, full of innocence, wonder, and magic. Germans like the Brothers Grimm and Hans Christian Anderson, a Dane who published widely in German and English, took the lead in cultivating this new kind of writing. The English Romantics were even more industrious in pursuing it through works like *A Swiss Family Robinson* and *Treasure Island*. Spain, however, which the German Romantics and others in the movement declared the most romantic country of Europe (mostly because it was at the time the most traditional, exotic, and impoverished), invented its own special Romanticism which was distinguished for its late appearance, brief span, and lack of interest in children's experience. The echoes of these contrasting views of childhood—highly sentimentalizing vs. matter-of-fact—may still be with us: the EuroDisney children's theme park outside of Paris is strategically located in northern Europe between England and Germany.

continued

Children's literature is not, of course, literature written by children, and it may be generated in part by the needs of adults who want to create a fiction of childhood that they can bestow on their offspring. It is also a literature that adults seem to need for themselves, to touch once again the capacity for wonder they feel they have lost. There are many adult books in English that emulate the forms and styles of this literature to suggest deeper moral principles, like Jack London's *The Call of the Wild*, C.S. Lewis's *The Chronicles of Narnia* and J.R.R. Tolkien's *The Lord of the Rings*.

The twentieth century has seen the birth and expansion of a Hispanic market for children's books, at first mostly translated from other tongues but now fueled by native authors as well, such as Olga Bressano de Alonso, Constancio Vigil, and María Elena Walsh. Argentina, for example, holds a sizable annual **Feria del Libro Infantil**. Some publishing houses in the U.S. and Cataluña, urged on by the political and cultural concerns of their market, have launched vigorous initiatives to provide early access to first books in Spanish and Catalan.

Explanations for why the Hispanic world shows so little preoccupation for creating a special literature for young readers can only be tentative. It does seem to be commonly accepted in Hispanic countries that children will be introduced from the outset to the (adult) literature of the culture as a whole, so many children are guided to simple versions of the **Poema de mío Cid** and **Don Quijote**.

There is also an abundant literature of folktales in sung ballads in Spanish, collectively known as the **Romancero**.[1] Often based on medieval heroes or historic events, these poems tell rousing good stories that are as satisfying for adults as they are for children. As a popular oral genre **romances** permeate the entire Hispanic world and are intimately linked with new forms which appeared in this hemisphere, like the **corridos** in Mexico and the gaucho poetry of Argentina.

Finally, many of the finest creations of the Spanish language are oral in nature, which means that one does not have to be an accomplished reader to enjoy them. Children in the Spanish world can take pleasure in fine compositions presented to a listening—or participating—public, such as with **romances** and theater, both of which combine text and music in ways that encourage a shared cultural experience that takes deep root in the collective memory.

There is one well-known piece of twentieth-century Spanish literature that employs a donkey's voice to produce an account of childlike innocence. Juan Ramón Jiménez's *Platero y yo* (1914) is actually a collection of sophisticated prose poems describing the burro Platero as he trots his quiet way through Spanish village life. Jiménez, who won a Nobel Prize in 1956 for his poetry in verse, offers one more example of adult literature that delights Hispanic children as well.

---

[1]The Spanish word **romance** has nothing to do with either Romanticism as a historical or literary movement, or with "romance" as in stories of sentimental love. A **romance** in Spanish is a traditional lyrical or narrative ballad with a set metrical form, lines of sixteen syllables with vowel rhyme at the end of every line. The rhyme scheme of this poem is designated as stressed **a** followed by **o**, or "**á-o**": **sent<u>a</u>d<u>o</u>, cal<u>a</u>d<u>o</u>, cas<u>a</u>d<u>o</u>,** etc.

continued...

Ejercicio 12: Poesía para niños

The following **romance**, *known to children throughout the Spanish-speaking world as* «**Don Gato**», *was transcribed as sung by a little girl of five in Costa Rica.*[2] *See if any of your Hispanic or Latino friends know this song, then try to copy down the version they learned in childhood and bring it to class to see what variants exist in different parts of the Spanish-speaking world.*

Estaba el Señor don Gato   en silla de oro sentado,
calzando media de seda,   zapatito calado,
cuando llegó la noticia   que había de ser casado,
con una gatita rubia,   hija de un gato dorado.
Don Gato, con alegría,   subió a bailar al tejado.
Tropezó con la veleta   y rodando vino abajo.
Se rompió siete costillas   y la punta del rabo.
Ya llaman a los doctores,   sangrador y cirujano.
Uno le toma el pulso,   otro le mienda el rabo.
Todos dicen en una voz: «Muy mal está el Señor don Gato».
A la mañana siguiente   ya van todos a enterrarlo.
Los ratones, de contentos,   se visten de colorado.
Las gatas se ponen de luto;   los gatos capotes pardos,
y los gatitos pequeños   lloraban, miau, miau, miau.
Ya lo llevan a enterrar   por la calle del pescado,
Y al olor de las sardinas   el gato ha resucitado.
Los ratones corren, corren;   detrás de ellos corre el gato.

---

[2]Reprinted from Michèle S. de Cruz-Sáenz, **Romancero tradicional de Costa Rica** with permission of Juan de la Cuesta Press, Newark, Delaware.

CAPITULO 3

Los animales

◆ ◆ ◆

Conversación y exploración

Introducción al tema

Son símbolo tanto de la crueldad como de la lealtad. Representan la naturaleza y también la felicidad doméstica. Nos acompañan durante la vida aunque ninguno de ellos normalmente goce de una vida tan larga como la nuestra. Frecuentemente son los primeros en enseñarnos qué es el morir.

Son los animales compañeros[1] que nos rodean, e invocan asociaciones diferentes dependiendo de la situación. En el pasado nos ayudaban en nuestras tareas en la finca o en el rancho, y todavía en muchas partes del mundo hispánico siguen cumpliendo ese papel. En todo momento histórico han compartido nuestros momentos de ocio, como el poderoso caballo que en otra época nos llevaba de caza, o las palomas que hoy nos tranquilizan con su voz ronca y su paso lento en los parques. En muchos países hay animales que sugieren cierto nacionalismo porque forman parte de la experiencia diaria, como las cigüeñas en las iglesias de España, el querido y pacífico burro mexicano y el noble caballo de las pampas argentinas y llanuras venezolanas. Y no olvidemos los innumerables perros y gatos que han enriquecido la niñez y juventud de casi todos nosotros.

Con el paso del tiempo—y los fuertes cambios que ha experimentado nuestra sociedad moderna—se les ha asignado a los animales algunos papeles nuevos y en gran parte inesperados. Ahora abundan los admirables «perros lazarillos» que guían a los ciegos. Los antiguos enemigos, ratones y gatos, sufren ahora las consecuencias de la necesidad de probar nuevas sustancias farmacéuticas (y cosméticas) en repetidos experimentos científicos. Se acusa a la nueva generación de *«yuppies»* de preferir adoptar un animal como sustituto del niño que no tienen tiempo de criar. Y últimamente se ha propuesto acudir a varios animales como los loros, los gatos, los perros y hasta los cerdos como terapia para los ancianos que viven, o que simplemente se sienten solos.

En este capítulo vamos a contemplar y a comentar los animales y sus diversos papeles a través de nuestra vida.

Actividad 1: Palancas para colocar ideas

¿Qué sabe nuestro grupo de los animales? Los conocimientos de cualquier grupo de estudiantes pueden ser diversos y ricos. Con su profesor/a, inicie una exploración para llegar a conocer qué animales tienen o han tenido sus compañeros de clase.

---

[1]Los «animales compañeros», o los «animales domésticos», también se conocen comúnmente como «mascotas» cuando son pequeños, y hasta se emplea la palabra inglesa «pet» en varias tierras hispanoparlantes.

Concretando conocimientos previos. *Apunte la información que se pide a continuación sobre los animales que han tenido usted y su familia (o sus amigos íntimos).*

nombre del animal de la familia	especie	términos descriptivos	rasgo individual más celebrado o apreciado por la familia	deficiencias o problemas que se han notado en el animal
1. _____	_____	_____	_____	_____
2. _____	_____	_____	_____	_____
3. _____	_____	_____	_____	_____
4. _____	_____	_____	_____	_____

Después de terminar, uno de los miembros de la clase puede hacer de secretario, agrupando en la pizarra los animales domésticos de la clase según la especie, y apuntando los términos (tercera columna) más significativos.

Actividad 2: Encuesta pública

Trate de examinar la gama de experiencias de sus propios compañeros de clase con respecto a los animales domésticos que han tenido en casa. Se puede usar el modelo de abajo (que se repite como formulario impreso en el Manual*) o añadir otros elementos al cuestionario consultándolo con su profesor/a.*

ENCUESTA PUBLICA: Las mascotas

NOMBRE DEL/DE LA COMPA-ÑERO/A DE CLASE	NUMERO DE ANIMALES DOMESTICOS EN CASA	NOMBRES DE ESTAS MASCOTAS	¿HAN PRODUCIDO CRIAS?	AMO PRINCIPAL (O TODA LA FAMILIA)
_____	_____	_____	sí / no	_____
		_____	sí / no	_____
		_____	sí / no	_____
		_____	sí / no	_____

Si no hay animal doméstico, explique por qué:

Nombre: _____ Razón: _____

Nombre: _____ Razón: _____

Nombre: _____ Razón: _____

Nombre: _____ Razón: _____

Actividad 3: Firma aquí

*Comience con una hoja con los números del 1-8, dejando espacios para las firmas. Pase por la clase haciendo las preguntas que siguen a sus compañeros de clase. Hay que saludarlo cordialmente, hacer una sola pregunta a cada individuo, y darle las gracias antes de pasar al siguiente. Cuando otro/a estudiante le pregunte algo a usted, escuche y no lea su propia hoja. Si alguien le contesta que sí, dígale «**Firma aquí, por favor**» hasta tener firmas para cada pregunta.*

1. ¿Hay alguien en tu familia que tenga alergias a los animales domésticos?
2. En tu niñez, ¿algún animal te hizo algún daño grave (como morderte)?
3. ¿Has vivido por una temporada en una finca?
4. ¿Montas a caballo con frecuencia (más de una vez cada tres meses)?
5. ¿Ha participado tu mascota o la de un familiar en un concurso de animales?
6. ¿Cuidaste alguna vez serpientes en casa?
7. ¿Has matado un animal para comértelo? ¿Cuál? (por ejemplo, una trucha, un conejo, una paloma, una gallina...)
8. ¿Has vivido en un hogar con más de cinco animales adultos?

Actividad 4: Antes de leer

De lo que usted ya sabe de las alergias y de los animales domésticos en general, indique si las siguientes afirmaciones son verdaderas o erróneas.

	sí	no
las enfermedades alérgicas en los seres humanos surgen de las enfermedades contraídas por sus mascotas	___	___
los gatos presentan más peligros que los perros	___	___
los síntomas de alergias suelen ser respiratorios	___	___
los peces no provocan reacciones alérgicas	___	___
la sangre de los animales provoca las peores reacciones	___	___
la saliva de las abejas puede causar una reacción mortal	___	___

Animales: Consejos prácticos para alérgicos

Tener en casa una mascota puede ser un error grave. Eso es especialmente así en el caso de perros y sobre todo gatos. Cuando los pelos y escamas de estos animales entran en contacto con la persona alérgica, producen rinitis, conjuntivitis y asma. Se debe a unas proteínas que, aunque pueden estar presentes en las escamas de la piel, se encuentran fundamentalmente en la saliva. Es la explicación de por qué el gato, gran lamedor higiénico de su pelaje, es un generador de alergias tan potente.

También hay otros animales domésticos que afectan a las personas sensitivas:

continúa

hamsters y pájaros. El caso quizá más curioso es el de los peces de acuario. Ellos no provocan alergias, pero sí en ocasiones lo causa su alimento, que consiste en larvas de mosquito.

En general se aconseja que los alérgicos a gatos y perros, eviten tener uno en casa, o que el alérgico que tiene una mascota y no quiere deshacerse de ella, evite al máximo la convivencia con el animal. Además debe rehuir contactos prolongados con personas que posean animales.

Aparte de los animales domésticos en sí, hay que tomar precauciones frente a ciertos insectos. Una sola picadura de abeja o avispa puede ser mortal para la persona alérgica al veneno de ellas. En estos casos la inflamación y el dolor no quedan circunscritos a la zona de la picadura, como ocurre con los individuos no alérgicos, sino que puede producir una reacción generalizada y hasta letal. Como precauciones prácticas debe evitar la ropa corta y colorida en favor de tonos marrones y verdes, y dejar de usar los perfumes y cosméticos de olor intenso porque son muy atractivos para estos insectos.

(Cambio 16, 1270, 25 de marzo de 1996)

Actividad 5: Después de leer

1. Los medios para comunicar matices de sentido son únicos en todas las lenguas. Busque en las listas que aparecen a continuación frases equivalentes.

OPCIONES

un error grave
se debe a unas proteínas
gran lamedor higiénico
deshacerse de ella
frente a

no quedan circunscritos
aparte de los animales domésticos
la convivencia con el animal
el caso quizá más curioso

living with the pet _____

unburden oneself of it _____

are not limited _____

a major upset _____

2. Para discusión en clase: La cuestión de los inconvenientes de tener un animal doméstico no se limita a las alergias. Pero por otro lado puede haber también ventajas para la salud de amo de una mascota. En su opinión, ¿cómo puede un animal compañero mejorar la salud? ¿Cómo afecta el ambiente emocional del hogar de sus amos?

Actividad 6: Descubrir el animal secreto

El/La profesor/a puede preparar una serie de etiquetas con nombres de animales en cantidad suficiente para toda la clase. Luego se le pega un letrero a cada alumno en la espalda de manera que todos puedan verlo salvo el individuo que lo lleva. Hay que circular por la clase haciéndole a cada compañero de clase una sola pregunta a la cual se pueda contestar con «sí» o «no», hasta poder identificar qué animal es el suyo.

Actividad 7: Antes de leer

He aquí una lista de términos asociados con el dormir y el sueño. En equipos de dos o tres, traten de organizar estos vocablos gráficamente en cuatro (o más) grupos según las conexiones que les parezcan lógicas con la palabra «SUEÑO» en el centro. ¿Hay otros términos relacionados que quieran añadir a la lista?

acostarse	ensueño	interpretar	reposar
consciencia	fantasma	pesadilla	siesta
delirio	ilusión	preocupaciones	somnambulismo
descansar	imágenes	reclinar	subconsciencia
dormir	imaginación	recordar	sueño
dormitar	insomnio	recostarse	vigilia

Comprobado: Los animales también sueñan y tienen pesadillas

Estudios recientes han comprobado que los animales también tienen la necesidad de tener un buen número de horas de sueño; pero además, al igual que los seres humanos, sueñan y tienen pesadillas. Las investigaciones realizadas en zoológicos consistieron de la aplicación de electrodos de un electroencefalograma a animales de todo tipo. Se llegó a la conclusión de que algunos sueñan más, otros menos, que algunos tienen sueños más largos, otros más breves. Lo realmente curioso es que esto no guarda ninguna relación con el lugar que ocupa el animal en la escala evolutiva, más bien tiene que ver con el tamaño y con el ser depredador o presa en el sueño. Así, mientras algunas personas se quejan de no poder dormir profundamente, el famoso perezoso, cómodamente colgado de los árboles en las selvas americanas, dormita dos horas y media cada 24 horas, divididas en 18 episodios de cerca de 8 minutos cada uno.

Aunque ahora se sabe que los animales sueñan, todavía existe un gran enigma: ¿qué es lo que sueñan?

Mirando al perro, al gato y al canario domésticos, no dan la impresión de que sus pesadillas sean menos atroces que las nuestras, ni que sus «lindos sueños» les den mayores satisfacciones que a nosotros. Sin embargo, la gran ventaja que ellos tienen sobre nosotros es que no los pueden recordar a la mañana siguiente y, por lo tanto, no pueden descifrarlos con el psicoanalista.

(Muy interesante, 1992)

Actividad 8: Presentar un informe en un grupo

Formen grupos pequeños con un individuo como secretario para informar a la clase sobre los resultados de la conversación.

1. Estamos acostumbrados a considerar la capacidad de soñar como algo netamente humano. ¿Es posible que los animales realmente sueñen también? ¿Creen ustedes que aparecemos nosotros en estos sueños?

2. ¿Cuántos han visto a un perro mover las patas mientras duerme como si estuviera peleando o corriendo? Discutan lo que han visto de animales que parecen soñar.

3. ¿Qué otros hábitos tienen sus propias mascotas en cuanto a sus siestas diarias?

Los últimos primos del hombre

1 Los chimpancés son cazados sin control en este fin de siglo en las selvas africanas. Su destino: los zoológicos de Occidente, los laboratorios de investigación o, incluso, las tiendas de animales domésticos, donde son vendidos como mascotas para niños y adultos.

2 Además, las compañías madereras y aumentos en la población humana local destruyen sus cada vez máz reducidos hábitats naturales, sin que nadie, por el momento, sea capaz de frenar esta merma demográfica.

3 El peligro ha llegado ya a tal punto que incluso la principal autoridad mundial en el estudio de los chimpancés, Jane Goodall, se ha visto obligada a intervenir. Ha abandonado las interesantes proyectos científicos, que realiza desde hace décadas en el corazón de África, para recorrer medio mundo solicitando la ayuda urgente de las naciones desarrolladas.

4 «Yo solía pasar al menos un tercio de cada año en África con los chimpancés—denuncia desde Londres Jane Goodall—pero ahora, a la velocidad con la que desaparecen esta especie y su ecosistema, la labor de concienciación de mi trabajo es cada vez mayor. Así que el tiempo que paso en el continente negro es muy poco».

5 En los últimos dos meses, esta prestigiosa investigadora no ha parado de viajar por América y Europa en la caza de apoyo y dinero para tratar de impedir la desaparición de los chimpancés, el pariente más próximo del hombre. Y su S.O.S. no puede ser más claro:
—La gente no comprende que, cuando se habla de la protección de los espacios naturales que quedan, para animales como los chimpancés, los gorilas o los elefantes, no sólo nos preocupamos por estas especies. Porque cuando se acaben los últimos bosques, y la Tierra se desertice más y más, la gente va a destruir definitivamente este mundo.

6 Alrededor de 3.000 chimpancés son ahora utilizados en los laboratorios farmacéuticos para probar nuevas sustancias químicas. Jane Goodall también denuncia las torturas que estos ejemplares sufren y sus malas condiciones de vida al ser encerrados en pequeñas jaulas. Esta naturalista británica defiende a ultranza la prohibición de usar animales en los experimentos científicos, pero, hasta que esta medida se consiga, pide una especie de «fondo de pensiones» para devolverlos a su medio natural cuando su presencia ya no sea necesaria.

(Cambio 16, 1276, 6 de mayo de 1996)

Actividad 9: Comprensión de la lectura

1. Identifique el número del párrafo que contiene una observación sobre la conversión del planeta en un desierto: _____.

*2. Basándose en los párrafos **2** y **3**, busque la información señalada.*

sinónimo de «ambiente» _____

cuánto tiempo ha investigado Goodall en África _____

sinónimo de «industrializado» o «avanzado» _____

3. Entre los puntos que apoyan los conceptos básicos del ensayo figuran los siguientes motivos para la desaparición de los chimpancés...

a. _____

b. _____

c. _____

cambios recomendados por Goodall...

d. _____

e. _____

f. _____

4. Repase el texto brevemente y escoja cinco palabras claves o centrales.

a. _____

b. _____

c. _____

d. _____

e. _____

Ahora compare su lista con la de sus compañeros de clase para ver cuáles términos aparecen en las listas de todos o de la mayoría.

5. Con las palabras identificadas, escriba una o dos oraciones para expresar la idea principal de la selección.

_____

_____

6. Busque en la lectura (y no en un diccionario) palabras que significan lo siguiente:

population decline _____

becomes a desert _____

resolutely defends _____

work of consciousness-raising _____

7. **Opcional pero intrigante.** *Describa con sus propias palabras y para un niño de diez años por qué algunas personas quieren utilizar los chimpancés en sus experimentos científicos en el laboratorio.*

Composición y concreción

Metas de exposición: La descripción y el análisis, etapa 1

En este capítulo usted va a elaborar descripciones más objetivas, es decir que va a concentrarse más en los detalles de interés que pueda entender cualquier individuo y no sólo los que le conocen a usted. Para hacer esto, usted tiene que

- expresarse de una manera más analítica
- prestar más atención a la secuencia y organización de datos presentados
- escribir descripciones más detalladas, bien desarrolladas y sobre todo sin su presencia o «voz» personal

Posibles temas de redacción

1. Prepare dos versiones de una descripción, con todos los detalles convenientes, de cómo se alimenta un perro, una vaca o una pajarito. Hágala primero para un lector adulto, y luego para un lector niño.
2. Haga una investigación sobre un animal que viva en América Latina o en España. Describa el animal, su hábitat y ciclo de vida.
3. Hay algunas costumbres tradicionales con animales que provocan discusión hasta entre los ciudadanos de países hispanos, como la corrida de toros y las peleas de gallos. Describa sus reacciones ante estos espectáculos públicos.
4. Prepare una lista de recomendaciones sobre cómo deben comportarse los niños con los animales. En forma de consultorio periodístico, ofrezca consejos a los padres de niños que quieran adoptar su primer perro o gato.
5. Si usted ha vivido en una comunidad hispana, describa lo que observó de sus animales domésticos y cómo sus amos los trataban.
6. Escriba un folleto informativo para distribuir a hijos adultos, que los enseñe cómo la presencia de un animal doméstico puede enriquecer la vida de sus padres ancianos que viven solos.
7. Si usted está personalmente de acuerdo con esta perspectiva, escriba una carta de protesta al presidente de una compañía farmacéutica hispana de productos cosméticos para denunciar la crueldad infligida a miles de animales en repetidas pruebas de toxicidad. Infórmele sobre la desaprobación del mercado norteamericano hacia este asunto. Apoye su opinión *no* en reacciones personales («esto me disgusta»), sino en datos concretos.

8.	Formule un relato para niños que cuente la historia de un animal, quizá para enseñarle el ciclo natural de su vida, el lugar en su entorno ecológico y cómo podemos respetarlo.

9.	Otro tema después de consultarlo con su profesor/a.

Ejercicio 1: Investigación de vocabulario útil

Ciertas discriminaciones entre palabras pueden ser útiles en el momento de abordar un tema nuevo. Al buscar un equivalente de *hide*, como sustantivo en inglés, para de la piel de un animal, uno no quiere confundirlo con el verbo *to hide* = «esconder».

Los términos que permiten diferenciar el mundo animal de los seres humanos son abundantes. Estudie estos contrastes de vocabulario:

macho	— *male of any species*
hembra	— *female of any species*
piel (*f.*)	— *skin of humans, animals and fruits; fur of an animal*
cutis (*m.*)	— *human skin*
cuero	— *leather, treated animal skins*
pellejo	— *tough skin of animals and fruits*
pelar	— *to peel (a fruit, etc.)*
curtir	— *to cure or treat animal hides* (pellejo curtido y preparado)
en cueros	— *stark naked*
dar a luz	— *to give birth (humans)*
parir	— *to give birth (animals)*
parto	— *delivery, birth (noun)*
poner	— *to lay (eggs)*
preñada	— *pregnant (animals)*
encinta, embarazada	— *pregnant (humans)*
gestación	— *term of pregnancy*
cruces (*m.*)	— *interbreeding*
criatura	— *human infant, young child*
crianza	— *upbringing, breeding (as in "a person of good breeding")*
criar	— *to breed (animals); to bring up a child*
cría	— *brood of animals; nurturing, suckling, rearing offspring; individual young of an animal*
especie (*f.*)	— *species*
estirpe (*f.*)	— *blood line, breed*
raza	— *type of animal, species*
amo	— *"master" of a pet or domestic servant* = señor, señora
dueño	— *owner of a store or business* = propietario, patrón

Llene el espacio en blanco con el término más apropiado de la lista anterior.

1. Si le importa conservar la pureza de la _____ de su mascota, vigílela para evitar _____ indeseados.

2. Marta lavó la manzana y la _____ antes de servírsela a su hija.

3. El _____ de la fábrica de carnes en conserva estaba preocupado por la presencia de tantos perros que rondaban su propiedad y se quejó a los _____ de ellos.

4. Las águilas normalmente _____ dos huevos cada primavera, pero una de las _____ nace una semana antes que la otra.

5. La hembra que está _____ requiere más descanso y alimentación durante la época de su _____ .

6. _____ de varios animales siempre ha servido de ropa para los seres humanos, y todavía se usan grandes cantidades de _____ para fabricar zapatos, cinturones, chalecos y chaquetas de calidad.

Ejercicio 2: Ensayo al instante sobre un «animal secreto»

1. Piense en un «animal secreto» y cómo lo describiría según su aspecto físico y rutina diaria. Luego cuente su versión a los otros en la clase a ver si pueden adivinar qué animal es. Al escuchar las breves descripciones de sus condiscípulos, tome apuntes sobre qué animal van describiendo o los detalles que revelan su identidad. He aquí un ejemplo en forma de narración.

No estoy seguro exactamente cuándo empieza el día porque no duermo como otros animales. Duermo con los ojos abiertos y nado constantemente porque no floto como otros peces y me hundiría si no nadara. Por eso, mi vida parece un día muy largo, sin interrupción. Soy más grande que muchos otros peces, y tengo una boca fuerte con fila tras fila de dientes afilados como sierras.

Suelo atacar y morder a los otros animales acuáticos. De vez en cuando mato a un ser humano que está nadando cerca de la costa. Suelo seguir el olor de sangre en el agua, pero en realidad soy tímido, y si la sangre está demasiado cerca de un barco, huyo.

Muchos me detestan y me llaman el pez más peligroso del mar.

Apuntes: no duermo / otros peces / dientes afilados / ataco / olor de sangre / peligroso

2. Ahora, tomando no más de diez minutos, vuelva a intentar el mismo ejercicio de «Animal secreto» por escrito, teniendo cuidado de no hacer la identidad del animal ni muy obvia ni totalmente impenetrable. Al terminar, intercambie su ensayo por lo menos con otros cinco alumnos y apunte para cada uno la información indicada a continuación.

	autor	animal secreto	detalle revelador
a.	_____	_____	_____
b.	_____	_____	_____
c.	_____	_____	_____
d.	_____	_____	_____
e.	_____	_____	_____

Ejercicio 3: Ensayo al instante

Durante dos minutos, escriba un párrafo que trate del siguiente tema: «El mejor animal doméstico para mí en el futuro será... » Explique también por qué.

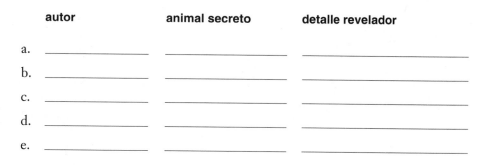

Las sombras de la mascota muerta...
Zinie Chen

La muerte de un animal querido puede provocar un golpe emocional tan fuerte como la de un ser querido, y en muchos casos aun más desgarrador, según afirman los expertos de la salud mental. Ahora ha surgido un equipo de consejeros que ayudan a los que han experimentado la pérdida de su mascota.

El Departamento de Psiquiatría en la Facultad de Medicina de Virginia inauguró a finales de 1992 un servicio terapéutico para clientes afectados por la muerte de su mascota. Sandra Barker, directora de este nuevo programa, propone una breve serie de consultas para amos cuyos animales han fallecido o desaparecido.

El dolor que experimentan los amos se asemeja al que produce la desaparición de un pariente, opina Barker, y «hasta es más profundo en la medida de la relación entre ellos». Algunos lo pasan peor que otros cuando se les muere su perro, gato u otro compañero porque carecen de lazos personales con otras personas que los apoyen en este trance doloroso. «Sus amigos declaran que "era sólo un perro; pues, no tienes más que buscarte otro". Los amos se sienten abrumados ante la intensidad de aquella relación que ahora está terminada, y se cuestionan sobre su propio equilibrio mental.»

Los consejeros del programa también atienden a los que se encuentran obligados a contemplar la posibilidad de acabar con los días de una mascota en condiciones mortales. «Les ayudamos a examinar las opciones y a ver cuál es la más apropiada en su caso», señala Barker, profesora catedrática de psiquiatría en su universidad. Una de sus clientes, Sheila Parker, casi se puso histérica cuando los veterinarios le aconsejaron que acabara con la vida de su perro: «No les pude convencer de que no se trataba simplemente de una mascota sino de algo de mayor índole—asegura Parker—porque era como un hijo mío. La doctora Barker me apoyó en mis sentimientos y me hizo ver lo normal que era mi angustia emocional».

Mark Gottschalk, veterinario de la

continúa

misma ciudad, explica que ha visto cómo se acusan los amos de animales difuntos, echándose a sí mismos la culpa por la muerte de su mascota, o asignándola al descuido de su veterinario. «Creo que el que un consejero les atienda sea especialmente útil para los ancianos, algunos de los cuales insisten en que morirían si se les muriera su acompañante animal.»

(*Associated Press*, 8 de noviembre de 1992)

Ejercicio 4: Modificando el mensaje para distintos públicos

Entre todos en su grupo, apunten varias razones por qué los individuos de la lista siguiente sentirían la pérdida de su mascota.

una niña de seis años
una madre de cinco hijos al casársele el último
un joven de 20 años que comparte su perro con sus compañeros de apartamento
un matrimonio sin hijos
una profesional soltera de 40 años
un sacerdote que no podrá casarse nunca
una viuda de 80 años

¿Qué son otros individuos que podrían incluirse en la lista de los que serían afectados por la muerte de un animal compañero?

_____

_____

_____

EJERCICIO TAMBIÉN
EN EL MICRODISQUETE

Ejercicio 5: Dar consejos

En grupos de tres o cuatro y en forma de consultorio sentimental, preparen respuestas para la siguiente carta dirigida a la famosa «Encarna» (personalidad de la radio española), de parte de una familia que encuentra ciertas dificultades con su mascota. Piensen bien en los consejos que deben dar a las personas afectadas en cada caso.

Querida Encarna,

    Adoptamos un perro «beagle» hace dos años y por su inteligencia y buen comportamiento llegó a ser el favorito de la familia. Sara, nuestra hija de siete años, se enamoró de él y fue ella quien le puso el nombre 'Duque'. El problema es que la

Queridos Beltrán,

_____

_____

_____

_____

_____

_____

abuelita, super exigente en el aseo de todo
lo que la rodea, no aguanta la presencia
del perro cuando ella nos visita, y pone
muy mala cara mientras el resto de nosotros nos morimos de risa ante los trucos
que le ha enseñado Sara. ¿Cómo podemos
explicarle a Sarita los reproches de su
abuelita?

                  Familia Beltrán

_____

_____

_____

_____

_____

_____

_____

                  Encarna

Ahora lean esta respuesta de la sabia Encarna y traten de imaginarse las condiciones que provocaron sus consejos y reacciones. Escriban una carta remitida por estos residentes de un barrio en San Francisco, California.

Querida Encarna,

_____

_____

_____

_____

_____

_____

_____

_____

_____

_____

_____

_____

_____

_____

_____

Queridos San Francisco,

*Aunque aplaudo sus esfuerzos para res-
petar la vida de todas las criaturas de
Dios, tratar de cobijar a cada animalote
que pase por su vecindad, abandonado o
no, me parece extremado. Primero porque
hay una obligación moral (y quizá legal)
de tratar de averiguar de quién serán todos estos perros y gatos que ustedes van in-
corporando a la familia, pero también
porque, sin saber de dónde vienen, ustedes
corren el riesgo de que traigan alguna enfermedad contagiosa que se les pegue a los
otros animales y hasta a sus propios hijos.
¡Gracias a Dios que no les haya ocurrido
nada peor que esa plaga de pulgas!*

    *Para esa situación por lo menos
les aconsejo colocar sobre las alfombras
platillos de agua con unas gotas de jabón
líquido en la superficie y una bombilla*

_____   *encendida a una altura de diez a quince*

_____   *centímetros. Durante la noche las pulgas*

_____   *serán atraídas por el calor y la humedad*

_____   *y se ahogarán en el agua jabonosa.*

       Padres adoptivos en San Francisco   *Encarna*

Ejercicio 6: Tomando notas/hablando de ideas

Ahora bien, ¿cuál de los «Posibles temas de redacción» en las páginas 55–56 parece más apto para desarrollar? Seleccione uno de los temas y apúntelo en una hoja de papel o en una tarjeta grande.

1. En grupos de tres, léales su tema a sus compañeros, explicándoles en un minuto por qué le parece significativo este asunto y lo que había leído antes sobre él. Al escuchar los temas y explicaciones de los otros, comparta con ellos lo que usted sabe del asunto y cuáles son sus impresiones de la actitud del gran público sobre el tema.

2. Escriba un diálogo entre dos o tres personas sobre este animal o asunto. Trate de hacer que una de ellas sepa algo menos sobre el asunto que la otra persona. Por ejemplo: un individuo puede ser niño/a, recién llegado/a a la localidad o un nuevo miembro de un grupo. Cada participante en el diálogo debe hablar por lo menos dos o tres veces.

3. Haciendo el papel de uno de los personajes en el diálogo, ensaye la conversación dos o tres veces con cada miembro de su grupo, ayudándose mutuamente a retocar y a pulir el «guión». Luego presenten oralmente el resultado a la clase.

4. En la tarjeta que lleva el tema en forma escrita, escriba una lista de cinco palabras o frases en español asociadas con este asunto que ya sabe, y otra lista en inglés de cinco términos o frases que usted querría saber para mejorar su vocabulario. Luego al pasar la lista siempre hacia la derecha, ofrézcales a sus compañeros de clase sugerencias sobre otras posibilidades que se puedan identificar para ayudar al autor o a la autora.

5. Un voluntario va a la pizarra y escribe su tema en muy breves palabras en un círculo en el centro. Otros estudiantes pueden sugerir puntos relacionados con el tema central. El voluntario trata de organizar las ideas en grupos y trazar con líneas las conexiones entre ellas.

6. Formando nuevos grupos, trate de terminar estas frases según el tema que haya elegido para los otros miembros del equipo.
   a. En la televisión...
   b. Un lugar donde esta situación se presenta es...
   c. Una ventaja de la controversia sobre este asunto es que...
   d. Yo pagaría (*¿cuánto?*) para (*verbo*) / por (*sustantivo*)...

e. Cuando contemplo esta cuestión, el color que me viene a la mente es el (*¿cuál?*) porque...

f. Todavía no sé...

Ejercicio 7: Lazarillo de temas

1. Antes exploramos el tema general de los animales en equipos de varios miembros. Ahora que vamos a comenzar a desarrollar ideas más concretas para una composición escrita, busque a otro/a estudiante en particular para colaborar con usted. Por turnos explíquense el uno al otro lo siguiente:

a. ¿Cuál es el tema o idea central del que le gusta escribir de una forma más elaborada?

b. ¿Cuáles son los términos técnicos o especializados que requiere el tema?

c. ¿A qué público específico se dirige usted en este caso?

d. ¿Cómo identificaría usted el género de discurso que intenta realizar? Por ejemplo: carta de protesta, anuncio comercial, aviso a un amigo, solicitud de información, memorias o reminiscencias personales, obra de ficción, consultorio periodístico, artículo de ciencia divulgadora, informe para un comité o para un jefe, etc.

e. ¿Cuáles son los puntos centrales que se desean comunicar al lector?

f. ¿Qué organización interna le interesa imponer a la materia?

g. ¿Qué acción o cambio de actitud espera usted sugerir al lector con este texto?

2. Después de tomar notas para su compañero/a de clase según las indicaciones anteriores (¡en letra clara, por favor, para que las lea fácilmente!) entrégueselas, recibiendo a la vez las que él/ella haya tomado para usted. Luego, al cambiar de grupo, presente esta hoja al/a la nuevo/a colaborador/a y otra vez por turnos explíquense mutua y claramente lo que entienden de los proyectos propuestos.

3. Fuera de clase examine las notas escritas referentes a su propia composición y apunte lo que le parezca útil incorporar a la primera versión formal.

4. Finalmente, realice un primer borrador del escrito que más le interese realizar para este capítulo.

Ejercicio 8: Realización del borrador

Para escribir bien el español, es preferible expresar las acciones, no con verbos sencillos y sustantivos abstractos (como «ganar libertad» o «tener claridad»), sino con verbos específicos (como «liberar» o «aclarar»).

Lo más importante es evitar los **verbos fáciles** o **débiles** que tienden a proliferar en las composiciones de escritores descuidados, verbos como *tener, ser, estar, poder, hablar, haber*. Sí son útiles, pero carecen de exactitud y vigor y suelen amontonarse en textos redactados descuidadosamente, aburriendo a los lectores. Compare las oraciones a continuación.

débil:	Hay personas que tienen mucho dinero. Estas personas no pueden gastarlo porque no tienen tiempo.
mejor:	Los hay que poseen grandes riquezas, sin embargo no consiguen gozar de ellas por falta de tiempo.
débil:	Después del cine hablé con Fernando de la película. No estábamos de acuerdo sobre el mensaje.
mejor:	Después del cine comenté la película con Fernando pero discrepamos en cuanto a su contenido.
débil:	Hay muchos que hablan con autoridad pero hay pocos que entienden los problemas.
mejor:	Son muchos los que discurren con autoridad y pocos los que saben juzgar las complicaciones.

EJERCICIO TAMBIÉN EN EL MICRODISQUETE

Elimine o modifique el uso excesivo de nombres y verbos débiles <u>subrayados</u> en las siguientes oraciones.

1. La junta directiva <u>ha hecho una resolución en cuanto a la conclusión del programa</u>. (E.g., *La junta directiva resolvió concluir el programa.*)

2. <u>Una evaluación del programa ha sido planeada por nosotros</u> para <u>tener más eficiencia en el servicio para los clientes.</u>

   _____

   _____

   _____

3. Ya <u>he tenido una respuesta</u> de la universidad.

   _____

   _____

   _____

4. El cóndor <u>es símbolo de</u> la grandeza de los Andes.

   _____

   _____

   _____

5. Los científicos no <u>tienen pruebas de</u> la existencia de los OVNIS (**O**bjetos **V**olantes **N**o **I**dentificado**S**).

   _____

   _____

   _____

6. Hay muchos jóvenes profesionales que tienen problemas para dejar a sus
    mascotas cuando hacen sus viajes.

    _____

    _____

    _____

Ejercicio 9: Editores en colaboración / Primer lector

*Los que hagan un escrito para este capítulo deben llevar a clase copias en limpio para
sus compañeros, según las instrucciones de su profesor/a. Al recibir usted una copia de la
primera versión de la composición elaborada por su compañero/a de clase, trate de
averiguar la información que se pide a continuación.*

1. **Haga una línea** que represente una trayectoria entre **1** (tono más íntimo,
    para un lector conocido) hasta **10** (tono más objetivo, destinado a muchos
    lectores desconocidos), y luego marque el punto y número en la línea que
    represente el tono que percibe en este escrito.

    1 ←——|———|———|———|———|———|———|———|———→ 10

    Ahora exprese en breves palabras en el margen del papel los indicios en el
    texto que sugieren un tono o más personal o más «público». ¿Cree que
    esta composición debe ser más íntima o más impersonal?

2. Marque con un **círculo** toda información que pueda ser interpretada
    como datos nuevos o desconocidos para el lector implícito.

3. Al comienzo de la composición ofrezca al escritor por lo menos **dos títu-
    los** que podría utilizar para su redacción.

4. Al final del texto, trate de **identificar en una palabra o frase breve** qué
    tipo de escrito es: cuento, consejo periodístico, carta personal, reminis-
    cencia particular, definición para un diccionario, artículo para periódico
    estudiantil, artículo de revista popular, folleto informativo para un grupo
    específico, etc.

*Ahora mire su propia versión preliminar para ver si los comentarios ofrecidos por sus
compañeros le brindan nuevas perspectivas útiles para modificar el primer borrador.
Vuelva a elaborar lo que tiene escrito para incorporar las sugerencias recibidas.*

Ejercicio 10: Segundo lector

*Una vez realizada la segunda versión, pásele su borrador a otro/a compañero/a de clase
que no lo haya visto todavía. Al recibir el borrador de otro/a, lea el texto entero por lo
menos **dos veces** simplemente como lector interesado. Luego lleve a cabo un segundo es-
crutinio aplicando las siguientes explicaciones.*

1. Señale la oración que exprese el concepto o punto central de toda la composición.

2. Describa brevemente (en una frase) a quién va dirigido este texto, según lo que se pueda percibir por el contexto y «la voz».

3. Proponga puntos que ayuden al autor o a la autora a ampliar y apoyar la tesis central apuntándole por lo menos tres datos adicionales.

4. Indique las repeticiones de vocabulario que aparecen en su texto. ¿Existen sinónimos o frases equivalentes para ponerle más relieve al discurso? Ofrézcaselos a su compañero/a de clase.

5. Si se lo indica su profesor/a, saque del *Apéndice I* de este texto uno de los formularios para evaluaciones y márquelo con sus propias evaluaciones destinadas para el/la autor/a del borrador.

Ejercicio 11: Autoeditor/a

Ahora que otros le han repasado su composición usted debe preguntarse cómo puede hacer las modificaciones más aptas para mejorar el contenido y «la voz» de los borradores iniciales. Acuda a los pasos sugeridos a continuación.

1. Sin mirar lo que le apuntaron sus compañeros de clase, apunte para sí mismo/a en un papel la reacción principal que pretendió inspirar en sus lectores: **confianza** (de que hay métodos bien entendidos para resolver un problema expuesto), **preocupación** (de que todavía existan seres que no reconocen la gravedad de la situación planteada), **divertidos** (con el humor con que se describe una situación), **impulsados a tomar acción,** o... ¿otra reacción?

2. Lea los comentarios de sus editores: ¿cómo reaccionaron hacia lo que escribió? ¿Se puede modificar el tono para alcanzar mejor el efecto deseado?

3. ¿Hay más información que ahora deba incluirse para satisfacer la curiosidad del lector?

4. Los títulos le pueden servir de análisis de la recepción de su texto: ¿reflejan sus intenciones originales? ¿Qué título pondría ahora para captar el interés del lector y encaminar sus primeras impresiones?

Al público

Al preparar una versión definitiva para entregar a su profesor/a repase los siguientes puntos.

1. la concordancia de género y número entre sustantivos y adjetivos
2. la concordancia entre sujeto y verbo
3. el mantener «la voz» adecuada: francamente personal si se trata de un

tono más íntimo, o estrictamente impersonal si se dirige a un público más amplio o desconocido

4. la división del texto en párrafos apropiados
5. la utilización de palabras de enlace que señalen las conexiones entre las ideas y divisiones principales
6. revisión de la gramática estudiada en este capítulo
7. poner un título a la vez claro (en cuanto al contenido) y atractivo para un futuro lector

Puede ser que su profesor/a le invite a traer una copia de su trabajo a clase. Utilizando plumones de diversos colores u otras señales (subrayar, subrayar dos veces, trazar círculos, cajitas, triángulos, flechas y otras señales) todos pueden ofrecer ayuda mutua para retocar el ensayo antes de entregarlo.

CURIOSIDADES DE CULTURA Y LENGUAJE
Animal Movements and Sounds in Spanish

In contrast to Spanish (and French), English is fascinated by precise verbs of motion. Our language is dense with terms for how people and animals move about. We say that "The bird flew in the window" as a casual expression of that event, or "The horse trotted into the corral," "Her dog leapt on to her lap," "The frog jumped into the pond," and so on.

A Spanish speaker would simply say that «El pájaro entró por la ventana», or if he or she really wanted to emphasize the movement, «El pájaro entró volando por la ventana». There are many very specific expressions of motion in Spanish too, of course, but they seem to be used more deliberately and suggest that the action is not just a routine movement: «El caballo entró en el corral al trote»; «De improviso su perro subió a su regazo»; «La rana se metió de un salto en el charco».

When we want to be even more graphic about movement there is a wide range of common action verbs available in English, and even our house pets can acquire sharply defined gestures.

The cat slipped / slunk / leapt / slid / glided / crept over the furniture.

A speaker of Spanish will tend to communicate these sorts of notions about movement not so much with the verb as with descriptive phrases or images.

El gato pasó entre los muebles con garras sedosas / como sombra de algodón / acechando ratones imaginarios.

Ejercicio 12: Curiosos sonidos de animales

Another interesting contrast between English and Spanish is how the two languages try to represent the sounds that animals make. Here are some specific verbs and the animals (or other agents) associated with them.

continued...

aullar	perro, lobo, coyote
bramar	toro, vaca, ciervo; viento, mar o voz humana (representa ira)
gruñir	cerdo, perro, etc.; representa protesta o mala gana; sonido producido por el intestino
mugir	vaca, toro; voz de dolor
ronronear	gato, felinos contentos
rugir	león, tigre; mar, tempestad, cañones de guerra; para ira o dolor
silbar	serpientes, culebras; escape de vapor; sonido musical humano
ulular	úlula, buho, lechuza, coyote, lobo; voces humanas de lamento o pavor
zumbar	insectos; el sonido producido por el vuelo de una bala en el aire

Match the animal to the sound it makes.

1. gato

2. perro

3. león

4. oveja

5. pájaro

6. caballo

7. pato

8. serpiente

9. gallo

10. gallina

a. grrrrrr

b. guau guau

c. cua cua

d. qui-qui-ri-quí

e. sssssssssssssss

f. bee bee

g. cara cara

h. ayíííííí

i. miau

j. pío pío

Cuestiones sociales

♦ ♦ ♦

Conversación y exploración

Introducción al tema

En este capítulo, vamos a tratar varios temas de creciente importancia en la vida social de hoy enfocándonos como puntos de arranque en dos en particular.

Primero queremos ventilar la cuestión de las drogas ilícitas, y su uso y abuso, tanto en el mundo norteamericano como en el hispano. Parte del mito que circula entre las dos sociedades es que las principales sustancias que desbordan en narcotraficantes y drogadictos se fabrican en países del sur. Colombia y el Perú sobre todo sufren de la mala fama que una serie casi infinita de actos de violencia les ha impuesto. Muchas películas y programas de televisión que se lanzan a la pantalla en Norteamérica enfatizan este aspecto. Una verdad olvidada es que son los norteamericanos los que compran estas drogas y son ellos los que así mantienen el mercado para su tráfico.

Por otra parte deseamos abordar la problemática del cambio (o falta de cambio) en la condición del individuo en la sociedad. Los estereotipos tradicionales masculinos y femeninos, por ejemplo, han sido atacados, pero la verdad es que tanto las mujeres como los hombres han experimentado nuevas circunstancias y presiones. Seguimos con los mismos estereotipos de siempre en cuanto a los hispanos—como del hombre latino símbolo del sexismo y crimen urbano—sin reconocer que él también se identifica fuertemente como hombre de familia y que suele ser padre dedicado.

Pues, ¿qué opina usted sobre las drogas y las grandes cuestiones sociales que afectan especialmente a los hispanos en nuestra sociedad?

Actividad 1: Organización de vocabulario

1. Prepare con algunos compañeros de clase una lista de drogas de uso frecuente entre sus conocidos. (Por ejemplo, aspirina, dramamina, cocaína, heroína, marijuana, nicotina, crack, polvo de ángel, cafeína, Prozac™, hojas de coca, té de manzanilla, té mate, cerveza, tequila, etc.)

2. Organice estas sustancias según categorías de costo, de edad del que las usa, del sexo del consumidor, de la cultura o región del mundo donde se encuentran, etc. Se pueden usar columnas, una estrella para ideas, una rueda u otra forma gráfica.

alucinógenos	peyote, mescalina, LSD, marijuana, ciertos hongos
opiatos, narcóticos	heroína, cocaína, Demerol™
estimulantes	cafeína, anfetaminas, No-doze™, nicotina (en tabaco)
calmantes, sedativos	alcohol, Valium™, Librium™, Prozac™, litio
somníferos	Sominex™, Nembutal™, leche caliente («droga» natural)
analgésicos	aspirina, Tylenol™, ibuprofen

3. Identifique con sus compañeros las sustancias en esta lista que son legales y las que son ilegales.

Actividad 2: Organización de temas

1. ¿Cuál es la diferencia entre los dos términos siguientes? Escriban en colaboración definiciones paralelas que muestren sus distinciones.

despenalización: _____

_____

_____

_____

legalización: _____

_____

_____

_____

2. En dos o tres oraciones, presente una proposición sobre uno de estos dos puntos de vista que uno pudiera defender frente a un público preocupado por la «guerra contra la droga».

a. «Todas las drogas deben ser legales.»

_____

_____

_____

b. «Todas las drogas deben ser ilegales.»

_____

_____

_____

(Mantenga presentes estas proposiciones para cuando se haga la sección «Composición y concreción» en este capítulo.)

3. Escriba una definición en español para cada término.

el/la abolicionista _____

_____

la amenaza _____

_____

castigar _____

_____

la cuestión _____

_____

drogado _____

_____

gravar _____

_____

el lema _____

_____

la toxicomanía _____

_____

el/la traficante _____

_____

(Mantenga presentes estas proposiciones para cuando se haga el Ejercicio 2 en la página 79 más tarde en este capítulo.)

«Existe un deseo de droga en la naturaleza humana» —Una entrevista con Guy Sorman por Ander Landaburu

Ander Landaburu —Ud. afirma que la guerra contra la droga, que cuesta miles de millones de pesetas, provoca más víctimas que la propia droga.

Guy Sorman —Sí, porque el costo de la represión es terrible; en términos de salud pública y en términos de criminalidad, de corrupción policial, de los aduaneros. Nos encontramos, en muchos casos, con una extraordinaria perversión del Estado, porque se refuerzan los comportamientos represivos. Si tomamos el ejemplo de la policía, ésta se encuentra totalmente gangrenada, y no solamente desde el punto de vista financiero, sino también moral. Un comportamiento antidemocrático, en el que todo inmigrante es sospechoso de ser un drogado o un inmigrante ilegal.

AL —Como liberal, usted preconiza un cambio de actitud frente al tema. ¿Cuál sería el método?

GS —Consistiría en una cierta liberalización, pero no estoy de acuerdo con mi amigo Milton Friedman en el tema. Los abolicionistas tienen razón si se considera la legalización sobre el papel. Esta funciona perfectamente: los precios de la droga bajan, la criminalidad disminuye, la toxicomanía se encuentra bajo control... Teóricamente es cierto, pero cuando se es liberal, se debe mirar un poco la historia y verificar que la droga no puede ser considerada como una sustancia como los demás. Jamás en una sociedad humana la droga ha sido totalmente libre. Siempre ha existido una ritualización de la droga, que es una sustancia mágica, diferente. Los

continúa

abolicionistas ignoran esta especie de magia que envuelve la droga, y que hace que no se pueda legalizar totalmente, porque sería reemplazada por otra cosa, que también se convertiría en una droga.

AL —¿Cree que hoy es posible una despenalización de algunas drogas?

GS —Creo que la despenalización de todas ellas es posible. En lo que concierne al consumo de algunas drogas, en España por ejemplo están despenalizadas. Pero eso no cambia mucho la cosa, porque como todos sabemos, la distinción entre el consumo y el comercio es en realidad una distinción social. Si usted es rico, no es traficante, y si es pobre sí lo es. Yo diría que la despenalización progresiva y total es perfectamente posible.

AL —Usted afirma también que la legalización llevaría a una mejor utilización del dinero público.

GS —En Estados Unidos han establecido un presupuesto de la lucha contra la droga de unos 12.000 millones de dólares al año. El Gobierno francés se niega a dar cifras. Primero, porque no las tiene y, segundo, porque considera que es una guerra legítima que no se tiene por qué justificar. No obstante, sabemos que la mitad de las cárceles, las dos terceras partes de los tribunales y de las comisarías de policía en las ciudades, están enteramente centradas en la lucha contra la droga.

(*Cambio 16*, enero de 1993)

Actividad 3: Palancas para colocar ideas

1. Planee con algunos compañeros de clase su propia entrevista con Guy Sorman.

a. Preparen una lista de preguntas para este exponente de la legalización de toda droga.

b. Comparen las preguntas que ustedes prepararon con las de otro(s) grupo(s).

c. Revisen y corrijan las preguntas que prepararon y hagan una transcripción en limpio para compartir con el/la profesor/a o fijar en el tablón de noticias.

d. Traten de adivinar cómo Sorman respondería a las preguntas que ustedes prepararon y tomen notas para iniciar respuestas posibles.

2. ¡Debate!

a. Divídanse en dos o en más equipos de acuerdo con su posición frente al tema: ¿está usted en favor o en contra de la legalización universal o parcial de las drogas? (Algunos pueden tomar el papel de «abogado del diablo» y tratar de defender la posición menos común.)

b. En sus equipos, preparen una lista de los puntos principales que vayan a utilizar para apoyar su presentación, y denle esta lista a su representante.

c. Según las instrucciones indicadas por el/la profesor/a, los dos representantes tendrán varios minutos para presentar y defender su posición.

Actividad 4: Antes de leer

Escriba un párrafo en el cual explique lo que espera leer en el artículo que sigue, «DOCUMENTO: Por qué legalizar». Imagínese cuál será a lo mejor el punto principal.

Documento: Por qué legalizar

Estos son algunos extractos de una teleconferencia con el Nobel de economía Milton Friedman quien explica las razones por las cuales deben legalizarse las drogas.

Peor el remedio que el mal. Incluso personas que no están de acuerdo con mis puntos de vista éticos y que originalmente apoyaban la prohibición de drogas coinciden conmigo en el sentido de que la prohibición ocasiona más daño del que causa la droga. Y si vamos a hablar de los estragos que causa, no el consumo sino la propia prohibición, tomemos en cuenta que el Gobierno estadounidense gasta entre 20 mil y 30 mil millones de dólares anuales para impedir que las personas la consuman. La sola prohibición origina un sinnúmero de crímenes que causan miles de víctimas inocentes. Y, sin embargo, las únicas víctimas verdaderamente inocentes del consumo —y no de la prohibición— de drogas son, probablemente, los hijos de madres adic-

tas al *crack*. Para nadie es nuevo que, por cuenta de la prohibición, nuestras prisiones están sobrepobladas. Cada vez hay más cárceles, y cada vez más quienes allí se encuentran están condenados por algún delito relacionado con drogas: su uso o su distribución.

La prohibición. Parte de esta misma experiencia se vivió en Estados Unidos con la prohibición del alcohol, abolida en 1934. La situación era muy parecida: era ilegal la producción, distribución o venta de bebidas alcohólicas, y, como resultado de ello, se creó una gran estructura criminal. Aunque de hecho la medida obtuvo como resultado un cierto descenso en el consumo de alcohol, el número de muertes relacionadas con alcohol aumentaron. A ello contribuyeron la intoxicación por consumo de bebidas de fabricación casera y se produjeron más muertes por enfermedades del hígado y por la baja calidad del alco-

continúa

hol. A estas muertes por ingestión, se sumó la pérdida de miles de vidas por cuenta de la violencia criminal. El número de personas asesinadas se elevó, como sucedió también con el número de prisioneros. Fue entonces cuando nació el crimen organizado.

Usos médicos. No hay excusa de ninguna clase para prohibir cualquier sustancia que pueda hacer el final de la vida menos doloroso. Es inmoral. Prohibir el uso de marihuana para uso médico es inmoral. Pero una reclasificación de esta sustancia en una categoría que la haga accesible para uso médico fue rechazada por la *Drug Enforcement Administration*, a pesar de que quien hizo las recomendaciones fue un empleado de la propia institución.

Legalizar. Podría seguir eternamente enumerando los errores de tratar de prohibir el uso de drogas. La única respuesta sensata que encuentro para solucionar el problema es la legalización. Y no la legalización de algunas, sino de todas las drogas. Es darle el mismo tratamiento que el alcohol: limitar su venta, tal vez gravarla con algún impuesto—sin elevar excesivamente su precio para no tener los mismos problemas de criminalidad—, castigar aquellas acciones cometidas por quienes la consuman que puedan afectar a terceros, no por el alcohol o la droga en sí, sino porque sus efectos hacen que las personas no sean responsables de su conducta. En ese sentido, sería necesario castigar a quienes manejan bajo la influencia de la droga, pues, al igual que los borrachos, se convierten en una amenaza para la comunidad.

(*Semana*, diciembre de 1993)

Actividad 5: Palancas para colocar ideas

1. Lea el párrafo que usted escribió antes de leer este artículo. Identifique lo que usted piensa que sea su idea central y escríbalo en una oración.

2. Escriba lo que usted crea es el punto principal de Friedman.

3. Compare las dos ideas y compárelas también con las de algunos de sus compañeros de clase. Indique en una o dos oraciones en qué son semejantes y en qué son distintas.

Actividad 6: Antes de leer

Ahora vamos a tratar un tema completamente distinto: el cambio del papel tradicional del varón. Organícense en grupos de tres y preparen una lista en dos columnas. En la primera columna, indiquen cuáles son las responsabilidades tradicionales del hombre y en la segunda columna, las de la mujer.

las responsabilidades del hombre	*las responsabilidades de la mujer*
_____	_____
_____	_____
_____	_____
_____	_____
_____	_____
_____	_____
_____	_____
_____	_____
_____	_____

Uno de los compañeros de clase puede servir de secretario para apuntar las ideas de las varias listas en la pizarra. Comparen sus respuestas. ¿Han cambiado en los últimos años? ¿Piensan ustedes que el mundo hispano es más conservador en cuanto a los papeles sociales para hombres y para mujeres? (Mantenga presentes estas proposiciones para cuando se haga la Actividad 7, Paso 2 más tarde en este capítulo.)

La feminización de los hombres

Diversos autores pronostican la desaparición del macho y preparan a los hombres para asumir la nueva masculinidad. Mientras el común de los hombres parece no haberse dado cuenta, la masculinidad ha empezado a ser redefinida por los especialistas en ciencias sociales. Sociólogos, antropólogos, psicólogos y genetistas se han lanzado a la tarea de salvar al hombre de los vicios ancestrales del machismo para darle una nueva identidad, más acorde con las exigencias del fin del siglo. En los últimos meses una avalancha de publicaciones pronostican el gran cambio que en la última década y en la actual sufrirá el género masculino. Títulos como *El mito del poder masculino, Los desterrados, Ellos se redescubren* y *La nueva masculinidad* no son extraños hoy en los estantes de las librerías del mundo. A la par, las revistas dirigidas a los hombres han abierto sus páginas, antes dedicadas sólo a asuntos de negocios y tecnología, poder y dinero, para incluir extensos artículos sobre la paternidad, la depresión, la sexualidad y la soledad, las relaciones afectivas

continúa

y más. Y como reflejo de esta onda liberacionista ya han aparecido *mugs* y camisetas con el lema «Salve a los hombres».

La preocupación sobre el verdadero papel de los hombres en el mundo actual parece ser tema del día. Según los autores, **no es fácil para el sexo fuerte navegar por las turbias aguas de la masculinidad en el mundo de hoy.** Pero quizás el libro más revolucionario sobre el tema es el de la escritora y socióloga francesa Elizabeth Badinter, autora de *XY, La identidad masculina* —editado en Colombia por el Grupo Editorial Norma—, quien pone en discusión los criterios tradicionales de la masculinidad, y hace un análisis de lo que ha significado «ser hombre» en las distintas culturas, de las manifestaciones de esta condición en la literatura y el cine, y de los cambios que se esperan en el comportamiento masculino para la presente década.

Apasionada de las relaciones humanas, Elizabeth Badinter ha escrito varios libros; pero quizás éste sobre la identidad masculina es el que más ha levantado, tanto en Francia como en los países donde se ha publicado. Según la autora, desde el momento en que las mujeres decidieron redefinirse —hace 30 años— forzaron el cambio en los hombres. La caída del macho se produce, en opinión de Badinter, porque el modelo masculino tradicional ha mostrado sus limitaciones y está completamente fuera de fase con respecto a la evolución de las mujeres. Les advierte, además, que al igual de lo que sucedió con su contraparte femenina, este camino es largo y doloroso:

Los psicólogos advierten unánimes que en los últimos 20 años han aumentado los problemas psicológicos de los hombres.

(*Semana*, julio de 1993)

Actividad 7: Palancas para colocar ideas

Paso 1: *Carta a la autora*

Para los hombres: Usted es sociólogo. Escríbale una carta a Elizabeth Badinter y explíquele lo que usted opina sobre las ideas de ella.

Para las mujeres: Usted acaba de leer este artículo. Escríbale una carta a Elizabeth Badinter y explíquele lo que usted opina sobre las ideas de ella.

(Guarde esta carta para consultarla después para Ejercicio 5 de la sección «Composición y concreción» de este capítulo.)

Paso 2: *¡Debate!*

Acto 1: Divídanse en dos grupos; un grupo defenderá como noble y natural el papel tradicional del hombre y el otro lo atacará como anticuado y destructivo.

Acto 2: Ahora, cada equipo debe preparar una lista de los argumentos para apoyar su posición.

Acto 3: Cada participante debe escribir una reacción personal hacia el proceso y los resultados del debate.

Paso 3: Encuesta pública. Todos pueden hacer una encuesta pública anónima en la clase, para determinar cuáles son los temas de hoy que sus compañeros consideran pertinentes.

Encuesta Pública Anónima

Instrucciones: Por favor, no escriba su nombre: esta encuesta es anónima. Nadie sabrá que las respuestas son suyas. Califiquen los siguientes temas de acuerdo a estas calificaciones.

5	=	me interesa muchísimo
4	=	me interesa mucho
3	=	no tengo opinión
2	=	no me interesa mucho
1	=	no me interesa nada

Calificación   **Posibles temas**

_____ los novios

_____ las escuelas

_____ los planes para el futuro

_____ los amigos

_____ la política

_____ las pandillas

_____ el racismo

_____ el sexismo

_____ las drogas ilícitas

_____ el embarazo de las jóvenes

_____ la educación y el SIDA

_____ el control de la natalidad

_____ el aborto

_____ la familia y el divorcio

_____ la familia y los niños adoptados

(Guarde esta encuesta para consultarla después para Ejercicio 5 de la sección «Composición y concreción» de este capítulo.)

Actividad 8: Ser editores

*En el segundo párrafo de la lectura sobre «La feminización de los hombres» aparece la siguiente frase en **negrita**: « ...no es fácil para el sexo fuerte navegar por las turbias aguas de la masculinidad en el mundo de hoy». Usted es editor/a, y ha decidido escribir esta oración de una manera más clara, concisa y directa. Escríbala aquí.*

_____

_____

_____

Ahora busque otra oración que le haya parecido oscura o demasiado compleja. Cítela textualmente aquí y luego ofrezca una versión más clara.

versión original:

_____

_____

_____

versión modificada:

_____

_____

_____

Composición y concreción

Metas de exposición: La argumentación subjetiva, etapa 1

En este capítulo va a

- elaborar un argumento de su punto de vista sobre una de las cuestiones tratadas en este capítulo
- examinar críticamente el contenido del argumento
- identificar los puntos principales que muestran su posición individual en cuanto al tema

Usted debe identificar los puntos siguientes.

1. ¿Cuál es la cuestión? ¿Puede articular el problema en términos bien detallados?
2. ¿Cuál es su opinión sobre este tema?

3.   ¿Por qué la sostiene como la más razonable?

4.   ¿Cómo puede usted apoyar esta perspectiva frente a los que se oponen a ella?

Posibles temas de redacción

1.   Escriba el guión de un diálogo dramático entre dos políticos, dos abogados, dos estudiantes, etc. Estos personajes están de acuerdo con su punto de vista de que debemos (o no debemos) legalizar el uso (y posiblemente el comercio) de las drogas.

2.   Prepare un folleto que describa y apoye su punto de vista sobre la despenalización o legalización de las drogas, en colaboración con algunos colegas.

3.   Escriba un ensayo que trate la cuestión de la llamada feminización de los hombres—¡o la masculinización de las mujeres!—en la cual usted apoye su punto de vista.

4.   Otro tema después de consultarlo con su profesor/a.

Ejercicio 1: Investigación de vocabulario útil

1. Prepare una lista de diez palabras o más que le vayan a ayudar a desarrollar y apoyar su punto de vista del tema que ha seleccionado. Por ejemplo:

El papel tradicional del hombre

el matrimonio
el trabajo
ganar dinero
etc.

2. De la lista de palabras que tiene identificadas, utilice un buen diccionario bilingüe y un diccionario de sinónimos para buscar dos o tres palabras para cada una de estas palabras. Sería también provechoso buscar palabras cuyo sentido sea lo opuesto (antónimos).

el matrimonio: la boda, el divorcio, la luna de miel
el trabajo: la profesión, el desempleo, el gerente
ganar dinero: el sueldo, gastar dinero, las tarjetas de crédito

Ejercicio 2: Ensayo al instante

Durante cinco minutos medidos, escriba sin parar sobre cualquier idea que tenga sobre el tema que usted escogió de entre los «Posibles temas de redacción». Puede ser una lista de palabras, una lista de ideas, varias columnas de información o hasta un párrafo. Su profesor/a puede cronometrar la sesión. (Eche un vistazo a lo que usted apuntó para la Actividad anterior 2 a fin de orientarse.)

Ejercicio 3: Lazarillo de temas

1. Lea lo que escribió durante la sesión cronometrada en la sección previa titulada «Ensayo al instante».

2. Ahora, escriba una frase que mejor capte la idea principal que usted quiera expresar sobre el tema.

3. Vuelva a leer las cuatro preguntas en la sección «Metas de exposición». ¿Cree que contestó las cuatro preguntas de una manera concisa y detallada? Si no está satisfecho/a con sus respuestas originales, lea las preguntas otra vez para decidir cuáles son los elementos del tema que usted no ha considerado.

Ejercicio 4: Realización del borrador

Como usted ya lo sabrá, la realización de un borrador consiste más que en meras palabras sin organización. Pero eso no quiere decir que el borrador tenga que ser una obra maestra tampoco.

1. Si está «bloqueado/a», vuelva a leer las respuestas que escribió en la sección «Metas de exposición».

2. Ahora escriba las respuestas otra vez, pero esta vez trate de organizarlas y conectarlas con más explicaciones.

3. ¿Está claro lo que usted quiere decir? ¿Son obvias sus opiniones? ¿Están bien respaldadas? Generalmente tenemos que volver a explicar y aclarar lo que escribimos en las primeras etapas de la redacción. Lo que nos parece obvio a nosotros, a otra persona le puede parecer muy difícil de entender si hemos asumido muchos conocimientos previos de su parte.

Ejercicio 5: Editores en colaboración

Eche un vistazo ahora a las respuestas que se prepararon para la Actividad 7 de este capítulo. En grupos o parejas, intercambien borradores. Califiquen cada sección del trabajo de esta manera:

CLARO / NO MUY CLARO / VAGO / INCOMPRENSIBLE

Luego escriba un resumen de sus calificaciones para el/la autor/a del trabajo para ayudarle a mejorar la composición.

Ejercicio 6: Autoeditor/a

1. Vuelva a considerar las preguntas señaladas en la sección de «Metas de exposición» de arriba. ¿Puede contestarlas en términos concretos y claros?

2. Eche un vistazo otra vez a la Actividad 8. Ahora escoja una frase de su propia composición que no le parezca muy clara y concisa y trate de expresar su idea en una manera más nítida. Escríbalo aquí.

_____

_____

_____

3. Prepare un cuadro para demostrar gráficamente la trayectoria de sus pensamientos y sus conexiones lógicas. Por ejemplo:

Sí, deben legalizar todas las drogas, para al menos controlar el mercado negro de ellas.

TESIS

Lo que se puede deducir de la evidencia presentada es que...

MI OPINION

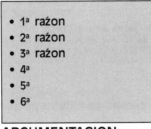

- 1ª rażon
- 2ª rażon
- 3ª rażon
- 4ª
- 5ª
- 6ª

ARGUMENTACION
(razones que apoyan la posición)

A fin de cuentas hay todo un nudo de consideraciones que nos afectarán no sólo a nosotros sino a nuestros descendientes por muchas generaciones. Por eso hay que tomar en cuenta que...

CONCLUSION

AMPLIACION

Usted está embarazado, caballero

Daniel Samper Pizano

Todo de blanco hasta los pies vestido, el obstetra ausculta al paciente. Escucha latir dos corazones bajo el abdomen levemente abombado y nota en otros puntos de su anatomía las señales inequívocas de la preñez. No hay duda. Es hora de confirmarle la noticia.

—Enhorabuena —dice el obstetra al paciente mientras se despoja del estetoscopio—: usted está embarazado, caballero...

Dos lágrimas ruedan por la tosca barba del futuro madre/padre.

Hasta ahora esta clase de noticias de consultorio para varones sólo se han dado y recibido en el cine. Pero no está lejano el día, según afirma la ciencia, en que la escena comenzará a ocurrir en la vida real.

El más reciente caso de caballeros preñados empieza a suscitar sorpresas e inquietudes entre quienes acuden a ver la última película de Arnold Schwarzenegger, aquella catedral de músculos. Los espectadores inadvertidos descubren entonces que *Junior,* el personaje que da su título a la obra, no es el hércules austriaco, sino un tierno bebé. Un bebé que es fruto del vientre —potente vientre— de Schwarzenegger.

Ver a Schwarzenegger con panza de nueve meses no deja de ser curioso. Pero ya el cine, la televisión y la prensa nos habían mostrado la gravidez de otros famosos donjuanes, como Marcelo Mastroianni, Bill Cosby y Miguel Bosé. El tema, pues, no es nuevo.

Lo que es nuevo es que cada vez éste se aleja más de la ciencia-ficción y se aproxima a una posibilidad cierta digna de provocar tempestades éticas y nuevas revoluciones en el muy conturbado mundo de la familia. Desde que nació en 1978 en Inglaterra Louise Jay Brown, la primera bebé probeta o sea de «*test tube*», imaginar ya no es locura.

«No veo ninguna razón por la cual la preñez masculina no pueda ocurrir», afirma David Haig, biólogo de la prestigiosa Universidad de Harvard, en Estados Unidos. «Lo que me sorprende es que aún no se haya producido el primer embarazo de un hombre», asegura Landrum Shettles, pionero de la concepción *in vitro*. Según ellos, y según cientos de científicos, la idea de un hombre que lleve en sus entrañas un feto no es en absoluto ilógica. Sólo es cuestión de tiempo, de dinero y de escrúpulos.

Naturalmente, hay problemas por resolver. Los más obvios tienen que ver con el equipo anatómico que Dios regaló al varón. Es un equipo inadecuado para la misión. El hombre no tiene ovarios que produzcan el huevo, ni matriz que aloje al óvulo fertilizado, ni hormonas idóneas para crear un medio ambiente biológico que sustente nueve meses a su propio *junior*.

Pero la ciencia ofrece soluciones a estos inconvenientes.

La concepción se produce en una probeta. Mamá —también puede ser *Miss X,* pero estas cosas son mejores con una familia estable— aporta el óvulo, papá vierte el semen y el laboratorio se encarga de producir la unión del uno con el otro. Ya se ha hecho miles de veces. La diferencia estriba en que, una vez formado el embrión, no será implantado en mamá, sino en papá.

Pero, ¿dónde, si papá carece de útero? Es cierto. Y esto es un nuevo obstáculo, pero de manera alguna un callejón sin salida. Está demostrado que muchas mujeres sufren embarazos extrauterinos, y

continúa

que un porcentaje pequeño de ellos puede llegar a término feliz. La preñez abdominal es extraña —una en cada 10.000 casos—, pero no es imposible. En mayo de 1979, una mujer neozelandesa dio a luz a una niña sanota que se gestó y desarrolló en la cavidad abdominal: a su madre le habían extraído la matriz años antes. En agosto de 1979 una señora de Michigan (Estados Unidos) a la que operaban por una supuesta irritación del apéndice sorprendió a los médicos: en vez de apéndice, junto a los intestinos dormía un bebé que pesó más de tres kilos.

Basado en todo ello, el autor de temas científicos Dick Teresi sintió la llamada de la pater-maternidad y decidió proponer que insertaran un óvulo fertilizado en aquella zona del peritoneo abdominal donde mejor se ofrecen las características para cultivar el embrión.

«Pero al cabo de un tiempo —confiesa— empecé a pensar en los riesgos del asunto. El embarazo abdominal produce la muerte al 10 por ciento de las madres y el 70 por ciento de los fetos. Y también la posibilidad de que el proyecto se desarrollara con éxito y produjera una madre y un niño que no sabría cómo llamar a una mamá varón».

Entonces Teresi decidió abandonar el histórico experimento. El cine lo ha recogido. Pero no tendría nada de raro que algún señor resuelva hacerse rico y famoso y que, antes de la llegada del siglo XXI, tengamos la primera mamá barbuda de la historia.

(*Cambio 16,* diciembre de 1994)

Al público

Al preparar una versión definitiva para entregar a su profesor/a trate de repasar y/o de averiguar los siguientes puntos.

1. la concordancia de género y número entre sustantivos y adjetivos, y persona y número entre sujetos y verbos
2. la presentación clara y concisa de una sola cuestión central
3. la aclaración de su punto de vista u opinión
4. la razón y los detalles que apoyen su opinión
5. el uso de un título para su ensayo que atraiga la atención de un lector y le informe sobre su punto de vista

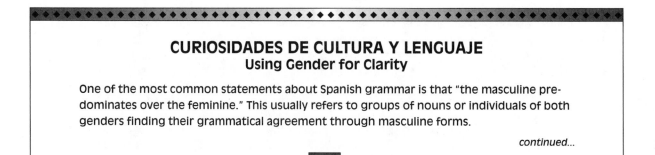

CURIOSIDADES DE CULTURA Y LENGUAJE
Using Gender for Clarity

One of the most common statements about Spanish grammar is that "the masculine predominates over the feminine." This usually refers to groups of nouns or individuals of both genders finding their grammatical agreement through masculine forms.

continued...

*Las mujeres y sus hijos estaban asusta**dos** ante la prolongada ausencia de sus maridos y padres. Tanto los oratorios de Bach como sus composiciones para el órgano fueron publica**dos** sólo mucho después de su vida.*

In an age that seems to require "political correctness" of everyone, it seems a little embarrassing to admit the apparent "sexism" of Spanish grammar.

This grammatical strategy of reducing mixed genders to the masculine does have its advantages, however, and is a trait common to Latin and its family of romance languages (Spanish, French, Portuguese, Catalan, Italian, etc.), and it can be very useful for clearing up ambiguities of meaning. Take for example the following English sentence.

Angélica Gorodischer has contributed journalistic essays and science fiction novels which are celebrated not only in Argentina but on the international scene as well.

We cannot tell if both the essays and novels are acclaimed or if only the novels are. Spanish makes that distinction with ease.

*Angélica Gorodischer ha contribuido ensayos periodísticos y nove**las** de ciencia-ficción distin**guidas** no sólo dentro del marco argentino sino por un ámbito internacional también.*

One researcher, Daniel Eisenberg,[1] points out two more fascinating points about grammatical gender unique to Spanish. First, that Spanish alone among the romance languages has distinctive forms for the feminine in the first and second persons plural: *nosotras* and *vosotras*. In French, for example, the same forms of *nous* and *vous* have to be used for both masculine or feminine; Spanish has always had two extra ways to acknowledge the feminine gender grammatically.

Second, the masculine pays a heavy price for its "dominance." Since the masculine stands for males *and* groups of mixed gender, it is harder to linguistically "mark" a statement as referring to males alone. The sentence

María e Inés cuidaron a sus cuatro hijas.

means that they had only girls; substituting *hijos* leaves a great deal of ambiguity about how many boys and girls there might have been. If they were all boys, Spanish has to resort to some sort of special modifier: *cuidaron a sus cuatro hijos varones / tuvieron puros hombrecitos*. The situation is even more ambiguous in the singular, since when we are referring to a species in general *el perro* or *el gato* could represent either a male or female representative of that species. And the universal term *el hombre* (*El hombre moderno tiene que contemplar un futuro incierto*) has no marking for masculine at all.

Ejercicio 7: Traducciones exactas

Translate the following sentences freely into English to reflect the information communicated by gender and number in Spanish.

---

[1]"Página del director", *Journal of Hispanic Philology* 16.1 (1991): 5.

continued...

1. Entre las divisiones étnicas en EE.UU., los latinos figuran entre las más numerosas, según el Censo Nacional de 1990.

2. Los hispanos que viven en este país representan un nueve por ciento de la población, y suponen veintiuna nacionalidades de origen.

3. El latino medio que reside dentro de las fronteras estadounidenses es joven, de menos de 26 años de edad. Una tercera parte de ellos no ha alcanzado los quince años.

4. Una de cada cuatro personas de California y Texas es latina, por lo que son los estados más poblados de hispanos de todos los Estados Unidos.

5. Los negros han representado por largo tiempo la minoría más abundante en esta América, pero la suma de aquéllos será superada hacia el año 2010 por la creciente presencia hispana.

CAPITULO 5

La salud

• • •

Conversación y exploración

Introducción al tema

El ritmo acelerado de la vida moderna ya es legendario, y los hispanos experimentan sus consecuencias en la salud, igual que todo el mundo. Hasta en España y en otras partes del mundo hispánico mantenerse en forma, o meramente estar de buena salud, en medio de los infinitos quehaceres y compromisos diarios, requiere una voluntad firme. Lo que comemos —la cantidad y frecuencia de nuestras comidas, el consumo de bebidas alcohólicas, si hacemos ejercicio o no, el fumar, y cuánto tiempo pasamos en casa con nuestros familiares—todo afecta la salud a largo plazo y la satisfacción personal a corto plazo.

De suma importancia es nuestra dieta. Desde la infancia nos gustan algunos alimentos y aborrecemos otros. Estas decisiones que tomamos sobre los gustos pueden producir una gran molestia para los que viven con nosotros. Poco a poco nos preocupamos menos de lo que comemos y bebemos. Esto suele producir o una desesperación (por ejemplo, la de jamás perder esos kilos de sobra), una nueva resolución (de montar en bicicleta por lo menos tres veces a la semana), o una resignación ante nuestra falta de control sobre el proceso natural que el pasar de los años implica.

En este capítulo intentaremos lograr una concientización de nuestra propia salud y averiguar qué factores influyen en los hábitos de los demás.

¿Qué sabe nuestro grupo sobre su propia salud?

Los conocimientos de cualquier grupo de estudiantes son diversos y ricos. Con su profesor/a entable una exploración inicial para llegar a conocer las actividades físicas y los riesgos de la salud de los compañeros de clase.

Actividad 1: Encuesta pública

Entreviste por lo menos a seis de sus compañeros de clase. Hágales las siguientes preguntas sobre

1. su edad

2. si hace ejercicio o deporte

3. el número de amigos que están a régimen

4. ¿... ?

5. ¿... ?

Prepare un formulario para organizar la información de sus colegas. Puede añadir otras preguntas, pero debe ser una encuesta breve y no personal; puede ser que su profesor/a quiera revisar su encuesta antes de que les ensaye sus preguntas a sus compañeros, y pedirle a usted que presente los resultados a todos después de hacer circular la encuesta por la clase.

Actividad 2: Antes de leer

Después de realizar esta encuesta pública, organícense en grupos de tres o cuatro hombres y mujeres.

1. Discutan entre ustedes los temas que surjan del grupo; el/la profesor/a anotará algunas de las conclusiones en la pizarra.

2. Organicen las respuestas en categorías, por ejemplo físicas, psicológicas, ambientales, etc.

3. Determinen cuáles son las TRES amenazas principales a la salud de su generación o clase social.

Alarmas, sirenas, bocinazos, obras, frenazos... Éste es el maldito ambiente de la gran ciudad, que nos agravia, nos encrespa, nos aísla en un mar de ondas perniciosas. ¡Que dejen de hacer ruido!

Lea rápidamente el artículo «La guerra contra el ruido». Mientras esté leyéndolo, piense en todo lo que ha discutido con sus colegas en el grupo. No utilice un diccionario la primera vez que lea el artículo. Trate de adivinar el significado de las palabras que no reconozca por medio del contexto.

La guerra contra el ruido

Alfredo Luque

Ruido, ruido, ruido ensordecedor..., el diccionario está repleto de palabras alusivas: estridencia, chirrido, chasquido, crujido, traqueteo, explosión, estampido, estallido, estrépito; atronador, estentóreo, retumbar; estruendo, bombazo... Todas ellas forman parte del lenguaje coloquial, porque la vida cotidiana está llena de ruidos. Siempre fue así. Los animales ladran, aúllan, maullan, berrean, braman, mugen y rugen; y la naturaleza restalla con vendavales, tifones, aludes, erupciones, terremotos, truenos, rayos y centellas; ruidos naturales, sobrecogedores. Lo que no es tan natural es el ruido ocasionado por el hombre. El mismo ser humano que unas veces crea música celestial otras veces se somete, como subproducto del progreso, a la servidumbre de un ruido infernal.

En los últimos 30 años, el parque automovilístico mundial se ha multiplicado por cuatro—ya ronda los 400 millones de vehículos—, y el número de aviones es diez veces mayor que en 1960. Los organismos internacionales han elaborado una lista de casi 500 profesiones y oficios cuyo ejercicio supone niveles de ruido excesivos. Hasta el propio ocio, con los conciertos de *rock* a miles de watios de potencia, las discotecas enloquecedoras y los *walkman*, con ruido personal e intransferible, están obligando a revisar el concepto mismo de ruido.

Durante mucho tiempo, se ha mantenido el criterio de que «ruido» era el sonido *no deseado*, intrínsecamente objetable o *molesto*, inarticulado o *confuso*, y *peligroso* para la salud. Pero al concierto de Paul Simon en el Central Park de Nueva York, acudieron 750.000 personas, a pesar de que algunos vecinos de la Quinta Avenida lo calificaron como un ruido inaguantable. Las carcajadas de un grupo de amigos pueden *molestar* al vecino de al lado. Pero ellos lo están pasando super. Un bebé emite sonidos confusos, pero está claro que pide su biberón, o que le cambien su pañal. Las fronteras están borrosas.

Incluso ruidos exactamente iguales perturban más o menos, según sea de día o de noche, o según esté de humor el receptor. Por la mañana, un sonido extraño en una casa puede inquietar a una persona que vive sola; de madrugada, provocará pavor. Y un ruido habitual, como del tráfico, se tolera mejor que otro inesperado, como un portazo en una corriente de aire. También molesta menos el ruido abstracto —el murmullo en un restaurante, por ejemplo— que el identificable —dos personas hablando mientras una está al teléfono—, porque interfiere más. Desde este punto de vista, algo de ruido puede ayudar al aislamiento y la concentración.

En los ambientes laborales, se pierden millones de jornadas-hombre todos los años por problemas auditivos. Aunque aparentemente no se note, en torno a una cuarta parte de los gastos medioambientales se los lleva la lucha contra el ruido: en indemnizaciones, tratamiento médico, insonorización urbanística e industrial y pantallas acústicas en obras públicas. Una exposición de ocho horas diarias a niveles de 80 dB (decibelios) acarrea, a la larga, riesgo de sordera, no ya temporal sino permanente. Y por cada 5 dB más, el tiempo de seguridad se reduce a la mitad.

Para el trabajo intelectual, los límites se estrechan. Por encima del nivel ideal, de 40 dB, se pierde concentración y memoria, y aumentan los errores; con ruidos que exceden los 60 dB aparecen jaquecas y trastornos nerviosos. Lo que pasa es que los campos de

continúa

batalla se han instalado también en la ciudad. A los niños de los barrios marginales de Nueva York se les enseña en la escuela a tirarse al suelo cada vez que oigan el estruendo de un tiroteo callejero. El premio a quien lo haga bien en el ensayo es un pirulí. El premio a quien lo haga bien a la hora de la verdad puede ser la supervivencia.

El ruido, el estruendo es el precio que todos hemos de pagar por el desarrollo tecnológico. En una reciente encuesta, los franceses se declaran dispuestos a pagar un 20 por ciento más por aparatos domésticos más silenciosos. Porque, aunque se crea lo contrario, uno no se acostumbra al ruido. A la sensación, puede ser, pero no a sus consecuencias, que minan el organismo sin que uno se entere. Especialistas opinan que: «Si uno se acostumbra al ruido, es que su audición ya se ha deteriorado», y «Si después de una larga exposición al ruido ya no lo percibe, es porque se ha quedado realmente sordo».

(Muy interesante, IX, 2: 5-16)

Actividad 3: Palancas para colocar ideas

1. Ensayo al instante: escriba durante tres minutos sin parar *sobre* uno *de estos temas.*

a.   los ruidos que más le molestan

b.   un grupo de individuos especialmente sensibles al ruido

c.   un lugar o situación que produce fuertes ruidos con consecuencias dañinas para los que los sienten

2. Formen grupos de tres personas.

a.   Escuchen mientras cada individuo lee su «ensayo al instante» a los otros miembros del grupo.

b.   Hagan una lista de ruidos molestos que hayan experimentado entre su grupo y pónganlos en secuencia del más fuerte al más débil.

3. Decidan cuáles son las fuentes principales de ruido en el campus, en el recinto universitario, en el entorno urbano, en la residencia estudiantil, en el aula de clase, en los prados o jardines de la universidad, en el apartamento, etc.

a.   Preparen una lista con sus respuestas.

b.   ¿Cuáles son los grupos o individuos que típicamente causan esas molestias?

c.   ¿Existen maneras técnicas para controlar estos ruidos? ¿Hay maneras sociales? Es decir, cuando irrumpen estos sonidos molestos, ¿hay alguien a quién uno pueda dirigir sus protestas y que pueda controlar la molestia del estruendo ambiental?

d.   Seleccionen las principales fuentes de ruido y preparen una presentación oral para toda la clase. Háganla como si fuera un discurso leído ante una manifestación pública en contra del ruido, es decir que sea en un tono firme de protesta. Se recomienda presentarla en sus propias palabras. No lean palabra por palabra, porque no captarán el interés de su público con ese tipo de presentación «académica».

e. Imagínense que su grupo ya es reconocido por la administración como una Junta Contra el Aumento del Ruido en el Campus. Presenten a la clase las fuentes principales del ruido en el recinto universitario, y lo que le recomienden a la administración y a la comunidad como maneras para reducirlas.

(Guarde estos temas para consultarlos después durante el Ejercicio 5 de este capítulo.)

Actividad 4: Antes de leer

1. En la pizarra escriban una lista de los grupos más afectados por el virus VIH y dónde viven.

grupo afectado   **sitios más impactados**

_____   _____

_____   _____

_____   _____

_____   _____

2. En los EE.UU. dos grupos de la población que son desproporcionadamente afligidos por el Síndrome de Inmuno-Deficiencia Adquirida son los negros y los hispanos. ¿Qué opinan los miembros de la clase sobre las posibles causas de esta diferencia en el índice de casos nuevos?

3. Si se lo indica su profesor/a, hagan una encuesta pública sobre las principales fuentes de información para su comunidad, y traten de averiguar cuáles son los medios de mayor utilidad para ustedes, por ejemplo periódicos, revistas, la televisión, la radio, presentaciones por expertos que vienen a su escuela o localidad, campañas educativas contra el SIDA, consejos de médicos que atienden a su familia o a su comunidad, conversaciones entre amigos, consejos de padres a sus hijos, etc.

SIDA: Conozca los síntomas

Los síntomas del SIDA: al principio pueden ser engañosos.
Una persona que tiene el virus del SIDA puede hacerse la prueba de sangre para saber si es «VIH positiva», y recibir la agradable noticia de que es «VIH negativa», es decir, que no tiene el virus de esta terrible enfermedad. ¿Es posible? Sí, es posible, porque por lo general, el virus no se manifiesta durante las primeras semanas o meses—incluso hasta los seis meses—después de haberlo contraído. A esto es lo que se le denomina el

continúa

«período vidriera» de la enfermedad, que es la etapa en que el virus no anuncia su presencia y el organismo no produce anticuerpos.

Luego, la persona comienza a desarrollar los siguientes síntomas: cansancio, pérdida de peso, fiebres, dolores, catarros, diarreas, sudores nocturnos, inflamación crónica de los ganglios linfáticos, una capa blanca en la lengua y la garganta, y si se trata de una mujer, ésta tendrá infecciones vaginales que no llegan a eliminarse con medicinas. Si la persona ni siquiera sospecha que tiene el virus del SIDA es probable que no tenga en cuenta estos síntomas sobre todo por presentarse separadamente y volver a desaparecer. Esto hace pensar que se trata de un padecimiento sin mucha importancia.

Aclarando dudas.

Una de las dudas con la que se enfrenta la mayoría de las personas es si el **tener el virus VIH es lo mismo que tener SIDA**. El virus VIH es lo que existe primero, para que luego se desarrolle el SIDA, que es la fase activa de la enfermedad.

- **¿Una persona que mediante un análisis de sangre supo que era «VIH positiva», puede salvarse de contraer el SIDA?** No. Después de ser contagiada, el intervalo entre la infección y los síntomas del SIDA usualmente es de 5 a 10 años. Todas las personas infectadas en algún momento desarrollarán la enfermedad.

- **¿Existen diferentes etapas de la enfermedad en que el virus VIH sea más fácil de ser transmitido?** Sí existen: en las etapas más tempranas, antes de que los anticuerpos comiencen a luchar contra el virus, y en las últimas etapas, cuando el virus ha dominado totalmente el sistema inmunológico.

- **Si la nueva pareja le dice a uno que es «VIH negativa», porque acaba de hacerse el examen del SIDA, ¿le ofrece esto garantía para tener relaciones sexuales sin protección?** No. Esto no es suficiente garantía, porque como explicamos anteriormente, el virus no se logra detectar en una prueba de sangre si ha sido adquirido en los tres o seis meses anteriores. De manera que es preferible utilizar medidas de protección.

Actividad 5: Después de leer

Las preguntas sobre el SIDA son tan variadas como las preocupaciones e intereses personales de los que las hacen. En grupos formulen tres preguntas más que sean apropiadas para un panfleto para el Centro de Salud Estudiantil.

1. _____

2. _____

3. _____

La clase entera puede comparar las preguntas para ver qué aspectos tiene en común. En pequeños grupos todos pueden escoger una o dos de las preguntas de la clase y formular una respuesta clara y concisa.

(Guarde estas preguntas y respuestas para consultarlas después durante el Ejercicio 5 de este capítulo.)

AMPLIACION

Cada día aumentan considerablemente los casos de SIDA; se ha calculado que en todo el mundo hay entre 8 y 10 millones de personas que están afectadas con el virus VIH. Lo más triste es que sólo un pequeño porcentaje de ellas sabe que tiene la enfermedad, porque ni siquiera conoce bien sus síntomas. La realidad es trágica... hay quienes creen que tienen una salud magnífica y, sin embargo, en el cuerpo se le oculta una «bomba de relojería».

Claves para combatir el estrés

El pulso se acelera, la respiración se vuelve frenética, la presión arterial aumenta... No es un veneno el que nos ataca, ni un virus ni una bacteria, sino un torrente de hormonas que, al grito de ¡emergencia!, se dispara ante las situaciones de alerta. Sentirse apresado por las circunstancias puede provocar toda una serie de trastornos físicos, inclusive síntomas psicosomáticos. Hoy se conocen bien las medidas para reducir este mal del siglo.

Acontecimientos vitales

Instrucciones: Marque a la izquierda cada acontecimiento que le haya ocurrido en el año pasado y sume los números para obtener el nivel de estrés personal.

Posición	Acontecimiento vital	Valor
1. _____	Muerte de la esposa/del marido	100
2. _____	Divorcio	73
3. _____	Enfermedad o lesión	53
4. _____	Boda	50
5. _____	Despedida de trabajo	47
6. _____	Cambio de salud de miembro de familia	44
7. _____	Embarazo	40
8. _____	Ampliación en la familia	39
9. _____	Muerte de amigo íntimo	37
10. _____	Cambio de tipo de trabajo	36
11. _____	Cambio de responsabilidades en el trabajo	29
12. _____	Éxito personal importante	28
13. _____	Marido/esposa empieza/termina empleo	26
14. _____	Comienzo o fin de clases	26
15. _____	Cambio de hábitos personales	24

16. _____	Problemas con el/la jefe/a; profesor/a	23
17. _____	Cambio de vivienda	20
18. _____	Cambio de escuela	20
19. _____	Cambios en el descanso	19
20. _____	Deuda menor de $1.000	17
21. _____	Cambio en los hábitos de dormir	16
22. _____	Cambio de dieta	15
23. _____	Cambio de frecuencia de visitas familiares	15
24. _____	Vacaciones	13
25. _____	Período de vacaciones	12

Suma del valor de su estrés: _____

(*Muy interesante*, IX, 10)

Actividad 6: Después de leer

1. Compare su suma personal con la de sus compañeros. ¿Cuáles son los estresores que les afectan a ustedes? ¿Hay uno que predomina en todas las listas?

2. Ahora pensando en un pariente o conocido específico, vuelva a notar los valores para los diferentes factores y haga la suma del estrés de esa persona.

3. Esta lista se preparó para un público más amplio que el de estudiantes jóvenes. En consulta mutua traten de extender la lista para identificar los acontecimientos vitales en su propia experiencia que les producen más estrés. Siguiendo las mismas pautas, pongan números que en su opinión representen su nivel de tensión. He aquí un comienzo.

a. fracasar en un examen final   _____

b. romper con una relación sentimental de dos años   _____

c. divorcio de los padres   _____

d. decidir no asistir a la iglesia   _____

e. salir de su dieta después de cinco semanas de fidelidad   _____

f. _____   _____

g. _____   _____

h. _____   _____

i. _____   _____

j. _____   _____

k. _____   _____

Fórmense en grupos de tres a cinco personas. De las manifestaciones del estrés que son aplicables a los estudiantes, seleccionen las dos o tres que ustedes consideren como las más significativas.

4. Cambien esta lista con la de otro grupo e indiquen con señas de « + » los factores que les parecen más relevantes a ustedes y con « ? » los factores cuya relación al tema parecen menos integrados.

AMPLIACION

El sol, ¿amigo o enemigo del niño?

Un día de sol puede ser ideal para el espíritu pero fatal para la piel. Aunque la mayoría de los padres protegen a sus bebés antes de exponerlos al sol, no lo hacen con los niños de más edad ni incluso consigo mismos.

El sol, además de ocasionar en los niños los problemas típicos de la piel, como quemaduras e irritaciones por causa del calor, también produce la mayoría de los cánceres de la piel.

Por suerte, gran parte de estos cánceres son curables, aunque el melanoma, un tipo de cáncer fatal, ha aumentado según la Sociedad Americana contra el Cáncer. Estudios recientes han demostrado que entre el 50% y el 80% de nuestra exposición total a los rayos ultravioletas ocurre antes de que cumplamos los dieciocho años. Después de que la piel ha sido dañada por el sol, el melanoma tarda entre diez y veinte años en aparecer. Esta es una buena razón para proteger a los niños del sol.

Los niños que padecen quemaduras de sol severas tienen el doble de las posibilidades de contraer el cáncer cuando sean adultos, según un estudio norteamericano realizado por el hospital Roger Williams de Rhode Island. Por lo tanto, los adultos no son los únicos que deben ocultarse bajo un sombrero y untarse con bronceadores antes de tomar el sol. Los investigadores recomiendan que las primeras instrucciones sobre prevención de quemaduras de sol deben darse con las primeras visitas rutinarias del bebé al médico. Simplemente utilizando una crema solar con un factor de protección adecuado se puede prevenir la mayoría de las quemaduras de sol e incluso el cáncer.

El sol es maravilloso, y no hay razón para mantener a su hijo alejado de él. Pero un poco de cuidado asegura que el bronceado sea saludable.

(Más, mayo-junio de 1991*)*

Composición y concreción

Metas de exposición: La argumentación, etapa 2

En este capítulo, usted va a identificar una nueva cuestión social, distinta de la que identificó en el capítulo anterior y que desarrollará con más detalles. Además usted

■ formulará el problema fundamental que afecta la cuestión social, teniendo en cuenta que aunque se formula una cuestión de cierta profundidad social, no es necesario proponer una solución sino enfocarse en la formulación del problema subyacente

■ incorporar un análisis del contenido que sea objetivo, claro y bien argumentado

Posibles temas de redacción

1. Consultorio periodístico: preguntas y respuestas sobre ejercicios físicos para los siguientes individuos 1) los que trabajan sentados todo el día, 2) los que habitan en climas fríos y 3) los ancianos.

2. El chocolate (o la leche, el azúcar, el tabaco, la cerveza u otra sustancia) —¿es realmente un peligro o simplemente una satisfacción sin mayores consecuencias? Prepare un ensayo en el que defienda su posición frente a las posibles opiniones contrarias.

3. Haga una comparación entre dos o tres regímenes populares. ¿Cuáles son las ventajas relativas de cada uno? ¿Cuáles son los peligros para la salud?

4. ¿Qué hacen realmente los jóvenes hoy en día para protegerse contra el virus que causa el SIDA? ¿Conoce usted a alguien que tenga SIDA? ¿Cómo le ha afectado a usted en su vida? Prepare un folleto para la comunidad universitaria, informándola sobre los datos más pertinentes.

5. ¿Ha vivido usted (o pasado una época) en un ambiente donde había muchísimo ruido por la noche? ¿Cómo fue esta experiencia? Si vive en un ambiente con mucho ruido ahora, ¿cómo le afecta? ¿Cree que tiene problemas que se relacionen directamente con el ruido continuo? Escriba una carta en la que se explique la situación al Decano de Estudiantes o al Director de Residencias Estudiantiles Universitarias.

6. Usted es el/la representante de la nueva Junta Estudiantil Contra el Aumento del Ruido en el Campus, un grupo formado por alumnos, profesores y administradores para sugerir cambios para controlar las condiciones ruidosas en las que se trabaja y se estudia. Prepare una descripción de las condiciones actuales y las iniciativas que se recomiendan para un ambiente más tranquilo.

7. Las épocas de exámenes provocan niveles de estrés realmente perturbadores para los estudiantes. Diseñe un cartel para una campaña publicitaria que avise a los estudiantes de su campus cómo sobrevivir el fin del semestre.

8. Otro tema: Consúltelo con su profesor/a.

Ejercicio 1: Investigación de vocabulario útil

Cada deporte, actividad y complicación de salud requiere una terminología técnica propia. Después de identificar cuál será el tema de una composición, y después de formular la tesis de la presentación, viene el momento para concretar el campo léxico, o sea el conjunto de palabras precisas para expresarse.

No olvide que los mejores momentos de usar el diccionario son ANTES DE ponerse a escribir y DESPUES DE comenzar la fase de corregir y pulir lo escrito. Consultar el diccionario constantemente sólo estorba el proceso de expresarse en una forma coherente y seguida.

Muchas veces lo más indicado es leer algún artículo informativo, entradas en un diccionario totalmente en español o consultar una enciclopedia en español para sacar las palabras y frases aptas, y organizar la terminología apropiada. He aquí un ejemplo de organización de vocabulario para los fuertes dolores de cabeza conocidos como «migrañas».

sustantivos	verbos	frases útiles
cefaleas, dolor de cabeza, jaqueca, migraña	aliviar, paliar, disminuir	no hay manera de prevenirse
		condición hereditaria
cerebro, cráneo	padecer, sufrir, experimentar	síntomas de una enfermedad
padecimiento		crisis largas e intensas
medicamento, cura, farmacéutica	provocar	desatarse/surgir una migraña
	latir	hacer un papel determinante
nerviosismo	curar	las principales causantes
		paciente migrañoso

Como se ve, lo más señalado es hacer conexiones lógicas dentro de los términos en la lista mostrando las conexiones entre ideas, sinónimos y palabras afines. También tome nota de oraciones enteras que expresen conceptos claves.

Ahora elija otro asunto relacionado con la salud, quizá algo relacionado con lo que quiere escribir para este capítulo, y busque los términos que le parezcan más apropiados para expresarse en este tema. Posibilidades: los anticonceptivos, el ojo, los pies, el oído, el tabaco, el sueño, el «footing» (*jogging*), las proteínas, la anorexia/bulimia, el vegetarianismo, la depresión, el maquillaje antialérgico, etc.

Ejercicio 2: La organización de vocabulario

Apunte primero para sí mismo/a, luego para los miembros de su familia, y por último para su mejor amigo/a la información personal sobre dieta y ejercicio que se pide a continuación. He aquí algunas sugerencias.

de alimentación: chocolate, caramelos, nueces, arroz con leche, pollo frito, crema quemada, bienmesabe, piña, cerveza, pulpo, calamares, toronja, palomitas, flan, quesos franceses, hamburguesas, bróculi, espárragos, cereal alto en fibra, queso americano, coliflor, coles de Bruselas

de actividad: montar a caballo, el windsurf, patinar, rompecabezas, crucigramas, construir modelos, tenis, béisbol, voleibol, cocinar, coleccionar estampillas o monedas, dar paseos, montar en bicicleta, cazar, bailar, nadar, trabajar en el jardín particular, hacer alpinismo, mirar la tele

nombre del individuo	algo de que no puede privarse	comida que no aguanta	ejercicio o actividad preferidos	pasatiempo favorito
yo	_____	_____	_____	_____
_____	_____	_____	_____	_____
_____	_____	_____	_____	_____
_____	_____	_____	_____	_____
_____	_____	_____	_____	_____
_____	_____	_____	_____	_____
_____	_____	_____	_____	_____

1. Uno/a de los miembros de la clase puede servir de secretario/a agrupando en la pizarra los alimentos favoritos que vayan mencionando los otros alumnos. Todos pueden colaborar en la identificación de posibles clasificaciones según grupos lógicos.

2. Ahora con los platos aborrecidos, haga en la pizarra una lista más o menos completa, señalando cuando se repite el mismo alimento para más de un sólo individuo. ¿Hay algunos platos que se repiten de la primera lista de comidas preferidas?

3. ¿Cuáles actividades de las listas son las predilectas de la gente de edad avanzada? ¿de los más jóvenes?

4. ¿Cuántas actividades identificadas como pasatiempos incluyen ejercicio físico? ¿Se puede señalar alguna correspondencia entre la edad del individuo y su ejercicio preferido?

5. Se ha observado que los mayores hacen menos ejercicio, pero cuando lo hacen es más regular y sistemático, mientras que la gente joven practica muchas actividades físicas pero casi al azar y sin intención directa de mantener la salud. ¿Es esta reflexión justa en su opinión? ¿Por qué (no)? Indique las excepciones notables.

Ejercicio 3: Ensayo al instante

Ampliemos el tema ahora para considerar nuestra salud en su totalidad. Durante tres minutos, escriba observaciones informales que traten de uno de los siguientes temas.

1. ¿En qué pensamos cuando consideramos los riesgos que afectan nuestra salud?

2. ¿Cómo le ha afectado recientemente el ruido nocturno, en la residencia estudiantil, en el apartamento o en casa?

3. ¿Cuáles son los principales factores de estrés en su vida? ¿Cuáles pertenecen a la vida estudiantil? ¿A la vida familiar? ¿A su edad?

Ejercicio 4: Lazarillo de temas

Siguiendo las instrucciones a continuación escriba un esbozo de otro folleto informativo destinado a los estudiantes recién llegados (de primer año) a fin de averiguar cómo se manifiesta el estrés en la vida de un alumno de este campus.

1. Divídanse en parejas o en grupos pequeños.

2. Cada equipo debe preparar su folleto sobre una de las manifestaciones del estrés que ya han decidido que se considere como realmente significativa.

3. Cada pareja presenta a la clase el contenido general y la estructura básica del folleto propuesto.

Ejercicio 5: Realización del borrador

Los temas que aparecen a continuación son recomendaciones para dar consejos a un público más amplio, no a un solo individuo. No olvide que el propósito de estos folletos es despersonalizar el tono de lo que se escribe a fin de que sea apto para todo lector.

1. ¿Cómo organizaría usted una lista de recomendaciones para otro miembro del mismo sexo sobre cómo se adelgaza de una manera saludable? Haga una lista de los puntos principales que uno podría presentar en un folleto informativo con un pequeño párrafo para cada recomendación. Comparta su folleto y la lista de recomendaciones con un/a compañero/a de clase, del mismo sexo o del sexo opuesto, para ver cómo reacciona.

2. El periódico estudiantil de su colegio o universidad publica una columna de consejos médicos. Esta semana se trata de una serie de cartas relacionadas con dietas y buena alimentación. Escriba por lo menos dos cartas de este tipo y contéstelas tan franca y sencillamente como pueda. (Este ejercicio puede realizarse en forma oral o escrita, según se lo indique su profesor/a.)

Ejercicio 6: Autoeditor/a

A veces simplemente el sacar un texto del papel y darle la voz humana que supone, revela sus imperfecciones y tropiezos. Lea su composición en voz alta a otra persona que hable español. Si no es posible, grabe lo que lea en una cinta y escúchelo a ver si resulta natural. Luego trate de identificar problemas de la selección de palabras, su orden, la ortografía y la acentuación escrita.

Al público

Uno de los factores que se asocia con la expresión adulta y pública (y menos juvenil e interiorizada) es la habilidad de modular la «voz» del autor para hacerla más o menos personal. En una carta personal predominan las formas en la primera persona porque el lector es un individuo que quiere saber lo que le afecta a usted como persona. Estas comunicaciones naturalmente reflejan las expresiones y hábitos lingüísticos del escritor mismo. Para comunicarse con un gran público desconocido la voz tiene que ser más objetiva y despersonalizada para que la argumentación convenza por sí sola.

El español ofrece muchas expresiones impersonales que marcan la distancia necesaria entre un escritor profesional y su público desconocido.

Hay muchas locuciones que toman un infinitivo y que funcionan bien para iniciar un tema, alterar su dirección o concluirlo.

Expresiones para inaugurar un tema

antes que nada	*before anything else*
como punto de partida	*as a point of departure*
conviene (examinar, explicar...)	*it's worthwhile to (examine, explain . . .)*
en cuanto a	*as far as; in regard to*
hay que (considerar, contemplar...)	*one must (consider, weigh . . .)*
para comenzar	*to start out*

Expresiones para modificar un tema

pensándolo bien	*considering everything*
cabe (mostrar, señalar, tener en cuenta...)	*it's fitting to (show, point out, take into account . . .)*
con respecto a	*with respect to*
de todos modos	*in any case*
se trata de	*it's a matter of*

Expresiones para concluir un tema

a fin de cuentas	*in the long run*
al fin y al cabo	*in the end*
como consecuencia	*as a consequence*
después de todo	*after all*
en conclusión	*in conclusion*

Expresiones impersonales para despersonalizar y matizar una presentación

al contrario	*on the contrary*
así que	*so that*
del mismo modo	*in the same way*
en cambio	*on the other hand*
en contraste con	*in contrast with*
es evidente que	*it is evident that*
es lógico pensar que	*it is logical to think that*
por consiguiente	*as a consequence*

por eso   *so, for that reason*
por otra parte   *on the other hand*
por otro lado   *on the other hand*
por su mayor parte   *for the greater part, on the whole*

EJERCICIO TAMBIÉN
EN EL MICRODISQUETE

Ejercicio 7: Las conexiones lógicas

Las frases a continuación carecen de oraciones completas y conexiones lógicas. Vuelva a componer este párrafo empleando las expresiones de las listas de arriba; las tres primeras oraciones pueden unirse en una, etc. Puede ser que se quiera dividir este párrafo largo en varios párrafos más breves.

Cómo detener el crecimiento demográfico

Reducir el crecimiento de la población en un país como Guatemala. Es aquí donde la población crece a razón del 3 por ciento anual. Es como tratar de detener un automóvil a 100 kilómetros por hora. La inercia no permite frenar en seco. Para detener el automóvil se necesitan 100 metros. Para reducir el crecimiento de la población a una cifra que no entorpezca el desarrollo económico se necesitan 25 años. Demógrafos y economistas suelen estar de acuerdo en que es más efectivo invertir diez dólares en control de la natalidad que 100 dólares en desarrollo económico. No hay una sola nación donde el desarrollo económico o el control de la natalidad por sí mismos y en forma aislada hayan detenido el crecimiento demográfico de ningún país. La transición demográfica se ha debido siempre a una combinación de ambos factores. Esto lo demuestra el caso surcoreano. A mediano plazo, por tanto, y aun suponiendo que en este preciso instante se iniciara en Guatemala un proceso de desarrollo como el que tuvo lugar en Corea del Sur en los sesenta, lo que es muy dudoso, nuestra población seguirá creciendo durante otro cuarto de siglo. Ese crecimiento es inevitable. El número de personas jóvenes que tendrán hijos en esos años será mayor que en los últimos 25.

(Crónica semanal, 14 de julio de 1994)

CURIOSIDADES DE CULTURA Y LENGUAJE
The Power of Word Order in Spanish

Syntax is the linguistic study of how words are lined up or sequenced to build sentences. English (like all Germanic Languages) is very strict and inflexible with word order because syntax controls meaning. The famous difference between "Man bites dog" and "Dog bites man" is one of syntax.

Of all the modern European languages Spanish has the most flexible syntax. Although some arrangements are more common than others, it is permissible to say **El hombre mordió al perro, Mordió el hombre al perro, El hombre al perro lo mordió, Mordió al perro el hombre**, etc.[1] In this sentence it is the personal **a** that sets off the direct object and makes these variations in word order possible without altering the meaning. Agreement of gender and number can be used in the same way to preserve meaning.

In the hands of a good writer this sort of flexibility allows for wonderful effects. An author can line up his or her words so that the ideas they represent occur to their readers in a specific sequence, burying minor details in the middle, say, and highlighting more telling elements by positioning them at the beginnings and ends of sentences.

One consequence of this malleability of Spanish is that its sentences tend to build and grow longer than the average English sentence. In English we prefer a telegraphic, clipped style. We think short sentences have more punch. Spanish, with its elastic boundaries, relishes the sentence that swells and deepens as it accumulates phrases that show their relations by logical links and grammatical ties.

Here is a short excerpt from the immortal **Don Quijote** of Cervantes. Notice the relative brevity of Sancho's rustic speech and the longer periods in don Quijote's.

—Así es la verdad —respondió Sancho—, pero [eso] fue cuando [yo era] muchacho; pero después, algo hombrecillo,

---

[1] When a direct object comes before its verb it must be repeated in pronoun form: **Al perro lo mordió el hombre; Las cartas se las mandé por correo ayer.**

continued

gansos fueron los que guardé, que no puercos. Pero esto
paréceme° a mí que no hace al caso; que no todos los que   *me parece*
gobiernan vienen de casta de reyes.

　　—Así es verdad —replicó don Quijote—; por lo cual los
no de principios nobles deben acompañar la gravedad del
cargo que ejercitan con una blanda suavidad que, guiada
por la prudencia, los libre de la murmuración maliciosa, de
la que no hay estado que se escape. Haz gala,° Sancho, de la   *Exhibe con orgullo*
humildad de tu linaje, que no te desprecies de decir que
vienes de labradores; porque viendo que no te corres,°   *correrse = avergonzarse*
ninguno se pondrá a correrte; y préciate° más de ser hu-   *apréciate a ti mismo*
milde virtuoso que pecador soberbio. Innumerables son
aquellos que de baja estirpe° nacidos, han subido a la suma   *linaje*
dignidad pontificia e imperatoria;° y de esta verdad te   *del Papa y del Emperador*
pudiera traer tantos ejemplos, que te cansarán.

Ejercicio 8: La flexibilidad de la expresión

*Rewrite these Spanish sentences in at least two different ways by varying the word order. You
should add words and adjust grammatical agreement as needed to keep the meaning clear. Your
teacher will help you discriminate which sentences are acceptable, even elegant, and which begin
to strain the language.*

**EJERCICIO TAMBIÉN
EN EL MICRODISQUETE**

1. Muchas familias chicanas ya habían vivido en el suroeste por más de dos siglos cuando
los EE.UU. absorbieron sus antiguos territorios en 1848.

2. Buscando empleos o simplemente refugio de la Revolución Mexicana, más de un millón
de mexicanos llegaron a los EE.UU. entre 1880 y 1929.

3. Tras la fundación de la Patrulla de la Frontera en 1924, y la inauguración de leyes contra
indocumentados en 1929, unos treinta mil inmigrantes fueron expulsados durante la Gran
Depresión.

4. Una clase media chicana sólo comenzó a formarse después de la Segunda Guerra Mundial
cuando sus veteranos latinos se aprovecharon de préstamos para educación superior bajo
el famoso «*GI Bill*».

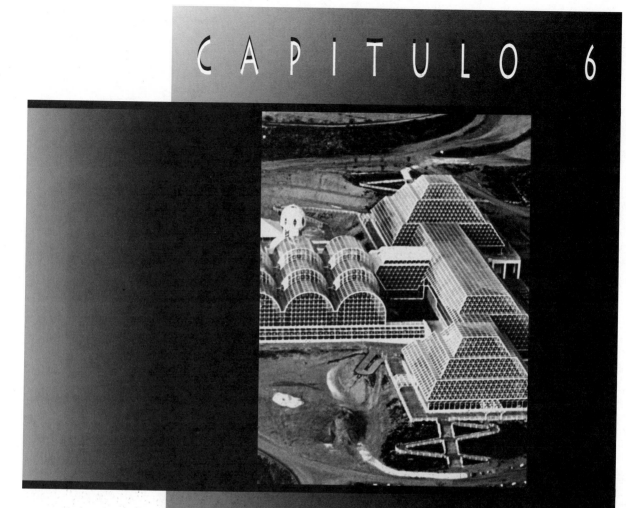

El medio ambiente y la tecnología

• • •

Conversación y exploración

Introducción al tema

Las preocupaciones por la salud ambiental de nuestro planeta aumentan cada vez más. La contaminación del aire, del agua y de la tierra crece a un ritmo sorprendente, lo que pronostica un entorno no sólo sucio sino perjudicial para el bienestar físico de nuestros hijos.

Si por una parte nos deja perplejos la acumulación de desperdicios nocivos en el medio ambiente, por otra los avances en la tecnología prometen alivios, al menos parciales, para los descuidos del pasado. La tecnología también nos aporta un mundo lleno de opciones para desarrollar fronteras educativas y productoras.

Este capítulo le invita a contemplar las novedades del mundo tecnológico y las nuevas posibilidades para conservar y proteger la salud de nuestro mundo físico. Como se verá, no faltan en todo esto aspectos psicológicos. Nuestra relación con las circunstancias físicas que nos rodean ocasionan altibajos emocionales, según nos ofrezcan un porvenir más risueño o nos anuncien uno más problemático.

Actividad 1: Antes de leer: Los aparatos que nos rodean

Pase por el grupo para hacer estas preguntas entre los compañeros de clase. El vocabulario que sigue identifica algunos de los aparatos más frecuentes en nuestro alrededor. Tome notas sobre las respuestas para analizarlas entre todos al final.

abrelatas eléctrico
avión particular
bicicleta de buen diseño
calendario y organizador personal electrónicos
coche ultramoderno/descapotable
contestador de teléfono
controles remotos para la tele
discos compactos
fax personal
grabadora

horno de microondas
lavadora y secadora
lavaplatos
marcapasos (para el corazón)
molino de café
motocicleta
ordenador
parrilla de gas
radio *Walkman*
televisor de alta resolución

1. ¿Qué aparato electrónico o tecnológico te trae más comodidad en tu vida personal?

2. ¿Qué aparato usas más en tu vida diaria?

3. ¿Cuál fue el primero que te compraste para ti mismo?

4. ¿Cuál representa tu sueño de una vida relajada y regalada?

5. ¿Cuál le comprarías a un amigo para un regalo especial?

6. ¿Qué aparato resulta de más importancia en la vida diaria de tu familia?

7. Si estuvieras abandonado/a en una isla remota (o aislado/a como parte de un experimento científico), ¿qué máquina extrañarías más?

Fracaso «in vitro»

La experiencia de los integrantes del proyecto Biosfera 2 demostró que aún está lejos la posibilidad de establecer colonias espaciales.

Dos años y 150 millones de dólares demandó el famoso proyecto Biosfera 2, que pretendía demostrar que el hombre puede vivir en autarcía. El objetivo del proyecto era investigar la posibilidad de establecer colonias autosuficientes en el espacio y estudiar la ecología de la Tierra. Para ello se construyó en Arizona, al suroeste de Estados Unidos, una enorme y hermética estructura de vidrio y acero, de 1,5 hectáreas, donde se reprodujeron diferentes ecosistemas —océano con olas, selva húmeda, sabana, pantano y desierto— y se incluyeron 3.800 especies de flora y fauna. Además se construyó una finca con una huerta, donde los ocho científicos—cuatro hombres y cuatro mujeres—debían cultivar sus alimentos.

Este enorme proyecto de investigación, que muchos han calificado como una locura, fue financiado por un millonario petrolero tejano, Edward Perry Bass, quien pretendía con ello encontrar la respuesta a muchos males de la humanidad. Si bien aún no se han precisado los logros científicos del experimento, el grupo de participantes sobrevivió respirando aire reciclado, tomando agua reciclada, aprovechando al máximo la luz solar y cultivando su propia comida, con el propósito de simular el tipo de vida que, muy probablemente, deban tener los futuros exploradores del espacio. Y

aunque el jefe del grupo de bionautas, Mark Nelson, aseguró que de este proyecto «Se ha logrado extraer un manual de operación de nuestro planeta», lo cierto es que los «bioesferianos» tuvieron que recibir, en varias oportunidades, ayuda del exterior. En una oportunidad se presentó insuficiencia de oxígeno, que inesperadamente cayó en un 10 por ciento de su nivel normal, y fue necesario inyectar, dentro del ambiente artificial, 6.000 pies cúbicos de oxígeno. La autosuficiencia en materia de alimentación tampoco funcionó, pues sólo lograron cultivar el 80 por ciento de los alimentos; el resto lo tuvieron que tomar de las provisiones almacenadas para casos de emergencia. El grupo no sólo perdió en promedio un 14 por ciento de su peso, sino que la comida se le convirtió en una verdadera obsesión. A todo esto se le sumó un crecimiento incontrolado de la población de hormigas y cucarachas, que prácticamente precipitó su «regreso a la Tierra».

Pero lo más difícil de estos dos años fue la convivencia de estas cuatro parejas de solteros que durante este tiempo estuvieron aislados del mundanal ruido. La bióloga Abigail Alling, comentó en la rueda de prensa: «Aunque saber que todos éramos interdependientes en este ecosistema tan frágil nos mantuvo unidos, las tensiones e incompatibilidades fueron las peores que he sentido en toda mi vida». «No puedo decir que fuéramos todos unos ángeles allá adentro», confesó Mark Nelson, quien, como todos los inte

continúa

grantes, se negó a responder preguntas acerca del sexo.

Para muchos, estos dos años y 150 millones de dólares sólo sirvieron para batir el récord mundial de permanencia en un ambiente sellado. Y para demostrar que la idea de establecer en otros planetas colonias habitadas es más complicado de lo que parece.

(Semana)

Actividad 2: Después de leer

Llevar una vida aislada del mundo y de sus complicaciones es el sueño de algunos... y la pesadilla de otros. Discutan en grupos pequeños los siguientes temas para ver si hay opiniones divergentes.

1. Si usted fuera a vivir en un experimento hermético como la Biosfera en Arizona, y sólo se le permitiera un objeto de lujo, ¿cuál escogería?

2. Si pudiéramos eliminar un aparato moderno como totalmente innecesario, ¿cuál deberíamos escoger? ¿El *Salad Shooter*™? ¿El carro de golf? ¿Otro?

3. En Washington, D.C., en un parque a las orillas del Potomac, hay un monumento «Al tornillo» como invención genial. Imaginémosnos que vamos a construir otro monumento para celebrar un aparato de nuestra elección. ¿Hay una invención simple y barata que haya mejorado la vida moderna en una forma notable y que merezca una escultura en su honor?

4. Ha ocurrido una crisis de electricidad en su comunidad y ustedes son los consejeros del alcalde. Hay que tomar medidas estrictas para reducir el consumo de energía. ¿Qué proclamación harían para reducir el malgaste de energía eléctrica? ¿Prohibir luces en anuncios comerciales durante el día? ¿Pedir que todos desconecten el aire acondicionado? ¿Un toque de queda (*curfew*) general?

5. La crisis ahora no es de energía sino de agua. Como consejeros del alcalde, ¿qué recomendaciones le harían para controlar los abusos en contra de este valioso recurso? ¿Prohibir el regar del césped? ¿Cerrar los servicios de lavar coches? ¿Recomendar que no se sirva el acostumbrado vaso de agua a todo cliente en los restaurantes?

6. Nuestro campus y nuestra ciudad se vuelven cada vez más sucios y nos hemos decidido reducir el exceso de basura en nuestro entorno físico. ¿Qué pasos recomendarían ustedes? ¿Pagar depósitos para los envases de vidrio y plástico? ¿Organizar equipos de voluntarios para recoger lo que la gente tira al suelo? ¿Otras medidas?

AMPLIACION

Tecnología. En sus marcas...

7 18908 03833 8

Más de cinco mil artículos de consumo han sido marcados con el código de barras en cinco años.

Hace apenas cinco años una de las cosas que más llamaba la atención de los consumidores colombianos cuando compraban un artículo extranjero era un conjunto de barritas que aparecían en el empaque y sugerían un mensaje cifrado y misterioso, propio de los países desarrollados. Hoy, más de la cuarta parte de los artículos de consumo que se producen en el país tienen el mismo mensaje. Y ya muchos colombianos están familiarizados con su función.

El 28 de julio de 1988 —hace exactamente cinco años—, 26 empresas de diversos sectores de la producción decidieron crear el Instituto Colombiano de Codificación y Automatización Comercial, IAC, con el fin de introducirlo en el país, comenzando con el famoso código de barras. Esta es la última tecnología existente en el mundo en materia de identificación de productos, con el fin de aumentar la productividad y eficiencia en su manejo, tanto en la fábrica como en el punto de venta.

Hoy, y después de un período inicial de lento crecimiento —que corresponde con la tendencia seguida por los países que han introducido la tecnología— el número de empresas afiliadas al Instituto supera la cifra de 600. En los dos últimos años, en particular, las afiliaciones han crecido a tasas superiores al 100 por ciento. Y sus directivas esperan que en lo que resta de 1993 y en 1994 el crecimiento sea igualmente notable.

Igualmente acelerado ha sido el crecimiento de los artículos clasificados por el Instituto. A junio del presente año, el 25 por ciento de las referencias comerciales existentes en el país —que según el IAC son 20.083— contaban ya con un código de barras en la etiqueta o en el empaque. Esto es, ya habían sido marcados más de cinco mil artículos. Y la expectativa es que al finalizar el año 1994 se encuentren marcadas por lo menos el 80 por ciento de las referencias de productos de consumo masivo.

Menos rápida ha sido la instalación en los puntos de venta de la tecnología necesaria para complementar el proceso. Como lo dice el mismo Instituto, «si en los productos existe un código, en el almacén debe existir el sistema capaz de leerlo, interpretarlo y convertir la información en una fuente de beneficios para el consumidor y para el propio establecimiento». Y aunque cada vez es mayor el número de supermercados que están instalando «*scanners*», es evidente que todavía faltan muchos para que la tecnología se generalice.

Es por eso que los consumidores no se han familiarizado todavía con el sistema. Pero los usos del «código de barras« superan con mucho la simple contabilización del precio de los productos en la registradora del almacén. La recepción y expedición de mercancías, el control de inventarios y el almacenamiento, el seguimiento de documentos, el control de producción y la gestión global del punto de venta son operaciones que se agilizan de manera considerable si se cuenta con el «código».

continúa

De allí que, según sus directivas, el Instituto haya tenido que trascender la introducción del «código de barras» en el país, para convertirse en una entidad que —en palabras de su presidente Rafael Flórez— busca «ser un ente facilitador de los procesos de adaptación y transferencia de tecnología, con el fin de que la empresa colombiana alcance mayores niveles de productividad y eficiencia».

Más allá de dicha consideración, sin embargo, el IAC es un buen ejemplo de lo que puede lograr el sector empresarial cuando se une en torno de un propósito común.

(Semana, agosto de 1993)

Actividad 3: El ecólogo perfecto

Es el entusiasta perfecto, y hace todo lo posible para proteger y conservar el planeta. Se dedica no sólo a obras públicas sino a reformar su vida personal. ¿Puede usted adivinar sus gustos y hábitos?

1. Su comida favorita es...
2. Su pasatiempo preferido es...
3. Los fines de semana suele pasar por lo menos un buen par de horas...
4. Le causa mucho dolor en el alma ver...
5. En su residencia nunca se ve...
6. Una costumbre de sus padres que ha rechazado como un abuso del ambiente es...
7. Habitualmente lleva...
8. Su color favorito es ———— porque...
9. Sueña con...

Actividad 4: Analogías y comparaciones

Una manera de refrescar nuestras perspectivas es obligarnos a expresar nuestras percepciones bajo la óptica de un poeta o novelista. Invente las analogías y comparaciones más inesperadas e imaginativas que pueda para las siguientes frases.

un jardín como... *la linda manta a cuadros bordados de mi abuela*

1. un bosque como...
2. un coche como...
3. una pluma como...
4. una cama como...
5. una nube como...
6. un paisaje como...
7. un pájaro como...
8. una falda como...
9. una campana como...
10. un soldado como...
11. una mano como...
12. una puesta del sol como...
13. una capa de nieve como...
14. una explosión como...
15. una expresión como...
16. una corriente de agua como...

Para estas palabras o frases invente un principio que haga juego con la conclusión.

Vimos allá en el valle un vasto campo de flores azules... que nos dejó boquiabiertos a todos.

1. ... que me llenó de ira
2. ... que los entristeció a todos
3. ... que produjo un pánico general
4. ... sin momento de paz
5. ... sin compasión
6. ... con un toque muy leve
7. ... que la hizo callar
8. ... por primera y última vez
9. ... como ala de paloma
10. ... de una luz muy pura
11. ... más negra que la muerte
12. ... que parecía mentira
13. ... como un arco iris
14. ... de una sabiduría y comprensión totalmente inesperadas
15. ... de modo no totalmente reverente
16. ... que la reveló como mujer de espíritu amargo

Actividad 5: El Club «Proteger la Tierra»

A veces una manera para aclarar las ideas sobre un tema es tratar ese tema como si fuera persona u objeto. Digamos que se ha fundado un nuevo club de ecologistas aficionados, y que ha tomado como nombre «Proteger la Tierra». Conteste estas preguntas sobre el nuevo grupo.

1. su color o colores emblemáticos: _____

2. su mascota: _____

3. su lema: « _____ »

4. su momento preferido del día: _____

5. su banda de música favorita: _____

6. la tela para su ropa: _____

7. su héroe o heroína: _____

8. el aparato que mejor lo simboliza: _____

Actividad 6: Causa y efecto

Todo adulto está familiarizado con la serie de consecuencias que puede resultar de acciones descuidadas. Trazar esta cadena de efectos derivados nos puede ayudar a establecer paso a paso las conclusiones que presentimos desde el comienzo. Siga el modelo que aparece a continuación e invente para los otros principios secuencias imaginativas —serias o cómicas— con por lo menos cinco o seis pasos.

Principio A: *se tiró un papel de la ventana de un coche*

1. el papel quedó entre las malezas al lado de la carretera

2. el papel se mojó cuando llovió

3. la tormenta que trajo la lluvia produjo vientos fuertes

4. los vientos levantaron el papel mojado por el aire

5. el papel mojado se pegó en el parabrisas de un coche que pasó por la carretera

6. el conductor del coche no pudo ver y tuvo un accidente

Principio B: *un niño comenzó a llorar en la noche*

Principio C: *se descubrió petróleo en la finca de mis abuelos*

Principio D: *el rojo se declaró el color de moda para el próximo año*

Principio E: *comenzaron a enseñar el cultivo de jardines como materia obligatoria en todas las escuelas primarias*

Ahora invente otros dos principios y escríbalos en un papel. En grupos pequeños intercambien estos papeles para ver si se pueden imaginar secuencias que se deriven de ellos.

Actividad 7: Defender una posición inesperada

Se dice que la necesidad es la madre de la invención, y la verdad es que a veces no nos esforzamos hasta vernos obligado a defender posiciones inesperadas. En grupos pequeños, inventen una serie de proposiciones que sean un poco exageradas o difíciles de defender y escríbanlas en sendas tarjetas. Intercambien sus tarjetas con las de otro grupo y uno por uno defienda por dos minutos la proposición que reciba en la tarjeta que le toque a usted. He aquí unos ejemplos de proposiciones desacostumbradas:

1. Ser secretario/a es el trabajo que produce más satisfacción personal.

2. Los insectos representan una comida ideal para un mundo de recursos limitados.

3. Los muy ricos deben tener la opción o de pagar impuestos aun más elevados o de adoptar un nuevo hijo por cada millón de dólares que ganen.

4. En vez de construir más prisiones, debemos poner a todos nuestros criminales peligrosos en una isla con las provisiones básicas pero con derecho y libertad de formar su propio gobierno.

5. Todo estudiante universitario debe llevar el uniforme oficial de su institución para infundir orgullo en su *alma mater* y disminuir las diferencias económicas.

■Composición y concreción

Metas de exposición: El análisis, etapa 2

Se pide en esta etapa

- adoptar una voz rigurosamente objetiva para hacer un análisis de los temas
- formular el problema y presentar sus componentes, no solucionarlo

Posibles temas de redacción

1. Analice una cuestión referente al estado actual del medio ambiente. El análisis debe tener por lo menos dos puntos de vista que se opongan o se complementen.
2. Explique una nueva invención, aparato o procedimiento tecnológico que nos cambiará la vida de manera positiva o negativa.
3. Haga un análisis de la basura generada por un mundo dominado por las computadoras (antiguos modelos abandonados y sobre todo el consumo de papel). ¿Puede ser controlada?
4. Describa una crisis medioambiental que enfrentará la próxima generación (escasez de agua, elevación de temperaturas globales, aumento de población, etc.). ¿Cuáles serán las consecuencias de esta situación y cómo cambiará la vida diaria de nuestros descendientes?
5. Escoja uno de los temas examinados en las «Actividades» en la primera mitad de este capítulo y desarróllelo como análisis de factores interrelacionados con sus causas y efectos claramente expuestos.
6. Otro tema después de consultarlo con su profesor/a.

Ejercicio 1: Investigación de vocabulario útil

Estos términos se relacionan con el medio ambiente y la tecnología. La lista es, claro está, muy parcial y no pretende abarcar la totalidad del campo semántico en cuestión. ¿Cuáles son otros términos o frases que ustedes querrán añadir a estos grupos?

La basura

contaminantes
deshechos (*refuse*)
desperdicios (*garbage*)
despilfarro (*waste*)
echar a perder (*to throw away*)
gastar (*to use, to use up*)
malgastar (*to waste, to misuse*)
residuos (*residue, waste*)
tirar (*to throw out*)

El reciclaje

biodegradable
ecología
ecológico
envases (*containers*)
incineradora
medioambiental (*adj.*)
reciclar
regenerar
vertedero (*landfill, dump*)

El (La) computador(a)

archivo (*file*)
chip (*m.*)
disco duro
impresora (*printer*)
informática (*information science*)
microprocesador/PC
monitor
ordenador (*computer*)
pantalla (*screen*)
procesador de palabras
pulsar [*to touch/press (a key)*]
reventaordenador (*hacker*)
tecla (*key*)
teclado (*keyboard*)
virus (*m.*)

El robot

el autómata
las células solares
ciencia-ficción
inteligencia artificial
microminiaturización
redes neurales (*neural networks*)
robotizar
sensor (*m.*)
silicio (*silicon*)

Ahora elija otro grupo semejante e investigue los vocablos asociados:

Campo: _____

_____

_____

_____

_____

_____

_____

_____

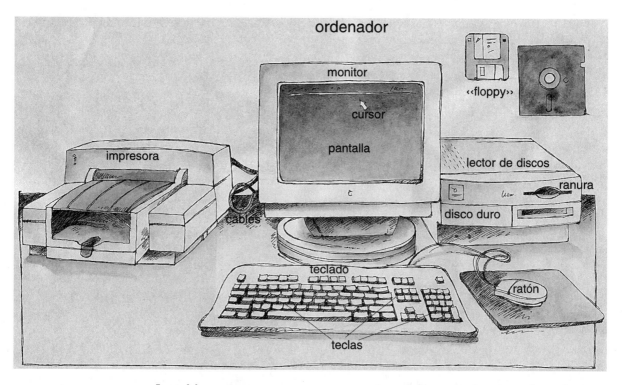

Las palabras más comunes para computer *en el mundo hispano son* **la computadora**, **el computador** *y* **el ordenador**.

_____

_____

_____

_____

Llene los blancos en las frases a continuación con un término adecuado de la lista anterior.

1. Los ciudadanos del los EE.UU. desechan más _____
    _____ que los de cualquier otro país del mundo.

2. Para pedir ayuda en ese programa, sólo hay que _____
    _____ la tecla F1.

3. Entre los campos profesionales más prometedores del próximo siglo
    figura la _____.

4. Como fuente de energía que no depende del petróleo, se espera que las
    _____ ofrezcan una posibilidad económica.

5. El _____ forma la base material para la cons-
    trucción de nuevos chips.

6. Los _____ depósito tradicional de nuestros desechos, se van llenando a un ritmo acelerado.

7. El envenenamiento del medio ambiente por residuos _____ _____ perjudica el futuro del planeta.

8. La _____ permite reducir el tamaño de muchos aparatos electrónicos.

9. Los _____ de plástico y de metal son fáciles de reducir a sustancias aptas para el reciclaje.

10. Un directorio en el disco duro puede contener muchos _____ _____ de textos.

11. La parte de la computadora que muestra los colores y los textos es la _____ .

12. Los programadores últimamente tratan de imitar el modo de pensar del cerebro humano creando _____ .

Ejercicio 2: Ensayo al instante

*He aquí seis tópicos referentes al medio ambiente y la tecnología. Su profesor/a le indicará cuál de ellos (o cuál otro) será el elegido para hoy. Escriba un ensayo sobre ese tópico por cinco minutos **sin parar**. Si le falta a usted un término o expresión, escríbalo en inglés, pero no deje de escribir.*

1. la invención más importante de este siglo

2. el aparato nuevo o la invención que hace más falta en su escuela

3. los vientos: una fuente de energía para el futuro

4. la importancia de las selvas tropicales de América Central

5. viviendas submarinas y ciudades en el fondo del mar

6. un recurso natural en peligro de desaparecer

Ejercicio 3: Lazarillo de temas

Tenga en cuenta que en este ensayo su responsabilidad es formular *un problema, no* solucionarlo. *Para formular un problema, hay que examinar y analizar cada uno de los elementos que formen parte del problema. Empiece aquí para plantear el problema.*

1. En una o dos frases, ¿cuál es la *situación* que se examinará en su ensayo? (Por el momento, no piense en términos de «problemas».) Por ejemplo:

«Los cortacéspedes que funcionan con gasolina producen cien veces más contaminación que los coches de gasolina, galón por galón».

_____

_____

_____

_____

2. En una sola oración, conteste la siguiente pregunta: ¿cuál es el problema que se examinará en su trabajo escrito?

_____

_____

_____

3. Haga una lista de cinco o más elementos que influyan en el problema y que uno podría enumerar en su ensayo.

1. _____

2. _____

3. _____

4. _____

5. _____

6. _____

Ejercicio 4: Realización del borrador

Una buena manera de organizar un escrito en el cual se formula un problema es la siguiente.

I. Introducción
   A. presentación de la situación tal como existe
   B. presentación de los elementos que afectan la situación
   C. presentación del problema en sí
II. Cuerpo del texto
   A. presentación del primer subfactor, con apoyo específico, relacionándolo siempre con el problema
   B. presentación del segundo subfactor, etc.
III. Conclusión
   A. nueva presentación del problema
   B. apoyo por medio de factores asociados ya presentados
   C. sugerencias para mejor entender o examinar el problema

A continuación aparece un breve artículo sobre un astronauta español. En el margen marque con letras y números la organización interna, subrayando las palabras claves que identifiquen cada idea central.

De Madrid al cielo
Luis de Zubiaurre

Pedro Duque, madrileño de 31 años, está acostumbrado a estar en lo alto. Durante el bachillerato los sobresalientes eran la norma, y acabó la carrera de ingeniería aeronáutica como segundo de su promoción. Cuando se presentó a las pruebas de selección para seis puestos de astronauta, el reto parecía insalvable: hubo de competir con 6.000 candidatos, 600 de ellos españoles. Pero al fin lo consiguió el 15 de mayo de 1992.

Ahora es astronauta de la Agencia Europea Espacial (ESA) pero sabe que la aventura espacial no se encuentra en su mejor momento. El final de la Guerra Fría y la crisis económica han supuesto drásticos recortes en los presupuestos espaciales. Por su parte Pedro Duque, que ya lleva más de un año en Rusia, está viviendo en directo la conversión de la economía rusa en algo más real. Las industrias de armamento y del espacio sufren los embates de los recortes, lejos de la grandiosidad pasada. Este astronauta, el más joven entre los europeos, ve con preocupación la situación del campo espacial en España:

—España estuvo entre los países del pelotón de cabeza de la ESA hace unos años; tenía una contribución decente y una industria presentable. Pero ahora los recortes son muy importantes y me da la impresión de que cada vez se cuenta menos con España.

La situación de distensión entre americanos y rusos, y las dificultades pecuniarias impulsan una cooperación cada vez más estrecha en el espacio. El primer gran proyecto conjunto será la estación internacional Alpha. Esta plataforma científica, que se piensa empezar a ensamblar en el espacio en 1997, es un proyecto conjunto entre estadounidenses, rusos, europeos, canadienses y japoneses. Además las áreas de trabajo de los dos grandes son compatibles: EE.UU. tiene gran experiencia en la lanzadera espacial y en llevar grandes cargas al espacio; Rusia es la experta en estaciones espaciales y en mantener hombres en órbita.

Pedro Duque cree que los europeos pueden hacer un nexo de unión en la colaboración: «Por mucho que hablen, los americanos y los rusos todavía están distantes. A la gente que manda en los dos países la educaron desde pequeña a odiar al contrario. Las posturas no cambian de un día para otro y los europeos debemos ser la argamasa que una ese edificio».

(*Cambio 16*, diciembre de 1994)

Ejercicio 5: Editores en colaboración

Una vez que usted tenga un borrador provisional de su propio ensayo, intercambie su redacción con otra persona en la clase. Busque los siguientes elementos y llene los espacios en blanco.

1. ¿Identificó el/la escritor/a la situación tal como es?

    _____ No.

    _____ Sí, pero no está muy claro.

    _____ Sí, pero no parece muy relevante.

    _____ Sí, está muy claro.

2. En breves palabras, ¿cuál es la situación?

    _____

    _____

    _____

3. ¿Cuál es el problema que identificó el/la escritor/a?

    _____ No se puede identificarlo.

    _____ Se puede identificarlo, pero no está muy claro.

    _____ Se puede identificarlo, está muy claro, pero no tiene una relación muy directa a la situación.

    _____ El problema está claro y es relevante.

4. ¿Cuáles son los elementos identificados por el/la autor/a? En una escala de **1** (muy apropiado) a **5** (poco apto), indique para cada subfactor su nivel de claridad e importancia.

	claridad					importancia				
subfactor #1:	1	2	3	4	5	1	2	3	4	5
subfactor #2:	1	2	3	4	5	1	2	3	4	5
subfactor #3:	1	2	3	4	5	1	2	3	4	5
subfactor #4:	1	2	3	4	5	1	2	3	4	5
subfactor #5:	1	2	3	4	5	1	2	3	4	5

Ejercicio 6: Autoeditor/a

Lea con cuidado los comentarios que su compañero/a de clase hizo en la sección anterior, «Editores en colaboración». Estos comentarios le servirán a usted para pulir su trabajo escrito. Después de leerlos, indique según su propia perspectiva si cada componente está presente y claro.

1. ¿Está claro y es importante para la situación?

2. ¿Está claro y revela un aspecto significativo para el problema descrito?

3. ¿Están claros y bien conectados a todos los elementos que usted identificó en el cuerpo del trabajo escrito?

4.   ¿Aparece otra vez el problema en la conclusión?

5.   ¿Aparecen otra vez los factores que contribuyen al problema o que lo producen?

6.   ¿Se ofrecen sugerencias para mejorar la situación que se identificó a comienzos del ensayo?

Ahora lea su composición **en voz alta** *para ayudarle a identificar errores de ortografía, acentuación, sintaxis y organización de información.*

Al público

El texto que aparece a continuación pretende ofrecer a su público consejos sobre los hornos de microondas y cómo pueden ayudar en la preparación de comidas saludables. Se ha suprimido todo tipo de formato más allá de la oración completa.

EJERCICIO TAMBIÉN
EN EL MICRODISQUETE

Ejercicio 7: El formato

¿Cómo lo separaría usted en párrafos para publicarse en una revista popular? (Marcar con ¶) ¿Puede encontrar una foto para complementar la presentación? ¿Qué escribiría como breve texto para explicar la foto? ¿Qué título inventaría para anunciar el informe? Invente también otro consejo de su propia experiencia utilizando este aparato, y luego escriba una conclusión adecuada para la totalidad. Prepare su presentación en otro papel para entregársela a su profesor/a, o para fijarla en el tablón de anuncios.

1.   [Incluya una foto, o una descripción detallada de una foto, para acompañar el artículo.]

2.   [Prepare un texto para acompañar la foto.]

_____

_____

_____

_____

3.   « _____ » [Escriba un título adecuado e interesante para este artículo.]

¿Sabía usted que los hornos de microondas conservan mejor las vitaminas C y B que los métodos de cocción tradicionales? De hecho, según se ha podido comprobar, el contenido vitamínico de un plato después de su preparación en el microondas oscila entre el 75 y el 90 por ciento, frente a un 50 por ciento si se utiliza olla a presión, y un 18 por ciento si se cocina en cazuela normal. Hasta que se haya familiarizado con el microondas, es preferible calcular menos tiempo hasta acertar con el punto de cocción de los alimentos, así que se sequen o deshidraten. Es preferible descongelar los alimentos en el microondas porque, al necesitar menos tiempo, éstos conservan íntegras todas las cualidades nutritivas, su buen aspecto y las condiciones higiénicas, pues se impide la formación de las bacterias que suelen aparecer en los largos períodos de descongelación, estropeando los alimentos. Para descongelar el pan en los microondas que poseen sensor de humedad es conveniente envolverlo con papel absorbente de cocina. De esta manera, durante el proceso de descongelación, la humedad que desprende el pan es absorbida por el papel y, tras un reposo de unos segundos, la humedad del papel vuelve al pan, que queda en su punto. Si va a preparar carne en el microondas, conviene deshuesar antes las piezas, pues los huesos provocan una cocción irregular. Todos los vegetales y frutas enteras —papas, tomates, berenjenas— deben pincharse con un tenedor para que no estallen.

(*Más*, marzo de 1993)

4.   [Dé otro consejo para el buen uso de hornos de microondas, y marque con una cruz + dónde se debe introducir en el texto, o introdúzcalo directamente en la nueva versión.]

_____

_____

_____

_____

5.   [Escriba una conclusión adecuada para la presentación entera.]

_____

_____

_____

_____

CURIOSIDADES DE CULTURA Y LENGUAJE
Compound Words in Spanish

Unlike Spanish, English habitually combines nouns to make new nouns or noun phrases. Everyone is now used to English composites like 'drug runner' (**drogatraficante**), 'manslaughter' (**homicidio impremeditado**), 'handbook' (**manual**) and 'a significant other' (**un ser querido**). Some argue that this tendency has gotten rather too exuberant with its 'software,' 'hardware,' and even 'warmware' or 'wetware' (the human operator) and 'vapor-

continued

ware' (computer programs with a decidedly brief life span). Isaac Azimov, the famed author of science and science fiction, is said to have once threatened that if he heard one more 'input' or 'output' he would 'upget' and 'outwalk.'

In Spanish two words can be paired directly only if they are a noun and an adjective: **programa educativo** (educational program), **hijo adoptivo** (adopted child), or **madre sustituta** (surrogate mother). Don't forget that Spanish may already have a one-word term sufficient to handle our seemingly compound idea: **socio** (business partner), **cenicero** (ashtray). If it's a matter of possession or some other logical relation, a clause with **de, para,** or another preposition must be used: **comida para mascotas** (pet food), **cheques de viajero** (travelers' checks), and **reglas sobre traíllas para mascotas** (leash laws).

Adjectives may sometimes be combined with a hyphen, although this is rather less common in Spanish: **Apareció en Suramérica en las últimas décadas un nuevo orden socio-económico.** Note that in this case only the very last segment shows agreement of number and gender: **Resaltan en los «Episodios nacionales» de Galdós factores político-históricos.**

There are many common words in Spanish that are combinations of a verb and a noun. Note that they are always masculine and that the same form is used for both singular and plural:

> **el/los tocadiscos   el/los rascacielos**

Terms like these sometimes suggest a certain informality of speech and are sometimes playful or even irreverent coinages: calling a **dentista** a **sacamuelas** is humorously old-fashioned, while calling a **médico** a **matasanos** is downright distrustful.

Ejercicio 8

Can you guess the meanings of the following words?

cortacéspedes	matasellos
cortaúñas	parabrisas
cuentagotas	paracaídas
cuentakilómetros	parachoques
espantapájaros	pararrayos
fijamárgenes	parasol
girasol	pésame
guardabosques	quitamanchas
guardacostas	rompecabezas
hazmerreír	rompehielos
limpiaparabrisas	sacacorchos
marcapasos	sacamanchas
matafuegos	sacapuntas
matamoscas	saltamontes

See if you can find any other compound words in Spanish that follow this pattern and share them with the class.

CAPITULO 7

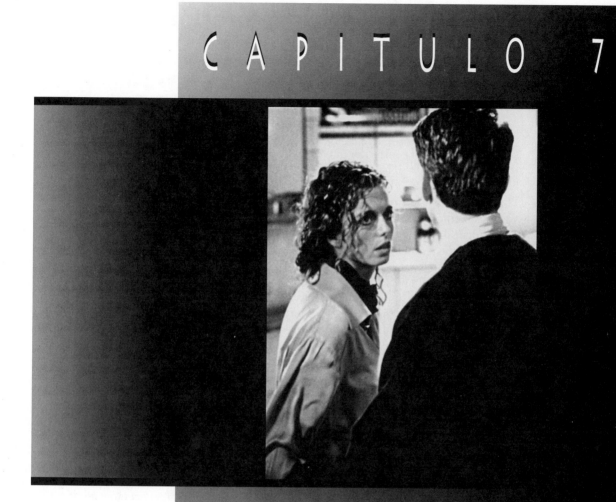

La amistad y
las relaciones

• • •

117

Conversación y exploración

Introducción al tema

Las primeras relaciones emocionales en la vida vienen casi automáticamente; son nuestros padres y hermanos y primos y toda una gama de parientes que nos aceptan como un bebé adorable. Lógicamente, como criaturas llegamos a creer que somos el centro del universo, pero después de aprender lo que es la verdad nos cuesta caro. Luego, mientras vamos madurando, se complican aun más las cosas.

Las relaciones que iniciamos cuando somos jóvenes hacen surgir, ya sentimientos profundos y risueños, o tristes. En el proceso de establecer nuestra identidad, expresamos la simpatía que sentimos por los que están más cerca del corazón. Amigos y amigas forman lazos emocionales que van de simples intereses románticos a noviazgos formales. El arte en todas sus formas —novelas, poesía, canciones, cuentos, telenovelas, escultura y pintura— celebra el amor como uno de los aspectos más nobles y valiosos de la experiencia humana. Y los altibajos que todos sufrimos en este campo no se limitan al amor en sí, sino también abarcan los lazos familiares y los de la simple amistad.

Estos altibajos pueden parecernos graves en el momento en que ocurren, pero con el pasar del tiempo podemos reírnos de los tropiezos inocentes que hacemos al explorar nuestro entorno emocional. Este capítulo nos invita a compartir nuestras percepciones e intuiciones sobre lazos emocionales y a escribir sobre parte de la experiencia que hemos ganado.

Actividad 1: Las intuiciones sobre el amor

A base de las frases a continuación, tome apuntes para concluirlas según sus propias intuiciones. Luego en parejas o grupos pequeños, comparen sus respuestas con las de sus compañeros de clase. (Algunas de estas hipótesis requieren el subjuntivo en su conclusión.)

1. Lo bueno de salir en una cita con un/a nuevo/a compañero/a es que...

2. En el futuro espero encontrar a un/a compañero/a que...

3. Para mi el momento más romántico del día es...

4. La comida que me recuerda más mis tiempos felices de la niñez es...

5. Ahora la comida o bebida que más asocio con un encuentro romántico es...

6. Cuando estoy pasando tiempo con un/a posible novio/a, no me gusta que...

Actividad 2: La comunicación secreta

En la novela Como agua para chocolate, *Laura Esquivel escribe de una joven, Tita, cuya madre le ha prohibido casarse con el amor de su vida, Pedro. A pesar de la vigilancia de su mamá, Tita aprende a comunicarle su amor a Pedro por medio de sus deliciosas recetas mexicanas.*

En grupos pequeños, organicen planes para una cena romántica con toda la secuencia de preparativos y platos que se van a servir. ¿Qué clase de música habrá? ¿Que clase de flores, de decoraciones o de otros detalles sugestivos para establecer el ambiente? Al final presenten sus planes a la clase entera.

Yo, *Francisco Javier*
Reafirmo mis sentimientos ante Dios,
ante los hombres, ante mí mismo
uniéndome con amor y para siempre a...

Sanjuanita
Ahora soy la novia,
mañana la esposa,
después la madre.

Los dos buscamos la comprensión y la felicidad con la gracia de Dios
y queremos hacerles partícipes de nuestra dicha
el día 8 de julio de 1993
a las 7:00 de la noche en la Iglesia San Pío X.

Nuestros Padres:

Guillermo H. Garza (finado)   *Prof. Martín Tejada Mata*
Eva Guzmán Vda. de Garza   *Julia Sánchez de Tejada*
Ciudad Reynosa, Tamps.   *Julio de 1993*

Agradeceremos su presencia después de la ceremonia
religiosa en el casino U.S.E.R.S.

Daniel Martínez Velasco   *Claudio Marichal Acha*
Obdulía Martín Arundel-Terrones

Participan en el enlace de sus hijos

Amparo y Efrén

y tienen el gusto de invitarles a la ceremonia religiosa que se celebrará (D.m.),
el martes 30 de abril, a las ocho de la tarde, en la
Parroquia de San Jerónimo El Real (Moreto, 4), y la cena
que se servirá a continuación en el Hotel Meliá Castilla (Capitán Haya, 43)

Arturo Soria, 18   *Profesor Waksman, 33*
Teléf. 487 25 97   *Se ruega contestación*   *Teléf. 553 95 33*
28027 Madrid   *abril, 1991*   *28036 Madrid*

Actividad 3: Antes de leer

La lectura que sigue, «Para glotones», es una reseña de la novela, no de la película,
Como agua para chocolate. *El autor anónimo de la reseña expresa su admiración por
el libro, como obra literaria, en términos tales como estos:*

«no son gran cosa desde el punto de vista literario»
«decorosamente escritas»
«ingeniosas, agradables y refrescantes»
«lenguaje sencillo y sin mayores pretensiones»
«la originalidad... está en la organización»

*Mientras usted lee la reseña, busque otras expresiones que expresen un juicio por parte
del autor sobre si se trata de una obra realmente buena y original. Apúntelas en los
renglones.*

_____

_____

_____

_____

Para glotones. Llegó por fin a las librerías la novela que acapara la atención de los lectores en toda América Latina.
Como agua para chocolate, por Laura Esquivel

A veces ciertas obras no son gran cosa desde el punto de vista literario, pero están decorosamente escritas, son ingeniosas, agradables y refrescantes. Tal es el caso de *Como agua para chocolate*, de la mexicana Laura Esquivel, novela que se publicó en 1989, fue en 1990 el libro de más venta en México y por mucho tiempo encabezó la lista de los más leídos en varias capitales latinoamericanas.

Esquivel cuenta, en un lenguaje sencillo y sin mayores pretensiones literarias, una historia de amor desdichado que tiene lugar en una hacienda mexicana en los años de la Revolución. La protagonista y amante desafortunada es una excelente cocinera, que conoce y utiliza los secretos de la vida y del amor a través de la cocina. Esquivel otorga a este arte dones de magia que desafían el rigor de las leyes de la naturaleza y la realidad.

La originalidad de *Como agua para chocolate* está en la organización que se le da al desarrollo narrativo. La obra lleva un subtítulo que rememora las costumbres decimonónicas: «*novela de entregas mensuales con recetas, amores y remedios caseros*».

Así, está dividida en 12 capítulos, que corresponden a los meses del año. Cada uno de éstos se abre con una receta de la cocina tradicional mexicana; se proporcionan los ingredientes y, a lo largo del capítulo, entre drama y suspiro se dan explicaciones sobre la preparación.

La fórmula es ingeniosa, pues se atrapan a un tiempo la atención y el estómago del lector, el cual, mientras lee, sueña con los chiles en nogada, chapandongo, el caldo de colita de res y varias delicias más.

Esquivel tiene imaginación y su escritura es fresca y agradable, todo lo cual garantiza al lector un rato muy ameno y unas ganas locas de salir corriendo a tomarse una tequila.

(*Semana*, octubre de 1993)

Actividad 4: Después de leer

Lo que el autor de la reseña sí admira en Como agua para chocolate *son las recetas que le inspiran tanto interés—y tanta hambre. ¿Cuáles son algunas de las expresiones de aprobación y placer que él asocia con las recetas y descripciones de comida?*

_____

_____

_____

Actividad 5: ¿Cómo «rompes el hielo» al conocer a gente nueva?

A veces lo más difícil para llegar a conocer a la gente nueva es simplemente comenzar una conversación. Algunos tienen su frase favorita como «Estás en buenísima condición física—¿Eres atleta?» u otra estrategia. En grupos pequeños o parejas (del mismo sexo, si es posible), organicen una lista de recomendaciones para iniciar una conversación que tenga cierto tono romántico.

_____

_____

_____

_____

_____

_____

_____

_____

Actividad 6: Antes de leer

La lectura de «La máquina de LIGAR» trata del proceso de salir a «pescar» o a buscar un/a nuevo/a novio/a. (En España, se usa «ligar» casi como «hook up» o «pick up» en inglés.) El medio de comunicación es electrónico y se llama Night Net, *así en inglés para parecer más tecnológicamente avanzado, y quizá un poco exótico. Antes de leer el artículo, busque rápidamente otras palabras en inglés y apúntelas en los espacios en blanco que siguen.*

_____   _____

_____   _____

La máquina de ligar

En seis pubs madrileños ya se puede ligar a distancia. Por medio de un sencillo ordenador hasta la persona más tímida puede contactar con su pareja.

Ligar en el anonimato con un hombre y una mujer. Decirle palabras a un chico o una chica que nadie se atrevería a manifestar cara a cara sin ruborizarse. Mantener conversaciones a través de una pantalla de ordenador mientras se toma una copa en un pub. Eso ya es posible en este país gracias a *Night Net.*

Desde hace unos meses, seis discopubs del barrio de Moratalaz, Madrid, están interconectados con terminales del *Night Net,* la red nocturna. Por las tardes y noches, especialmente los fines de semana, grupos de chicas y chicos se arremolinan en torno a estos aparatos en cualquiera de estos pubs de nombres tan exóticos como Eleste, Shark y Akuarium. Su aspecto es similar a las máquinas de marcianitos, pero en vez de botones de control o *joystick,* se gobiernan mediante un teclado de ordenador. Eso sí, convenientemente protegido para que una copa derramada no arruine los circuitos.

Con una moneda de 20 duros el usuario puede conversar con cualquiera de los cinco locales restantes durante siete minutos. A su llamada, la máquina del local escogido destella. Y entonces comienza la conversación, tecleando los mensajes en la pantalla.

—Los fines de semana la máquina es la sensación de los pubs—explica Francisco Javier Renedo, introductor de este sistema en España y socio de los discopubs—. Yo sé de varios clientes que se han conocido a través del *Night Net.*

Los usuarios van desde los 16 a los 40 años. Pero hay dos tipos de público predominantes: «Primero está el típico hombre solo y tímido, que no sabe cómo acercarse a una chica. Y también grupos de chavales y chavalas, que son los más lanzados».

Las conversaciones suelen ser de tono subido: «A veces dicen burradas inmensas; la distancia y el anonimato ayudan. Predominan las charlas picantes. La gente se desinhibe porque sabe que el otro interlocutor no le está viendo», indica Renedo.

Muchas veces la conversación termina en cita, habitualmente en uno de los dos locales desde donde se ha producido el contacto. Pero alguna vez la timidez es insalvable y el interlocutor se esconde entre el resto del público.

Hasta el momento, la máquina no ha provocado problemas, a pesar de las cosas que se llegan a escribir. «Los que llevamos los locales siempre estamos atentos a lo que escribe la gente: siempre hay alguien que podría utilizar el *Night Net* para difundir mensajes con contenidos ofensivos o ilícitos».

(*Cambio 16,* 30 de mayo de 1994)

Actividad 7: Después de leer

La descripción de esta innovación social se concentra en tres áreas: el proceso de comunicación en sí y los participantes más audaces y menos audaces. Trate de sacar de la lectura vocabulario y frases utilizados según cada categoría.

la comunicación	más audaces	menos audaces
mensajes	burradas inmensas	tímido

_____   _____   _____
_____   _____   _____
_____   _____   _____
_____   _____   _____
_____   _____   _____

Actividad 8: Lo que los otros deben saber...

Todos sentimos que hay ciertos asuntos asociados con las relaciones personales de los que no se habla lo suficiente en nuestro círculo social. Ya sean éstos de índole seria o cómica, no vendría mal invitar a alguien que haya hecho investigaciones, o que haya sido consejero en ese asunto para ofrecer una presentación pública para todos.

1. En una lista, cada uno debe apuntar por lo menos cuatro asuntos que merezcan una presentación o una discusión pública.

   _____

   _____

   _____

   _____

2. Ahora en grupos pequeños, lean todas las opciones y decidan entre todos cuál sería la más apta para desarrollarse en una presentación formal. Identifiquen tres o cuatro áreas grandes dentro del tema general (como las que se establecieron para el artículo «La máquina de ligar» en la Actividad 7).

   _____

   _____

   _____

   _____

   Con cada área o categoría, sugieran algunas palabras o frases que pueden asociarse con ese aspecto.

   _____   _____   _____
   _____   _____   _____
   _____   _____   _____
   _____   _____   _____
   _____   _____   _____
   _____   _____   _____

3. Finalmente, colaboren en diseñar un dibujo que represente los tres aspectos del tema que escogieron. Las tres áreas deben representarse en tres círculos con líneas que indiquen ideas afines o relacionadas. Cuando una idea se relaciona con más de un aspecto, pongan líneas para mostrar las conexiones múltiples. Antes de comenzar, miren el ejemplo que aparece a continuación y estudien las palabras en la lista correspondiente.

¡No lo pago todo!

preocuparse por el precio de una cita disminuye el placer

una pareja necesita aprender a compartir todo, incluso los gastos de salir en una cita

hablar de asuntos prácticos mejora una relación

IDEAS ASOCIADAS PARA COLOCAR EN EL DIBUJO

actividades que no cuestan	hacer ejercicio	$ de cena
anunciar limitaciones	hacer planes concretos	$ de gasolina
caminar	mirar televisión	$ de película
espontaneidad	pedir $ prestado	¿?
estudiar juntos	selección de actividades	¿?
expectativas/papeles sociales	tiempo juntos	¿?
guardar secretos	tomar decisiones juntos	

Ahora hagan su propio dibujo sobre el tema que seleccionaron antes.

Actividad 9: Presentaciones orales

Basándose en las notas que ha tomado, usted puede anunciar su tema al grupo e informarle cómo lo organizó de acuerdo con los aspectos internos. Si se lo pide su profesor/a, dé su presentación como si usted fuera el experto invitado para informar al público sobre este tema.

Composición y concreción

Metas de exposición: La argumentación, etapa 3

En el Capítulo 4 empezamos la presentación persuasiva (argumentación). En este capítulo usted va a

- presentar una argumentación basada en la organización de los problemas subyacentes
- hacer una redacción que presente más de un punto de vista y hacerla de una manera objetiva (no preparar simplemente una lista de componentes)
- sobre todo, incluir *una perspectiva más allá de sus propios sentimientos* en cuanto a las amistades y a las relaciones

Posibles temas de la redacción

1. Recomendaciones (como para un consultorio sentimental) para una relación que pueda durar toda una vida.

2. Un ensayo que explore cuáles son los varios puntos de vista sobre el quedarse soltero/a. Sondee también los problemas y beneficios.

3. Un folleto que presente algunas de las señales de alarma que indiquen que habrá problemas en una relación.

4. Un ensayo sobre en qué consiste el «coqueteo». ¿Cuándo es apropiado coquetear? ¿Desempeña una legítima función social?

5. Un ensayo analítico que incluya un análisis de un primer enamoramiento— con una buena descripción del estado emocional de los dos protagonistas centrales.

6. Un análisis y consejos para los recién divorciados o separados. ¿A qué aspectos deben prestar atención para evaluar su situación, no despreciando su nueva condición de soltero ni rechazando de antemano la posibilidad de una nueva relación amorosa?

7. Una evaluación de un amor maduro entre ancianos. Puede abarcar los cambios en su modo de tratarse tras largos años de convivencia.

8. Otro tema, después de consultarlo con su profesor/a.

Ejercicio 1: Ensayo al instante

Refiriéndose a los temas y géneros anteriores, escriba en una hoja de papel o en una tarjeta sobre uno de ellos <u>durante tres minutos</u> sin preocuparse por la organización de la idea central. No se preocupe por la ortografía ni la gramática en este momento. ¡Siga escribiendo! Su profesor/a le avisará cuando hayan pasado los tres minutos.

1. Después de estos tres minutos, lea para sí mismo/a lo que usted tiene escrito. Subraye la(s) frase(s) que usted considere la(s) más interesante(s) o acertada(s).

2. Tome otra hoja de papel o tarjeta y comience de nuevo. Repita el proceso encabezando la tarjeta con la(s) frase(s) más acertada(s) de la previa versión, otra vez sin preocuparse por la gramática ni las palabras exactas. Los términos y expresiones desconocidos su profesor/a o la investigación propia se los solucionará más tarde.

3. Ahora formen grupos de tres o cuatro y léanse mutuamente lo que tienen escrito, anunciando antes de comenzar las frases que cada uno subrayó

como claves para sus apuntes. Acto seguido lea su párrafo completo y cada
uno de los oyentes tiene que ofrecer sus perspectivas personales sobre
ideas afines, conceptos asociados o preguntas que se le ocurran.

Ejercicio 2: Antes de leer

Esta reseña de Como agua para chocolate *se ocupa de la película, y no de la novela
que le dio origen. Haga una lista de los aspectos que normalmente se tratan en la reseña
de una película. Luego mientras se lee el artículo, marque con una X los puntos que el
autor trata y añada otros que no se le ocurrieron a usted al principio.*

_____

_____

_____

_____

_____

_____

_____

_____

_____

_____

Como agua para chocolate

Una película mexicana se está con-
virtiendo en un fenómeno cultural en todo el mundo.

(1)   *Como agua para chocolate* es, sin duda, un
título raro. Se refiere a una analogía emocional y sexual de ese punto en que hierve el
agua antes de que se le eche el chocolate. Y tal
vez en esto radica parte del monstruoso éxito
que han tenido tanto la novela como la película que llevan este nombre. La combinación
del sexo con la comida es una fórmula original
y estos son los dos elementos que se entre-
lazan en la obra de principio a fin.
(2)   Es una historia costumbrista sobre los
matriarcados mexicanos. Comienza con una

mujer picando cebolla. El llanto que este proceso le produce la hace recordar de las recetas
de su tía abuela Tita, quien nació en 1910 en
una mesa de cocina —su madre dio a luz cor-
tando cebolla—. Desde ese momento la película se traslada a principios de siglo para
evocar una gran historia de amor en tiempos
de la Revolución Mexicana. Pedro Muzquiz
y Tita de la Garza se enamoran profundamente, pero encuentran un inconveniente:
cuando Pedro pide la mano de Tita, la madre
de ésta, María Elena, la niega por la sencilla
razón de tratarse de su hija menor, quien,
según la tradición familiar, debe permanecer

continúa

soltera en la casa para dedicarse exclusivamente a cuidar la vejez de su progenitora. Sin embargo, María Elena le ofrece como alternativa a su hija mayor, Rosaura, que estaba algo «quedada». Y Pedro, sin estar enamorado, pero para vivir en el rancho de la familia al lado de su amada Tita, decide contraer este matrimonio.

(3)   *Como agua para chocolate* es una historia de amor prohibido. Como los protagonistas son cuñados y no amantes, tienen que limitarse a expresar sus sentimientos a través de la comida. A cambio de la comunicación sexual recurren a la comunicación culinaria.

(4)   Si lo anterior suena bastante parecido al mundo de García Márquez, no es una coincidencia. La autora de la novela, Laura Esquivel, es una admiradora del realismo mágico del Nóbel colombiano. Si Remedios la Bella sube al cielo como la Virgen María en *Cien años de soledad*, ¿por qué no se va a poder hacer el amor a través de un intercambio de suculentos platos entre dos enamorados?

(5)   Desde cuando apareció en México, la novela fue un éxito inmediato. Ha sido traducida a varios idiomas y, arrastrada por la película, ha figurado en la lista de los *bestsellers* en Estados Unidos y en varios países europeos. *Se basa en el uso de las emociones para transmitir la esencia de la vida*—afirma Laura Esquivel—. *Lo racional es sólo una parte de la vida; pero lo único importante es el amor.*

(6)   Ante el éxito del libro se decidió hacer la película. Como la obra era esencialmente una historia femenina, se pensó inicialmente en una directora. Pero éstas en México no abundan. Por ello se optó, finalmente, por el director Alfonso Arau que, no por coincidencia, era el marido de la escritora. Como dato curioso, las recetas de cocina sobre las cuales se basó la película *Como agua para chocolate* eran las de su madre y de su abuela en la vida real.

(7)   Arau y su esposa, trabajando en llave, decidieron jugarse el todo por el todo en el proyecto. El cine azteca produce alrededor de 100 películas al año, cuyos presupuestos no superan casi nunca los 200 mil dólares. Por contraste el costo promedio de una producción estadounidense es hoy en día de 30 millones de dólares y, como si esto fuera poco, tiene el requisito de que debe ser en inglés. El matrimonio decidió ensayar una fórmula intermedia: una producción en español con un presupuesto de dos millones de dólares. Es decir, 10 veces más que el costo de cualquier película mexicana contemporánea.

(8)   Ni en sus sueños más remotos pudieron imaginarse el éxito que había de tener lo que inicialmente no era más que una aventura. En Estados Unidos ya hacia finales de 1993 había producido más de 17 millones de dólares, cifra que la convierte en la película hispana más taquillera de todos los tiempos. Aunque todas estas cifras son insignificantes frente a los 347 millones de *Jurassic Park*, constituyen nuevos récords en materia de cine internacional en Estados Unidos.

(9)   A qué se debe tanto éxito, es difícil determinarlo. El libro es ameno, pero no magistral. Casi todo el mundo está de acuerdo en que es uno de los pocos casos en que la versión cinematográfica supera a la versión escrita. El filme, con sus ingredientes de amor y comida, es lo que se podría denominar una película de mujeres. No obstante, para el público cineasta educado en *Terminator* y *Robocop*, una historia de amor platónico que se desarrolla en medio de una cocina, no es un banquete tan suculento, pero sin duda alguna es una obra de gran calidad. Marca un hito no sólo en la historia del cine mexicano sino en la del español y confirma que todavía hay en el mundo un elemento más universal que la violencia: el amor.

(*Semana*, 26 de octubre de 1993)

Ejercicio 3: Después de leer

El escritor hace su reseña más viva empleando unas cuantas expresiones idiomáticas. Vuelva a leer el ensayo buscando equivalencias en español para las siguientes expresiones.

from start to finish   _____

left over   _____

what started as a whim   _____

working in tandem   _____

to risk everything at once   _____

as if that weren't enough   _____

not in their wildest dreams   _____

Ejercicio 4: Analizar estructura

Esta escritora de revista sabe señalar muy bien sus temas principales en cada párrafo. Identifique la frase que mejor exprese la idea clave en cada párrafo numerado en la lectura.

1. La combinación del sexo con la comida es una fórmula original _____
2. _____
3. _____
4. _____
5. _____
6. _____
7. _____
8. _____
9. _____

Ejercicio 5: Analizar el público implícito

La autora de la reseña sobre Como agua para chocolate *indica que el público para la película podría ser identificado más bien como uno de mujeres: «El filme, con sus ingredientes de amor y comida, es lo que se podría denominar una película de mujeres». Pero, ¿para quiénes es la reseña? Marque con una X las posibilidades que usted aceptaría de la lista, y añada por lo menos una o dos más.*

_____ 1. historiadores de cine mundial

_____ 2. críticos de literatura

_____ 3. sociólogos de la condición de la mujer en México

_____ 4. expertos en el marketing de películas

_____ 5. cocineras

_____ 6. niños a quienes les gusta pasar tiempo en la cocina con sus mamás

_____ 7. _____

_____ 8. _____

Ejercicio 6: Lazarillo de temas

En parejas, vuelvan a tomar nota de los temas iniciales de esta sección y de los temas adicionales explorados en los «Ensayos al instante» que todos acaban de realizar.

1.   Escriban una lista de otros temas posibles que no se hayan mencionado en este texto. Pasen en limpio esta lista de posibilidades que la clase debe considerar y escríbanlas en la pizarra.

2.   Con los nuevos temas apuntados en la pizarra, discutan entre todos los destinatarios implícitos, y qué tono sería el más apropiado para ellos. Piensen en lo específico del público, el propósito, el tono y la forma retórica.

3.   Después de terminar esta serie de actividades, fijen las nuevas opciones para su redacción en el tablón de noticias de la clase o en otro lugar público.

Ejercicio 7: Realización del borrador

Basándose en la exploración de temas, haga un primer borrador para su proyecto escrito. Al principio de su proyecto marque el número del formulario de evaluación que mejor corresponda a lo que ha escrito. Al traer este borrador a clase, hay que tener preparados:

1.   la frase que contenga la tesis en MAYUSCULAS

2.   en una lista escrita en el margen, el vocabulario clave sobre el asunto tratado

3.   la frase temática subrayada en cada párrafo/sección

También hay que explicarles a sus compañeros de clase:

4.   quién es el público

5.   cuál es el propósito de lo escrito (persuadir, informar, explicar, criticar, describir, entretener, comparar)

6.   en dónde podría aparecer este texto: en un periódico (artículo, anuncios por palabras, consultorio sentimental o editorial), revista, encuesta, tablón

de noticias, cartel, folleto, carta personal, diario particular o en un trabajo académico

Ejercicio 8: Autoeditor/a

1. Sin consultar el primer borrador que escribió, apunte en otra hoja la tesis o concepto central que pretende defender en su informe.

2. Ahora mire su borrador para encontrar y subrayar ese concepto central; puede ser que no se encuentre en una sola frase pero sí tiene que quedar claro y conciso. Si no lo puede señalar textualmente, tendrá que precisarlo más.

3. Luego trace rayas y flechas para señalar las conexiones entre las pruebas o casos que apoyen ese concepto central. Cada párrafo en sí debe contener un solo punto principal y el apoyo pertinente. ¿Se presentan estos puntos en una forma rigurosamente objetiva?

4. Acto seguido marque con un círculo dónde y cómo se incluye una perspectiva crítica o contraria a la posición que pretende mantener.

5. En el borrador, apunte en breves palabras la lógica implícita en la secuencia en que se presentan los datos informativos. ¿La conclusión se relaciona adecuadamente con la introducción?

6. Prepare un nuevo borrador que encierre las modificaciones que surjan de este proceso. Después de realizarlas, vuelva a repetir una vez más los pasos de 1 a 5.

EJERCICIO TAMBIÉN EN EL MICRODISQUETE

Ejercicio 9: Organización de ideas

Esta composición sobre los estereotipos aplicados a las coquetonas fue obra de una estudiante norteamericana. Representa un buen esfuerzo, pero vacila un poco en cuanto a la organización y secuencia de ideas. Lea la selección y luego conteste las preguntas al final.

Aviso para los hombres:
¡Las coquetonas no son bobas!

Las palabras «coquetón» y «coquetona» son iguales aparte del género, pero en nuestra sociedad tienen definiciones y connotaciones completamente distintas. Una encuesta pública para cada palabra manifestó que los adjetivos estaban separados en sus asociaciones según el género indicado. Sobre todo, el coquetón resultó ser considerado un tipo astuto, mientras que la coquetona era una boba.

Algunas definiciones eran comunes entre los dos términos. En primer lugar tanto los coquetones como las coquetonas son siempre abiertos y un tanto descarados. Pare-

continúa

---

cen tener mucha confianza en sí mismos. Al mismo tiempo son graciosos y amables en situaciones sociales, pero a veces con cierto aire de falsedad. Un coquetón o una coquetona puede hablar por horas sobre cualquier tema, con tal que él o ella mantenga la atención de sus oyentes.

Había un característica que los que contestaron la encuesta solamente aplicaron a las coquetonas. Se opinó que a estas mujeres les faltaba la inteligencia. Evidentemente cuando se piensa en las coquetonas se imagina una rubia con una sonrisa pintada. Por otra parte los hombres que coquetean son listos pero les gusta jugar con el sexo opuesto. ¿Por qué la única diferencia se refiere a la inteligencia? La respuesta se encuentra en nuestras revistas, películas y tradiciones sociales.

Muchas mujeres tienen miedo de crear una impresión de gran inteligencia por miedo de intimidar a los hombres. Por ejemplo, en *Sassy*, una revista norteamericana para adolescentes, apareció un artículo en el cual el autor advirtió que los niños prefieren que sus compañeras sean menos inteligentes. Para evitar posibles conflictos este escritor aconsejó a las chicas que escucharan lo que ellos dicen con una cara atenta pero sin decir mucho. Con consejos así que afirman «la boba» como lo ideal, fácilmente se explica por qué existen más coquetonas que ingenieras aeroespaciales.

La fuerte imagen que tiene la coquetona se debe también a la industria de la moda porque las modelos ganan cantidades de plata luciendo el cuerpo esbelto y una sonrisa vacua. Es verdad que un doctorado nunca será requisito para ser modelo, pero resulta que éstas son las mujeres más visibles y celebradas en nuestra sociedad. Es un signo alarmante que continuemos poniendo el énfasis sobre la cara y no la mente.

Don Juan representa el arquetipo del coquetón masculino, mientras que Loretta, el personaje precioso e infantil de «Cheers», es un fuerte ejemplo contemporáneo de la coquetona. El tenorio clásico es guapo y conquista a cualquiera. La mujer superguapa es alta, flaca y habla con la voz de una niña de siete años. Juzgando simplemente por las apariencias, la distancia entre ellos es obvia: la coquetona invariablemente es una boba. Además, la diferencia refleja el papel secundario dado a la mujer en nuestra sociedad.

1. Saque una lista de las tesis centrales en el ensayo y de las ideas subordinadas que apoyan estas tesis, y apúntelas aquí.

1ª Tesis: _____

   Apoyo: _____

_____

_____

2ª Tesis: _____

   Apoyo: _____

_____

_____

3er Tesis: _____

    Apoyo: _____

_____

_____

_____

2.   Ahora construya un esbozo más apto para expresar las ideas en esta composición. Agregue otros puntos de apoyo que se le ocurran a usted.

1er Tesis: _____

    Apoyo: _____

_____

_____

_____

2° Tesis: _____

    Apoyo: _____

_____

_____

_____

3er Tesis: _____

    Apoyo: _____

_____

_____

_____

Ejercicio 10: Ser editor/a.

Ahora, usted va a revisar una composición (o varias composiciones) de sus colegas. Hay formularios para evaluaciones en el Apéndice 1, formularios que corresponden a varios géneros literarios de ensayos. El autor debe haber apuntado en el encabezamiento de su proyecto escrito cuál es el formulario más indicado en su caso. Siga cuidadosamente los siguientes pasos.

1er Paso   La primera vez lea la composición simplemente prestando atención al contenido y a las ideas. No escriba nada hasta después de terminar esta lectura inicial.

2º Paso   Con sus propias palabras, trate de condensar en una sola frase la idea de lo que acaba de leer. Apúntesela al autor/a la autora en el margen al final del trabajo.

3er Paso   Basándose en un formulario del Apéndice 1, lea las explicaciones de una sola categoría en el formulario indicado. Marque el número de la nota que usted le asignaría para esta categoría, y explique sus razones en breves palabras. Repita el proceso para cada categoría, cada vez con las explicaciones pertinentes. No trate de aplicar todas las categorías a la vez. En el proceso de determinar la nota para una categoría de la hoja de evaluación, hay que indicar tanto aciertos como fallos en la composición para apoyar la nota aplicada.

4º Paso   Sugiera maneras para mejorar por lo menos dos categorías en las que usted haya indicado que hay debilidades de expresión y/o de organización.

5º Paso   Devuélvale al autor/a la autora su proyecto escrito con las sugerencias anotadas.

EJERCICIO TAMBIÉN EN EL MICRODISQUETE

Ejercicio 11: Modelo para la evaluación

La composición que aparece a continuación fue escrita por una estudiante universitaria. Siga los cuatro primeros pasos anteriores para la evaluación de esta composición para ver qué le recomendaría a la autora sobre la revisión de su ensayo. La evaluación se realizará según las indicaciones para «Capítulo 7, La argumentación, etapa 3» del Apéndice 1. El profesor ya ha hecho algunas sugerencias en el margen para mejorar el texto. ¿Puede usted añadir otros consejos marginales que ayuden a revisar la composición? (Todavía hay fallos de lógica o conexiones inseguras.)

1er Paso *Lea la composición sin escribir nada.*

La televisión como un modelo de comportamiento para los niños

Es obvio que los distintos individuos con sus distintas personalidades muestran un comportamiento aprendido [de sus padres y en la primaria°]. Sin embargo, hoy en día los psicólogos se han [cerciorado°] que nuestra generación, con la única excepción de dormir, pasa más tiempo mirando la televisión que en ninguna otra actividad. ¿Aprenden los niños su modo de portarse de la televisión también? [Otra vez los expertos dicen que sí.°] No sólo obtienen los muy jóvenes sus modelos personales de la televisión educativa, sino también de la televisión «entretenida», o cómica o violenta.°

[Los niños de todas las edades°] ven la televisión [como si fuera la vida verdadera.°] Aunque los personajes en los programas se parecen poco a los que ellos conocen, piensan que [así es como

*construcción no paralela
otro verbo*

*¿mejor conexión entre ideas?
la televisión en sí no es
  entretenida, etc.:
  expresar en otra forma
¿qué quiere decir «de todas
  las edades»?
utilice términos más
  concretos*

todo el mundo debe aparecer°] y por consiguiente quieren, por ejemplo, vestirse como ellos. Les gusta esa ropa caprichosa, las joyas y aun un vestuario que insinúa una actitud delincuente.° Es casi como si quisieran convertirse en parodias de sus mayores.

condensar o parafrasear

ofrézcale al lector unos ejemplos concretos
corregir «televisión violenta» como arriba

También estos menores miran [la televisión violenta°]. Se ven estas acciones en casi todo programa y les parece otro modelo de conducta. Aun cuando no llegan a ser violentos en sus acciones y emociones, [tienen°] una conducta agresiva. Debido a esta agresividad, a los muchachos especialmente les faltan amigos, y sus maestros dicen que no progresan en los quehaceres° académicos. Los psicólogos han descubierto que los que demuestran este tipo de comportamiento se inclinan a mirar, a solas, la televisión violenta, y así resulta un círculo vicioso: no tienen amigos a causa de su comportamiento, y así pasan más tiempo en casa mirando la televisión; [usan°] los modelos de ésta y los imitan en la clase donde ofenden y se aíslan de sus condiscípulos.

otro verbo más exacto

«quehaceres» son domésticos; mejor «tareas académicas»

otro término más exacto

Hasta cierto punto es normal que surjan personalidades diferentes. Aún los coetáneos se diferencian en cómo se portan, pero son semejantes en varios modos de compartamiento porque se les ponen a la vista las mismas [cosas°]. Es posible que la diferencia se relacione con un factor biológico, pero también puede depender en la exposición de los niños a las influencias que se les presenta en la televisión.

palabra débil

2º Paso *Condense la idea central del informe en una sola frase:*

_____

3er Paso
Categoría de la Hoja de evaluación: *Formulation of Position*

    Nota: _____

    Explicación de aciertos y fallos:

_____

Categoría de la Hoja de evaluación: *Information*

    Nota: _____

    Explicación de aciertos y fallos:

_____

Categoría de la Hoja de evaluación: *Comprehensibility & Cohesion*

    Nota: _____

    Explicación de aciertos y fallos:

_____

Categoría de la Hoja de evaluación: *Vocabulary & Syntax*

    Nota: _____

    Explicación de aciertos y fallos:

_____

_____

Categoría de la Hoja de evaluación: *Grammar & Mechanics*

    Nota: _____

    Explicación de aciertos y fallos:

_____

_____

4º Paso *Sugerencias para mejorar dos categorías:*

Categoría de la Hoja de evaluación: _____

    Sugerencias: _____

_____

_____

Categoría de la Hoja de evaluación: _____

    Sugerencias: _____

_____

_____

Ejercicio 12: Revisión del borrador

Ahora si su profesor/a se lo pide, lleve a cabo una nueva versión de este texto en otra hoja, puliendo los aspectos defectuosos, tanto los que llevan nota en el margen como los que le motivaron a usted para ofrecer las sugerencias en el 4º Paso.

Al público

Una de las maneras de averiguar la madurez de un ensayo es por la extensión de las oraciones. La exposición adulta en español suele expresarse no en series largas de frases cortas y telegráficas como en inglés, sino en oraciones completas bien desarrolladas, de veinte o más palabras para cada oración; la oración breve es una excepción, casi una sorpresa. He aquí el comienzo de un artículo sobre la historia del amor. Fíjese que hay sólo cinco frases, con un promedio de 18 palabras cada una.

El túnel de amor

Yolanda Aguilar

Cuando los griegos hablaban del amor no se referían al que nace entre hombre y mujer, sino al de hombre y hombre. Sus páginas más sublimes están dedicadas a la homosexualidad. Atenas fue mucho menos recatada que Esparta en mostrar su entusiasmo por él, a pesar de que los espartanos legalizaron y favorecían las relaciones entre sus varones. La mayoría de las primeras exaltaciones de las virtudes y vicios del amor se escribían en términos masculinos. Pero pronto la mujer ocupa su lugar en tan noble sentimiento.

(El artículo continúa su panorama histórico con notas sobre la Edad Media, pero esta vez la autora busca más impacto concluyendo este párrafo con tres oraciones breves y fuertemente ligadas; las dos últimas no son en realidad oraciones independientes porque faltan verbos. Funcionan como continuaciones de la oración que las precede.)

Ningún texto de la Alta Edad Media confiere un sentido positivo a la palabra amor, sino como pasión sensual, irracional y destructiva, y tampoco se aplica al matrimonio oficial. En la mayoría de las ocasiones el amor se limitaba a las relaciones extraconyugales. Era algo irracional. Un impulso irresistible de los sentidos que a la fuerza había de ser perjudicial. Un mal que formaba parte característica de la personalidad de la mujer.

Ejercicio 13: Combinación de oraciones

El párrafo que sigue fue alterado para dividir sus oraciones en muchas frases anormalmente breves. Vuelva a escribirlo juntando sus frases sueltas en oraciones más complejas y bien desarrolladas. Sepárelo también en dos párrafos según se perciba la organización interna.

EJERCICIO TAMBIÉN EN EL MICRODISQUETE

Durante la segunda mitad del siglo XIX entró en escena de nuevo el sentimiento. Fueron cada vez más numerosas las alianzas. Hicieron coincidir con el amor. Los jóvenes que aspiraron a casarse habían de hacer llegar su oferta a los padre de la chica. Si fue aceptada, los padres del chico presentaron una petición oficial a los de ella. Se acordó la fecha. El novio ofreció la sortija de pedida. La novia entregó una sortija. O un medallón con su retrato. O un mechón de su cabello. Desde ese momento, si el joven es rico, envió un ramo de flores blancas a la novia. Las envió hasta el día de la boda. Flores que paulatinamente iban encendiendo su color como símbolo de su amor ardiente. Mientras tanto en España establecer contacto con alguien era mucho más difícil. Pero las parejas tenían como aliado el abanico. Llevarlo cerrado y colgado de la mano derecha era «Busco pareja». Abrirlo y moverlo de un lado a otro con deferencia: «Sé que te gusto pero yo todavía no sé si me convienes o no». Abanicarse con parsimonia extendiendo el dedo meñique: «Propónme lo que quieras, ¿no ves que te voy a decir que sí?». Golpearlo contra la mano: «Estoy impaciente».

(*Cambio 16*, febrero de 1995)

CURIOSIDADES DE CULTURA Y LENGUAJE
Sexism in Language

A prime difficulty of translating from one language to another is the many meanings and connotations a single word may have. Consider the common object "salt." A scientific or technical word or phrase (sodium chloride/**cloruro de sodio**) means "salt" the chemical compound in both English and Spanish, and the two phrases are reliably interchangeable. But the other meanings and associations that these two cultures have for "salt" are strikingly divergent.

In the United States, we think of salt as a seasoning that can pose a health risk if overused. We put salt on our roads and sidewalks in the winter, and perhaps recall that salt licks are a favorite for cattle. We praise an uncomplicated person as being "the salt of the earth" and avoid the "salty" language that sailors ("old salts") are famous for. You can fake an archeological or geological site by "salting" the ground with artifacts or ore brought in from elsewhere. Malicious forms of social vengeance are sometimes described as "pouring salt in someone's wounds." None of these expressions can be translated directly into Spanish.

The Spanish word **sal** does refer to the kitchen seasoning just like English "salt," but Spanish connotations for **sal** belong to a whole different range of meanings. In Mediterranean societies salt is an ancient and common part of life. A few grains of salt placed on the tongue are used to represent wisdom in the Catholic baptismal ceremony, so for millions of Latin peoples salt is associated with a blessing or inherent gift. In Spanish, the wry observation that the priest at someone's baptism «**le echó sal por la puñada**» means that he or she was blessed with fistfuls of talent, and not just a few grains. If an individual «**tiene mucha sal**», it's a compliment on their lively social skills and spark. María Salada, a character in Fernán Caballero's novel *La gaviota*, suggests both her attractive personality and life in a seaport through her very name.

An even more surprising contrast is found in the words "macho" and "machismo."[1]

---

[1]There is a good essay on these terms by Constance A. Sullivan, "*Macho* and *Machismo* as Loan Words to American English," *Ideologies and Literature*, 4 (1983): 46–62. The Nobel laureate Octavio Paz wrote an important essay on the expectations for *machismo* culturally embedded within Mexican men in his enormously influential *Laberinto de la soledad* (1950).

continued

Most American speakers of English presume that the words and meanings are Spanish, and refer to an exaggerated, even laughable, style of swaggering masculinity, full of bluster and an ingrained will to dominate women. They are accepted English words now, and there is no need to write them in italics as if they were foreign terms. They appeared in American dictionaries starting in 1973. The rising tide of feminism in the 1970s and 1980s latched onto these terms as good labels for male authoritarianism and traditions of patriarchy, and the words seemed to fit perceptions of Hispanic, especially Mexican, gender roles.

The word **macho** does have a long history in Spanish, but stereotypes about social roles play no part in it. The term refers to the male of any species and is paired with **hembra**, the female partner in reproduction: «**Entre las aves el macho suele distinguirse por su plumaje más vívido, mientras los colores de la hembra son generalmente más apagados**». **Macho** and **hembra** are the standard terms for "male" and "female" in the neutral way we talk about biological partners and electrical connections. **Macho** is also casually used in Spanish as an exclamation of admiration or encouragement that one male team member might shout to another on the playing field (**«¡Vaya macho! ¡Corre!»**) and the connotations are positive ones of confidence and ability. So even though "macho" exists in both English and Spanish, they are never equivalents in translation.

Hispanics today are perfectly aware of the gender stereotypes and traditions within their cultures and there is a growing feminist movement in Spain and most Latin American countries, not to mention "Latina" participation in feminist thought in the United States. The common terms in modern Spanish for a male chauvinist (or "chauvinist pig") are **chauvinista** and **sexista**—and more recently yet, the new term **machista**—and since the forms can be masculine or feminine they are also used for women who buy into the traditional power relationships between the sexes. The whole phenomenon is called in Spanish **chauvinismo** or **sexismo**; **machismo** also occurs, apparently as a loan word from English since it did not appear in Spanish dictionaries until the 1970s. Hispanics in the U.S., and Chicanos in particular, have often complained about the implicit denigration of their culture as a whole through careless references in the mainstream press to a "macho foreign policy" and "rampant machismo" in the business world.

It is ironic that terms borrowed to attack and deflate an American stereotype about gender have ended up reinforcing another American stereotype about Hispanic culture. Even when words coincide across languages, the ideas they represent can be quite different.

Ejercicio 14

Spanish possesses a good range of colorful terms to refer to questionable conduct. Explore in a good dictionary the meanings of the following terms and write a clear definition in Spanish:

arrogante　　_____

　　　　　　　_____

atrevido

besuquear

coquetear

donjuán

faldero

mujeriego

panadero

una perdida

pulpo

sinvergüenza

CAPITULO 8

Llegar a ser profesional

...

Conversación y exploración

Introducción al tema

Conseguir un trabajo representa una gran transición en la vida. Esto conlleva una nueva conciencia de independencia, el poder para tomar ciertas decisiones personales y unas responsabilidades insospechadas. Al mismo tiempo requiere honestidad no sólo con los compañeros de trabajo sino con uno mismo, a fin de descubrir cuáles son sus propios puntos fuertes y cuáles los débiles, y qué uno podría contribuir al esfuerzo común. Más que nada en estos días las empresas buscan los que puedan trabajar en equipo y llevarse bien con los otros empleados, pero sin cruzar la frontera que existe entre lo profesional y lo personal. Las recompensas transcienden lo monetario. Uno que sabe que ha hecho un trabajo bien suele ganar también confianza y una profunda satisfacción personal.

Y usted, ¿a qué aspira profesionalmente?

Actividad 1: Profesiones para trabajadores bilingües.

He aquí algunas de las profesiones (o clasificaciones de profesiones) que requieren individuos que dominen dos o más lenguas. Traten de precisar por lo menos tres razones por las que poder comunicarse en dos lenguas sería una ventaja en estos trabajos.

negocios y comercio	consejeros sociales
secretaría	viajes y turismo
puestos federales	hostelería
bibliotecarios	transporte
los medios informativos	ingeniería y ciencias
propaganda comercial	derecho
casas editoriales	pedagogía universitaria

Actividad 2: Antes de leer

La lectura «El futuro es nuestro... si queremos» está llena de datos estadísticos y de cálculos para comparar a los hispanos con el resto de la población, o con la fuerza laboral de los EE.UU. Mientras lee el artículo, busque la información que se pide a continuación.

1. _____ porcentaje de aumento en la fuerza laboral que va a corresponder a los hispanos para el año 2000

2. _____ número de veces que el índice de natalidad entre las minorías raciales en EE.UU. supera el de la raza mayoritaria

3. _____ porcentaje de estudiantes hispanos que no llegan a terminar la primaria

4. _____ porcentaje de estudiantes hispanos que no terminan la secundaria

5. _____ entre todos los estudiantes que terminan la secundaria, proporción de blancos, en comparación con los hispanos, que asiste a la universidad

6. _____ porcentaje de jóvenes hispanos que sabe calcular una propina en un restaurante

El futuro es nuestro... si queremos

Los hispanos deberán tomar el 27% de los nuevos trabajos entre 1988 y 2000. Pero ¿estarán preparados para ello? Casi todos los nuevos empleos exigirán educación superior, pero actualmente sólo el 7% de los hispanos terminan la universidad. Este es el verdadero desafío que plantea el futuro.

A medida que se acerca el fin de siglo, los empresarios y economistas americanos se plantean una cuestión cada vez más preocupante: ¿estará la fuerza laboral del futuro preparada para desempeñar las funciones que exige una economía creciente y compleja?

Para los hispanos de Estados Unidos esta pregunta es crítica. «Según proyecciones nacionales, el 27% del crecimiento de la fuerza de trabajo entre 1988 y el año 2000 se deberá a los hispanos», asegura un estudio preparado por la Corporación Rand.

La razón de esto es sencilla: mientras que los blancos de origen europeo que forman el núcleo tradicional de la sociedad americana se reproducen cada vez menos, los hispanos y otras minorías siguen creciendo a un ritmo cinco veces mayor que el resto de la población. Esto se debe tanto a la tendencia de las familias latinas de tener más hijos como a la creciente inmigración.

Todo ello hace suponer que los hispanos serán los primeros candidatos a ocupar estos nuevos puestos de trabajo que se originen hasta el siglo XXI. Pero para esto tendrán que adaptarse a los cambios profundos que están ocurriendo en la sociedad americana. Quienes se adapten ocuparán los mejores trabajos, con todas las ventajas que ello implica; los que no, permanecerán como una subclase de trabajadores manuales, mal pagados y sumidos en una situación típica de pobreza, con las circunstancias negativas que ello supone.

Ante estas perspectivas, la situación de los hispanos es bastante inquietante. A la edad de 17 años, uno de cada seis latinos está atrasado por lo menos dos años en la escuela. Muchos de ellos terminan en escuelas vocacionales donde aprenden trabajos manuales. Por lo menos cuatro de cada diez alumnos se retiran de la escuela sin terminar y la mitad de éstos ni siquiera llega a la secundaria. De aquéllos que permanecen en la escuela a los 17 años, la mitad saben tantas matemáticas, ciencias y lectura como un estudiante blanco de origen europeo de 13 años. Y de los que se gradúan de secundaria, sólo el 7% logra terminar cuatro años de universidad frente al 21% que se da entre los estudiantes blancos.

Por si esto fuera poco, sólo uno de cada

continúa

10 jóvenes hispanos sabe calcular la propina a dejar en un restaurante, o es capaz de sintetizar el argumento principal de un artículo periodístico.

Esta notable diferencia educacional se debe en parte a circunstancias habituales como la falta de recursos o las dificultades con el idioma; pero además, estudios realizados demuestran que se lleva a cabo una discriminación institucional por parte del sistema educativo hacia los estudiantes minoritarios, como los hispanos. El informe final de una investigación nacional señala que «*En lugar de redoblar los esfuerzos para enseñar matemáticas y ciencias a niños pobres hispanos y negros — el grupo más necesitado — el sistema educativo americano los maltrata de dos maneras: son relegados a clases de baja habilidad en ciencias y matemáticas; y, en segundo lugar, acuden a escuelas donde la calidad de enseñanza, programas de estudio y equipos son muy deficientes*».

Por eso, para que los hispanos puedan real y efectivamente ocupar y desempeñar los nuevos puestos de trabajos originados por su propio crecimiento demográfico, es necesario un urgente replanteamiento del sistema educativo que permita cualificar a la población hispana para estos nuevos puestos laborales.

De no ser así, los expertos están de acuerdo en que, a menos que se produzcan cambios dramáticos en los próximos años, las minorías, y con ellas los millones de nuevos inmigrantes que están llegando constantemente al país, serán dejados atrás por los cambios que se avecinan en el futuro respecto a la economía, que tiende a ser cada vez más sofisticada. Al mismo tiempo, quedarán también marginados de la sociedad.

«*Si las políticas y patrones de empleo del presente continúan, es posible que la oportunidad de los noventa se pierda y que para el año 2000 los problemas de desempleo en las minorías, el crimen y la dependencia sean peores de lo que son en la actualidad. Si no se dan ajustes sustanciales, la población negra y los hispanos tendrán en el año 2000 una fracción de los empleos más pequeña que la que tienen hoy, mientras que la proporción de quienes están buscando nuevos trabajos crecerá*», asegura otro sondeo del Hudson Institute.

«*Ahora es el momento de renovar el énfasis en educación, entrenamiento y asistencia de empleo a las minorías. Estas inversiones serán necesarias, no sólo para asegurar que las empresas tengan una fuerza de trabajo cualificada en los años posteriores al 2000, sino para garantizar finalmente la igualdad de oportunidades que ha sido la gran promesa incumplida en Estados Unidos*».

(*Más*, enero–febrero de 1991)

Actividad 3: Después de leer

Este artículo declara que los hispanos deben conseguir más de la cuarta parte de nuevos empleos que se abrirán en los últimos años de esta década, pero la educación básica será esencial a fin de prepararlos para estos puestos técnicos. En parejas o grupos pequeños, traten de identificar la información que se pide a continuación.

1.   Organicen en una lista los trabajos que los hispanos recién llegados a los EE.UU., o los que no dominan el inglés, ocupan típicamente en la fuerza laboral.

2. Reflexionando en la Actividad 1 sobre los trabajos que buscan más solicitantes bilingües, pónganlos en una lista que vaya desde los más fáciles de obtener para la gente hispana en los EE.UU. hasta los más difíciles.

3. Además de un buen dominio del inglés, ¿qué otros factores o aptitudes ayudarían a los futuros candidatos para estos puestos? Añádalos a su lista para apuntar las habilidades o conocimientos específicos para cada trabajo.

4. En su opinión, ¿cómo se diferencian las posibilidades de los hispanos en los EE.UU. para conseguir un buen trabajo, en comparación con las de los negros? ¿de los otros grupos de inmigrantes, tales como los canadienses o los europeos?

Actividad 4: «Y la respuesta es... »

A veces las preguntas nos enseñan más que las respuestas. A continuación aparecen diversas respuestas. En grupos pequeños, hagan tantas preguntas como podrían contestarse con las palabras o frases indicadas. Después de trabajar con estas respuestas, traten de continuar la lista con otras respuestas y pásenselas a otro grupo para formular las preguntas correspondientes.

pasaporte

> ¿Qué documento le permite a uno viajar al extranjero?
> ¿Qué se presenta para probar la nacionalidad?
> ¿Cuál es el objeto que hay que proteger más que el dinero cuando uno viaja?

número de seguridad social

> ¿Qué número se usa para declarar los impuestos?
> ¿Qué número usa el dueño de una compañía para vigilar a los empleados?
> ¿Qué número hay que aprender de memoria para asistir a la universidad?

oso

> ¿Qué animal es el símbolo de Madrid?
> ¿Qué animal es el símbolo de Rusia?
> ¿Qué animal es Winnie the Pooh?
> ¿De quiénes era la casa en la que entró Rizos de Oro (*Goldilocks*)?
> ¿Qué animal tiene «razas» blanca, negra y parda?
> ¿Qué animal es famoso por su largo sueño invernal?

matador
llama
bruja
pescador
perfume

Actividad 5: Dibujos cómicos

Por mucho que nos dedicamos a nuestras profesiones, tratamos de no tomarlas sin sentido del humor. ¿Qué texto o leyenda pondría usted al dibujo de arriba? Traiga otro dibujo a clase que muestre una escena laboral y quite las palabras habladas por los personajes. Se puede hacer una fotocopia en grande para ponerla en la pizarra y luego con fichas engomadas (de tipo POST-IT™) todos pueden inventar comentarios cómicos en español.

Actividad 6: ¿Cuántos somos, los hispanos y los norteamericanos?

Lo que hacemos profesionalmente muchas veces depende de las posibilidades para puestos dentro de nuestras circunstancias. Imagínese que usted va a pasar una estancia de unos meses en cinco países. ¿Cuáles naciones le interesan más? ¿En qué profesión trabajaría allí por puro gusto, por interés o por curiosidad?

Modelo: Costa Rica   Me gustaría ser guía en las selvas tropicales.

país   **profesión o trabajo**

_____   _____

_____   _____

_____   _____

_____   _____

_____   _____

Ahora en colaboración con otros, traten de identificar tres o cuatro productos, industrias o exportaciones que se asocian con cada país. Comparen sus respuestas para ver lo que se sabe sobre cómo trabajan nuestros vecinos hispanos.

país   **producto o industria**

_____   _____

_____   _____

_____   _____

_____   _____

AMPLIACION

Población y productividad de algunos países

PAIS	POBLACION*	PBN (producto bruto nacional) en $EE.UU.*
Argentina	32.663	70.100
Chile	13.286	27.800
Colombia	33.777	43.000
Costa Rica	3.111	5.500
Ecuador	10.751	10.900
El Salvador	5.418	5.100
España	39.384	435.000
Guatemala	9.266	11.100
México	90.007	236.000
Nicaragua	3.751	1.700
Panamá	2.426	4.800
Venezuela	20.189	15.200
EE.UU.	248.710	5.513.800

* cifras en millones

Actividad 7: Tarjetas de presentación

Todos queremos presentarnos de un modo ventajoso y muchos sueñan con la primera tarjeta de presentación, objeto que por sí solo indica que «hemos llegado». En el espacio en blanco a continuación, y siguiendo los modelos, haga un diseño para su tarjeta ideal o soñada.

M

HOTEL MOCTEZUMA

LUIS FLEITES
DIRECTOR DE BANQUETES

Avenida de las Américas, 33
México, D.F.
tel. 23-34-45
fax 23-34-44

Domicilio:
Paseo del Alamo, 66
Colonia Bolívar
Júcar, México

IMPORTADORES LEÓN
OBJETOS DE CUERO Y CRISTAL
MUEBLERÍA FINA

Amalia Guzmán

Jefa de Marketing

GLORIETA DE BORGES, 8
BUENOS AIRES, ARGENTINA
TEL. 77-65-92
FAX 77-65-99
AMAGUZ@LEON.COM.AR

TALLERES GRÁFICOS:
C / SANTIAGO, 90
ROSARIO, ARGENTINA
TEL. 23-44-41

Embajada de España

Amy Núñez-Ochoa

Ministra de Asuntos Exteriores

2800 Virginia Avenue, N.W.
Suite 214
Washington, D.C 20037
tel 202-452-0005
fax 202-452-0010

203 Hunting Rd.
McLean, VA 23222

Actividad 8: Antes de leer

Muchas veces lo que aspiramos a hacer con nuestra vida representa una imitación, o una reacción contra lo que hicieron nuestros parientes o nuestra comunidad local. Ponga en una lista los nombres, y luego las profesiones o trabajos, de diez personas que usted haya conocido por más de cinco años. Después indique el nivel de interés que tiene en seguir la carrera o el trabajo de esas personas.

nombre	profesión	nivel de interés
_____	_____	no lo haría nunca / lo consideraría un trabajo transitorio / podría ser mi profesión de vida
_____	_____	no lo haría nunca / lo consideraría un trabajo transitorio / podría ser mi profesión de vida
_____	_____	no lo haría nunca / lo consideraría un trabajo transitorio / podría ser mi profesión de vida
_____	_____	no lo haría nunca / lo consideraría un trabajo transitorio / podría ser mi profesión de vida
_____	_____	no lo haría nunca / lo consideraría un trabajo transitorio / podría ser mi profesión de vida
_____	_____	no lo haría nunca / lo consideraría un trabajo transitorio / podría ser mi profesión de vida
_____	_____	no lo haría nunca / lo consideraría un trabajo transitorio / podría ser mi profesión de vida
_____	_____	no lo haría nunca / lo consideraría un trabajo transitorio / podría ser mi profesión de vida
_____	_____	no lo haría nunca / lo consideraría un trabajo transitorio / podría ser mi profesión de vida
_____	_____	no lo haría nunca / lo consideraría un trabajo transitorio / podría ser mi profesión de vida

Busco «profesión»

Para muchos bachilleres elegir carrera no es fácil. Un grupo de psicólogos ha ideado un *test* para orientarlo acerca de la mejor opción, según su temperamento, sus aptitudes y sus intereses.*

A muchos bachilleres recién graduados les llega la hora de ingresar en alguna universidad colombiana o extranjera y aún no saben qué estudiar. Y es que elegir la carrera a la que van a dedicarse el resto de la vida no es un asunto sencillo. Y para completar, ni los colegios ni las mismas universidades se han ocupado de crear un sistema de orientación profesional que le permita al alumno contar con las herramientas necesarias para hacerlo. Por eso un grupo de psicólogos se ha especializado en «buscar profesiones». Por medio de un estudio psicológico, que analiza el perfil individual del estudiante, se le dan las opciones de las carreras más afines con su personalidad, sus aptitudes y sus intereses.

Al recibir el cartón de bachiller, son pocos los que ya han definido su profesión. Para la mayoría, al cerrar las puertas del colegio empieza la enorme variedad de carreras que se ofrece en las diferentes universidades del país.

Por eso la mayoría de las veces la elección sólo llega con la inminente amenaza del cierre de las inscripciones en las universidades. En ese momento, cuando los estudiantes se apresuran a llenar los formularios, muchos lo hacen como si jugaran a la ruleta: al azar. Así lo afirma Natalia Angel, estudiante de Derecho de la Universidad de los Andes: *«Cuando llegué a la inscripción, tenía intención de*

continúa

---

* En muchos países hispanos «bachiller» se refiere al que se gradúa de la secundaria o del colegio. «Elegir carrera» indica tanto decidir una concentración de estudios como la profesión futura, y por eso resulta una decisión muy seria.

estudiar filosofía, pero todavía no estaba segura. Así que había dejado en blanco la casilla de la concentración. Cuando estaba haciendo la fila vi que la de adelante había puesto que quería estudiar Derecho. La idea me gustó y resolví escribir lo mismo».

Esta situación estaba repercutiendo profundamente en el mercado de profesionales del país. Según Alfonso Leyva Zambrano, gerente general de Recursos Empresariales —una empresa dedicada desde hace más de 20 años a la selección de profesionales— *«es muy difícil encontrar buenos profesionales, pues cuando la decisión de escoger carrera no es la correcta, los trabajadores que se forman son mediocres. Y en la mayoría de los casos no es por deficiencias intelectuales o de preparación; simplemente es porque la persona escoge dedicarse a algo que nada tiene que ver con sus gustos y aptitudes más fuertes».*

Por eso, junto con un grupo de expertos en educación y en psicología, Leyva decidió crear un programa de orientación profesional que busca llevar a cada estudiante a encontrar sus áreas de mayor fortaleza para que pueda hacer una elección consciente de la carrera que más le conviene estudiar.

Por medio de una serie de entrevistas con el estudiante, se evalúa el potencial de habilidades, aptitudes, intereses y características de la personalidad. Igualmente se analizan sus intereses académicos, precisando sus objetivos a corto y mediano plazo. El proceso de evaluación dura alrededor de dos semanas y se divide en cuatro pasos importantes. El primero consiste en una sesión de pruebas psicotécnicas (intelectuales y de personali-

dad), que sirven para dar un primer vistazo sobre la forma en que el estudiante maneja situaciones teóricas y prácticas. En la segunda fase del programa, se efectúan dos entrevistas en las que se intenta que el estudiante clarifique cuáles son sus ambiciones profesionales y personales.

A medida que avanza en la evaluación, el estudiante se va acercando más a la idea de cuáles son los campos profesionales que considera más interesantes y, sobre todo, más afines consigo mismo. Por esa razón, la siguiente parte del proceso consiste en una serie de visitas a profesionales para acercar al joven a la realidad práctica de las carreras por las que siente interés. La evaluación final consiste en una reunión entre los entrevistadores y el alumno, en la cual, de los resultados obtenidos, surgen las diferentes opciones profesionales que le son acordes.

En opinión de los jóvenes que se han sometido al proceso de obtener ayuda para buscar su profesión, cualquier esfuerzo que se haga en este sentido es bien recompensado. Muchos, antes de ingresar en el programa, han iniciado varias carreras universitarias hasta encontrar, finalmente, la que querían y para la cual tenían mejores aptitudes. Algunos, excelentes estudiantes en el colegio, han perdido varios semestres en busca de la institución o la carrera. Todo ello porque no contaron a tiempo con la suficiente orientación para tomar un camino que les cambia la vida de forma radical.

[*Semana*, 26 de octubre de 1993]

Actividad 9: Después de leer

Imagínese que usted va a visitar un lugar de trabajo que realmente le interesa como profesión. Tendrá la oportunidad de tener conversaciones en privado tanto con los gerentes, como con los empleados mismos. Prepare una lista de por lo menos cinco preguntas para los representantes de cada grupo. Compare su lista con la de otros miembros de su clase.

Lugar de trabajo/profesión: _____

Preguntas para los gerentes:

1. _____
2. _____
3. _____
4. _____
5. _____

Preguntas para los empleados:

1. _____
2. _____
3. _____
4. _____
5. _____

AMPLIACION

RAZONES PARA HACER UN Curriculum Vitae

1. La razón más importante es lograr tener un mejor conocimiento de nuestro potencial, nuestra forma de resolver problemas, nuestras habilidades, nuestros logros; eso sólo lo vamos a conseguir reflejándolos en un documento escrito.

2. Generalmente la gente que nos rodea tiene una idea poco precisa de lo que sabemos o somos capaces de hacer. Ésta es una buena razón para que se haga un curriculum vitae y lo entregue a esos «contactos» que quieren ayudarle en su búsqueda de empleo.

3. Hay que lograr superar muchos mitos que se tienen con relación a ciertos trabajos o experiencias muy específicas, tales como las de campos creativos o artísticos. Algunos piensan erróneamente que estas experiencias no pueden evaluarse por medio de un documento escrito.

4. Aunque el C.V. solamente es una herramienta en la búsqueda de empleo y también es cierto que no se contrata a nadie solamente con la presentación del C.V., procure que éste sea el mejor posible para lograr que se destaque entre sus competidores.

El esfuerzo que se haya realizado en la redacción del C.V., así como su trabajo anterior en el análisis de logros, le van a facilitar el camino hacia el éxito.

En España y otros países hispanos es común indicar cierta información que normalmente no se revela en un curriculum vitae, tal como la edad o el estado civil. Del mismo modo suelen pedir una foto, lo cual es prohibido en los EE.UU. Indicar que uno ha cumplido el servicio militar (obligatorio en muchos países hispanos) le asegura al gerente que uno no tendrá que retirarse por dos años para ir al ejercito después de aceptar un puesto.

CURRICULUM VITAE

DATOS PERSONALES

NOMBRE Y APELLIDOS	RAFAEL MARTÍN DE EUGENIO SÁNCHEZ
FECHA Y LUGAR DE NACIMIENTO	19 DE NOVIEMBRE DE 1964, EN TOLEDO
D.N.I.	3.83 #1.488
ESTADO CIVIL	SOLTERO
DIRECCIÓN Y TELÉFONO	C / LAGASCA, 49, 1 Q D. 28001 MADRID
	TELÉFONO: (91) 576.18.89
	C / CALVO SOTELO, 15
	45181 CAMARENILLA (TOLEDO)
	TELÉFONO: (925) 35.90.24

DATOS DE FORMACIÓN

1989-1990
MASTER EN DIRECCIÓN Y ADMINISTRACIÓN DE EMPRESAS (M.B.A.) INTERNACIONAL

ESCUELA EUROPEA DE NEGOCIOS, MADRID
EN COLABORACIÓN CON R.E.F.A. (ALEMANIA E I.S.D.A. (ITALIA)

1984-1989
LICENCIADO EN DERECHO, MADRID

COLEGIO UNIVERSITARIO DE TOLEDO
UNIVERSIDAD COMPLUTENSE

MEJORES CALIFICACIONES EN: DERECHO PROCESAL, DERECHO FINANCIERO Y TRIBUTARIO, DERECHO ADMINISTRATIVO.

CURSOS Y SEMINARIOS

1990   "LA ECONOMÍA ESPAÑOLA ANTE LA CEE: PERSPECTIVAS"
1989   "EL SECRETO BANCARIO"
1988   "DERECHO TRIBUTARIO: TASAS Y PRECIOS PÚBLICOS"

EXPERIENCIA LABORAL

1988-1990
ASESOR EN LA EMPRESA DE DON G. SALDAÑA SÁNCHEZ, DEDICADA A LA EXPORTACIÓN. ACTIVIDADES: CONSTITUCIÓN DE EMPRESA, VIAJES COMERCIALES AL EXTRANJERO, BÚSQUEDA DE NUEVOS CANALES DE DISTRIBUCIÓN, CAPTACIÓN DE CLIENTES.

1987-1988
COLABORACIÓN EN VARIOS ASUNTOS JURÍDICOS EN EL BUFETE DE DON JAVIER MATA VÁSQUEZ, EN TOLEDO.

IDIOMAS

INGLÉS
1989-1990
1989

BUEN NIVEL DE INGLÉS HABLADO Y ESCRITO.
CURSO DE INGLÉS DE NEGOCIOS EN THAMESIS.
CURSO DE INGLÉS EN ANGLO CENTRE, TRINITY COLLEGE OF LONDON: SUPERADO EL EXAMEN "SPOKEN ENGLISH FOR SPEAKERS OF OTHER LANGUAGES" GRADE 6.

INFORMÁTICA

CONOCIMIENTOS A NIVEL USARIO:
SISTEMA OPERATIVO: MS-DOS
BASE DE DATOS: DBASE III
HOJAS DE CÁLCULO: SYMPHONY, LOTUS 1,2,3
PROCESADOR DE TEXTOS: WORDSTAR

SERVICIO MILITAR

CUMPLIDO. PERÍODO: NOV. 1984-FEB. 1986.

REFERENCIAS

LAS REFERENCIAS OPORTUNAS PUEDEN SER APORTADAS EN CASO DE SER SOLICITADAS.

Composición y Concreción

Metas de exposición: El análisis, etapa 3

- desarrollar una perspectiva profesional más allá del mundo estudiantil
- imaginarse otros mundos y llegar a explorarlos en palabras
- echar un vistazo al hispano en el mundo profesional

Posibles temas de redacción

1. Escriba un anuncio para un puesto en su compañía, indicando las obligaciones y expectativas profesionales, preparación necesaria, experiencia mínima y otros datos pertinentes.

2. Escriba una carta de solicitud de trabajo para contestar un anuncio para un puesto ficticio, o dos cartas para puestos distintos dentro del mismo campo profesional.

3. Redacte un ensayo sobre los efectos del desempleo, a nivel personal o a nivel social.

4. Escriba dos descripciones del mismo trabajo, una que sea apta para una campaña publicitaria para atraer a nuevos solicitantes, y otra de un ex-

empleado que escribe consejos realistas para los que piensan entrar en esa carrera.

5. Escriba un ensayo sobre sus propias metas profesionales para informar francamente a un futuro jefe.

6. Si usted estuviera libre de toda necesidad social, familiar o económica, ¿qué trabajo le parecería más atractivo? ¿Cómo le aportaría satisfacción personal? Descríbalo con detalles sobre la organización de su trabajo, preparación previa y materiales necesarios, horario del día, contacto (o ausencia de contacto) con otros, etc. Esta descripción debe persuadir a un desconocido de las ventajas intrínsecas de esta actividad.

7. Otro tema, después de consultarlo con su profesor/a.

Ejercicio 1: Investigación de vocabulario útil

En muchas situaciones uno se encuentra obligado a alabar y presentar sus logros personales de forma muy directa. He aquí una lista de verbos aplicables a la descripción de logros previos. Repase la lista y luego apunte una breve lista describiendo algunos de sus actividades y triunfos. Comience cada afirmación con un verbo distinto.

abrir camino	comunicar	emprender	llevar a cabo
activar	concebir	enriquecer	mejorar
adaptar	concluir	establecer	organizar
adjudicar	conseguir	estimular	planificar
adquirir	construir	estructurar	poner en marcha
alcanzar	controlar	explicar	presentar
animar	coordinar	evaluar	programar
arbitrar	cultivar	fabricar	realizar
asumir	delegar	ganar	reclutar
aumentar	desarrollar	idear	renovar
automatizar	dirigir	improvisar	revitalizar
ayudar	doblar	iniciar	servir de
centralizar	documentar	intensificar	supervisar
completar	efectuar	inventar	vender
componer	eliminar	lograr	

- Programé actividades para niños en un campamento de verano.

- _____

- _____

- _____

- _____

- _____

- _____

Ejercicio 2: Ensayo al instante

Antes de empezar, piense en cinco profesiones que no le sean atractivas para nada. Apúntelas en la lista de abajo con una razón concreta que le impulse a evitar esa carrera.

Profesión   **Razón para evitar esta carrera**

1. _____   _____

2. _____   _____

3. _____   _____

4. _____   _____

5. _____   _____

Ahora escriba por cinco minutos sin parar *sobre el siguiente tema: «Si Ud. tuviera que escoger una profesión hoy, ¿cuál sería? ¿Por qué?»*

ESTRATEGIA DE BUSQUEDA DE EMPLEO

En la búsqueda de empleo—tanto si uno ha sido despedido, como si busca empleo por primera vez—debe utilizarse una estrategia especial con objeto de que el individuo consiga un empleo que sea realmente el indicado para él, utilizando determinadas herramientas y técnicas que han demostrado su éxito en miles de personas de todos los niveles.

EXITO O FRACASO

EL SISTEMA TRADICIONAL (CUATRO SUPOSICIONES FATALES)

1. La búsqueda no necesita mucho trabajo y es mejor hacerlo solo.

2. Es mejor que el individuo quede ambiguo sobre lo que él quiere hacer.

3. La empresa siempre domina la situación y por eso no hace falta identificar empresas potenciales.

4. Las empresas sólo ven a la gente que redacta bien.

EL SISTEMA DE INVESTIGACIÓN AUTODIRIGIDO (CUATRO FACTORES PARA EL ÉXITO)

1. La búsqueda necesita mucho tiempo, mucha energía, resolución y es mejor hacerlo con el apoyo de un grupo.

2. La necesidad de un análisis personal es absoluta; hay que definir aptitudes y actitudes.

3. Es esencial que el individuo sepa en qué tipo de industria y qué tipo de empresa quiere trabajar.

4. Hay que identificar las empresas que puedan tener puestos y saber cómo conseguir una entrevista con la persona con el poder de contratar.

Ejercicio 3: Lazarillo de temas

1ᵉʳ Paso   En parejas, preparen un curriculum vitae personal haciéndose mutuamente las preguntas apropiadas. El curriculum debe escribirse en una hoja en limpio para pasársela a otro estudiante.

2º Paso   Basándose en este resumen de capacidades, el/la estudiante fuera de la pareja original que reciba el C.V. debe apuntar en una tarjeta por lo menos seis profesiones que le convengan al individuo en cuestión. Después de terminar, debe pasarle la tarjeta al individuo cuyo C.V. se haya leído, para que vea la impresión que éste produjo en un lector desconocido.

3er Paso   Otro compañero de clase debe hacer el papel de Consejero de Carreras. Debe tomar el mismo C.V. y con fichas engomadas (de tipo Post-It™) indicar claramente las áreas que necesitan reforzarse con más estudios o preparación profesional.

LOGÍSTICA
MATERIAL NECESARIO PARA LA BÚSQUEDA DE EMPLEO

1. Contestador automático o alguien que nos pueda contestar siempre; mejor dar tres números de teléfono que 2 ó 1.

2. Tarjeta profesional, de negocios o de visitas, normal, sin ningún anagrama, logotipo ni extravagancia, en tamanos comerciales generalmente aceptados, del mismo color y gramaje que las cartas.

3. Cartas y sobres personalizados:
   • 500 hojas en papel timbrado con el nombre, apellidos y dirección completa, en color blanco o tonalidades crema o grisácea
   • 500 sobres tipo americano sin timbrar, del mismo grosor y color que las cartas.
   • La letra elegida en esta papelería ha de ser la de uso mas corriente en los negocios
   • Una foto de carnet de buena calidad, de estudio (no fotomatón)

4. C.V. (estándar), a máquina eléctrica, Procesador de Palabras u ordenador personal

5. Oficina; despacho, lugar de trabajo

6. Agenda y planning

7. Archivo de tarjetas recibidas de otros contactos profesionales

8. Archivo de empresas que tienen puestos que correspondan a sus metas profesionales

9. Traje adecuado completo; bolsa de trabajo, etc.

10. Estar registrado en todos los Servicios y Registros de Empleo y las Asociaciones profesionales más apropiadas

---

Realización de un borrador

Decidir una secuencia interna es fundamental para una presentación coherente. Hay varios métodos para organizar sus ideas.

1. **Orden cronológico:** para dar instrucciones o enseñar la secuencia de pasos en las experiencias personales o los sucesos en general

2. **Perspectiva:** para describir las relaciones físicas entre los objetos o las partes de un objeto o escena (de un lado o otro, desde arriba para abajo, desde lo más lejos hacia lo más cerca, etc.)

3. **Por ejemplo:** anunciar una proposición o principio general y seguir con casos concretos que lo ejemplifiquen yendo de lo más general a lo más específico

4. **«Subir a la cumbre»:** acumular instancias de algo para llegar por fin a una conclusión generalizadora yendo de lo más específico a lo más general

5. **Causas y efectos:** señalar cuidadosamente la cadena de influencias y resultados que siguen el uno tras otro

6. **Comparación:** mostrar las semejanzas (comparaciones) y diferencias (contrastes) entre dos objetos, conceptos o proposiciones

7. **Definición o clasificación según la categoría:** explicar algo precisando su identidad o sus componentes esenciales, mostrando cómo se distingue de otras cosas o categorías afines

EJERCICIO TAMBIÉN
EN EL MICRODISQUETE

Ejercicio 4: Editores en colaboración

La composición que aparece a continuación representa un borrador compuesto por una joven universitaria norteamericana. Como se ve en las notas marginales hay varios aspectos que hay que corregir y pulir. Trabajando solo o en parejas, prepare una nueva versión que tome en cuenta las sugerencias del profesor.

Por favor, ¡que abran las ventanas!

Todos los días millones de adultos van al empleo sin darse cuenta de que entran en un ambiente insalubre. Durante las últimas décadas, las condiciones en muchos lugares de trabajo han degenerado provocando enfermedad en muchos empleados. Este fenómeno ahora se llama el «síndrome del edificio enfermo» y hoy en día no es saludable trabajar en un gran número de lugares de empleo.

Se dice que trabajar en algunas oficinas es como correr despacio° por las calles de Los Angeles, llenas de humo y contaminantes. Los empleados tosen y sufren de náuseas, vértigo, dolores de cabeza y una falta de concentración.

La causa de estos síntomas se asocia con la acumulación de toxinas irritantes como el bióxido de carbono, el humo de cigarrillos y los gases que vienen de los químicos usados en la limpieza y para fotocopiadoras. [En los años sesenta se construyeron muchos edificios con aire acondicionado y calefacción centrales; para conservar ener-

buen título que atrae la atención; ¿qué tipo de foto pondría para acompañar este informe?

el primer párrafo sufre de una repetición de la misma forma de oración declarativa —¿las puedes combinar o variar?

¿por qué «despacio»?

me pregunto si los empleados también se comunican sus enfermedades normales (resfriados, influenza, etc.) más fácilmente bajo estas circunstancias

gía y dinero no es posible abrirse las ventanas.]° Esta falta de circulación de aire natural puede empeorar enfermedades tales como la pulmonía y la tuberculosis.

El primer brote de una enfermedad no identificada entre los ejecutivos del mismo edificio fue en 1976. Finalmente los médicos se dieron cuenta de que las dolencias se originaban en unos conductos de aireación° que estaban cubiertos de una bacteria letal°. Durante los años ochenta ocurrieron más y más ejemplos de esta peste que se bautizó° «el mal de los legionarios» a causa de los veteranos militares, congresistas en un hotel en Filadelfia, que figuraron entre las primeras víctimas. Estos días° se llama el síndrome generalizado provocado por ambientes cerrados del edificio enfermo, el cual abarca cualquier enfermedad que resulta° de un encuentro extendido con aire contaminado en estructuras sin adecuados sistemas de ventilación.

[Los edificios que se construyeron en los años setenta y ochenta tienen]° calefacción y aire acondicionado insuficientes, los cuales usualmente suministran sólo cinco metros cúbicos de aire por° empleado por minuto. Según la Sociedad de Ingenieros de Calefacción, Refrigeración y Aire Acondicionado, esta cantidad es sólo la cuarta parte del aire que necesita un individuo para funcionar normalmente.

Es una lástima que la mayoría de los trabajadores no estén enterados de los peligros de pasar casi la mitad de la vida en una estructura sin buena circulación de aire. En muchas superestructuras y rascacielos la aireación inadecuada no es la excepción sino la norma. Por la falta de aire puro y ventanas abiertas, arriesgan la salud por su empleo.°

mencione aquí quizá unos factores económicos que cerraron nuestros edificios, como deseos de controlar calefacción o aire acondicionado
ventilación
dañina, nociva
... se bautizó como «el mal...

hoy en día
resulte

En los edificios ... se instalaron
para cada

para conservar su empleo

Buena exposición que tiene sus elementos bien articulados. ¿Se podrían agregar detalles que especifiquen los síntomas usuales que sufren los obreros después de ser expuestos al aire contaminado? ¿Cuánto tiempo suele pasar antes de aparecer los síntomas? ¿Ha habido pleitos legales en contra de las empresas que no tomen medidas para proteger a sus empleados? No vendría mal añadir una lista de señales de alarma para tener en cuenta los lectores que se sienten expuestos a riesgo.

Ejercicio 5: Autoeditor/a

A veces vale la pena expresar nuestras intenciones explícitamente, hasta a nosotros mismos. Siga este formulario para verificar que sus planes para el ensayo en el Ejercicio 4 sean bien pensados.

COMPROBACIÓN DE INTENCIONES

Concepto central (expresar como frase suelta, oración completa o título provisional):

_____

_____

Público implícito:

_____

_____

Propósito del ensayo:
- ☐ descriptivo
- ☐ informar sobre el asunto tratado
- ☐ enseñar al lector una técnica analítica
- ☐ expresar una opinión sobre el tema
- ☐ cambiar las costumbres o conducta del lector
- ☐ entretener al lector

Género literario (ensayo, cuento, fábula, comparación y contraste, definición, etc.):

_____

Extensión (en palabras o páginas): _____

Tono de voz del escritor (sarcástico, preocupado, científico, cómico, informativo, sensacionalista, distante, desinteresado, etc.):

_____

_____

Comentarios:

_____

_____

_____

_____

_____

_____

Al público

Ejercicio 6

La presentación por escrito del/de la candidato/a para un empleo tiene que ser impecable, para crear la mejor impresión posible en un lector que no tiene otra evidencia o indicio objetivo para juzgarlo/la. Para su trabajo escrito para este capítulo, prepare por lo menos dos versiones impresas que varíen notablemente la una de la otra en formato y organización, tipo de empleo deseado, contenido del C.V., etc. Presente las dos a un/a compañero/a de clase para que se las critique y le ofrezca sugerencias sobre sus aspectos fuertes y débiles. Posibles contrastes: escribir cartas para solicitar puestos para ser primero salvavidas de piscina (trabajo de verano) y para ser secretario/a en un departamento académico; elaborar un C.V. o resumen personal primero para pedir puesto de ayudante en un jardín de infancia y otro para conseguir un puesto de cocinero personal para un millonario.

CURIOSIDADES DE CULTURA Y LENGUAJE
Words Borrowed from Other Languages

Every language borrows words from other languages. Most often speech communities simply borrow the names of objects that are new to them, which is why we use the French terms for *fuselage* and *bureau*, the Spanish terms for *corral*, *pinto*, and *rodeo*, and Italian for *pasta*, *pizza*, and *mafia*. Sometimes one language will possess a philosophical term that lacks any equivalent in other tongues and it becomes the common coin of thoughtful exchange. French has contributed *joie de vivre* (enthusiasm for life) and *ennui* (boredom with life). Many speak of a personal experience of *angst* or the *Zeitgeist* (spirit of an epoch) using those German words. English has given the world the word and concept of *awe*. Spanish has provided *abulia* (profound inertia and moral paralysis), *ensimismamiento* (reflectiveness bordering on self-absorption), and *fiesta*, which sums up an entire attitude.[1]

There are, of course, linguistic purists who object to this process whenever it occurs, like some speakers of French who rail against *le drugstore* and *le week-end* when the French language already possesses *la pharmacie* and *le fin de semaine*, but popular acceptance of a neologism, once entrenched, is hard to resist.[2] Besides, it is often a short step from being a foreign word to one that is fully integrated into its new host language: no one in English is uncomfortable with *tomato* (from Nahuatl, ca. 1595–1605), *pogrom* (from Yiddish, ca. 1880–85), or *robot* (from Czech, ca. 1920).

English is something of a hybrid tongue, Germanic in sound and structure but dense with lexical borrowings from French and Latin. It incorporates most of its loan words as "calcs" or direct borrowings with minimal adjustment for their new phonetic environment. That is part of the explanation for why English is so hard to spell: we insist on writing

---

[1] Besides "party" and "holiday," the Spanish word **fiesta** is used in English to denote celebration and merrymaking in general. In Spanish the range of associations and related terms is extensive: **fiesta de armas** (jousting), **la fiesta brava/nacional** (bullfight), **hacer fiesta** (to take the day off), **hacer fiestas a alguien** (to make a loving fuss over someone); **«¡No me hagas fiestas!»** (said to a dog: "Don't jump up on me!").

[2] María de Moliner in her superb **Diccionario de uso del español** (Madrid, 1981) allows herself one somewhat cranky note for the loan word *'film'*: **«Palabra inglesa usada por "película". Innecesariamente, pues no añade nada en ningún sentido a la palabra española y es de difícil pronunciación para los españoles».** Despite official disapproval, *film* as an English loan word in Spanish is widely used.

words as they are written in their language of origin; students of English simply have to memorize the correct spellings of *spaghetti, bureaucracy,* and *perestroika.*

Spanish takes about 90% of its vocabulary from Latin, around 2% from Arabic, and the rest is borrowed from elsewhere. Arabic loan words are easy to pick out because they usually have the Arabic definite article *'a(l)'* incorporated right into them.

aceite	*oil*
ajedrez	*chess*
alboroto	*tumult*
alcalde	*mayor*
alcohol	*alcohol*
alfombra	*carpet*
alhaja	*jewel*
aljófar	*drop pearl*
almacén	*warehouse*
almendra	*almond*
almohada	*pillow*
azahar	*orange blossom*
azúcar	*sugar*

Ejercicio 7

Spanish takes the opposite approach from English for writing out loan words. It freely respells words to help them fit Spanish pronunciation and its writing system. Bureaucracy *is modified to* **burocracia,** tissue *to* **tisú,** Quaker *to* **quáquero,** *and* home run *to* **jonrón.** *See if you can provide the English equivalents for the following loan words in Spanish:*

álbum	_____
básquetbol	_____
béisbol	_____
gángster	_____
güisqui	_____
yonqui	_____
haló	_____
jobi	_____
harén	_____

continued

◆ ◆ ◆

líder   _____

mitin   _____

vóleibol   _____

Ejercicio 8

Do you know both the original and derived meanings of the following loan words that traveled from Spanish into English? In your library, look up the English word first in a good English dictionary, and then the Spanish word in a Spanish-Spanish dictionary.

	English	**Spanish**
armada	a fleet of war ships	the Navy
bodega	_____	_____
flamenco	_____	_____
guerrilla	_____	_____
junta	_____	_____
lasso/lazo	_____	_____
matador	_____	_____
palomino	_____	_____

CAPITULO 9

La plenitud

• • •

Conversación y exploración

Introducción al tema

La etapa más larga de la vida es la madurez. Estos años abarcan las épocas en las que nos definimos como individuos: realizar nuestra carrera laboral, establecernos profesionalmente y formar nuestra propia familia, ya sea con esposo/a y niños o con una familia extendida de parientes y amigos. Ésta es la plenitud de la vida, cuando nuestros días se llenan de aventuras, de las satisfacciones de nuestros esfuerzos en el trabajo o servicio a otros, y sobre todo aquellas que recibimos de los lazos personales que creamos y mantenemos —y que nos mantienen a nosotros.

Queremos explorar dos facetas de la vida adulta en este capítulo. Primero miramos hacia la generación que nos precedió y que nos dio la vida. Las lecciones que nos pueden enseñar los de la llamada «tercera edad» resaltan por su sabiduría, y las podemos aceptar mejor ahora que antes, porque a los maduros los vemos más bien como hermanos mayores que meros ancianos.

También nos enfocamos en la próxima generación, la que creamos y formamos con nuestros propios sacrificios y aportaciones personales. Muchos de nosotros tenemos o tendremos hijos, otros no, pero todos disfrutamos de contactos con niños que nos enriquecen, y a veces nos complican, nuestra vida adulta.

Finalmente veremos si podemos ahora escribir para comunicarnos claramente, tanto con la generación de mayores como con la de menores.

Actividad 1: Regalos y diversiones

Imagínense que su club decidió que este año se dedicaría a servicios para una residencia de ancianos. En un grupo pequeño, formulen recomendaciones para posibles contactos mutuos con esta gente mayor.

1. Prepare una lista de regalos de Navidad que serían apropiados para la gente mayor, organizándolos por categorías (para hombres/mujeres; según sus limitaciones físicas; según la estación del año, etc.).

2. Prepare una lista de actividades que los miembros de su club podrían compartir con ellos (otra vez, con categorías de funciones sociales).

_____   _____

_____   _____

_____   _____

_____   _____

3. Prepare una lista de contribuciones que, con un poco de ayuda, ellos podrían hacer para la comunidad.

_____

_____

_____

_____

Actividad 2: Antes de leer

Muchas palabras se relacionan en familias, modificando el sentido por el uso de prefijos como **de-**, **des-**, **in-**, etc. Busque en un buen diccionario uno o más sinónimos y antónimos para cada palabra en la lista.

(raíz)	palabra	sinónimo(s)	antónimo(s)
(débil)	debilitado	decaído	fuerte, sano
—	deficiente		
(negro)	denigrante		
(tener)	detenidos		
(amparo)	desamparado		
(hambre)	hambriento		
(esperar)	desesperado		
(esperar)	desesperante		
(proteger)	desprotegido		
(capaz)	incapaz		
(documento)	indocumentados		
—	ingreso		

Los peligros de la vejez desamparada

Muchos ancianos indocumentados que alguna vez soñaron con hallar una vida mejor en «El Norte» terminan inmersos en una pesadilla de soledad y pobreza que los mantiene prisioneros en sus hogares. Ellos pertenecen a la multitud de inmigrantes hispanos que llegan aquí con poca educación, sin hablar inglés, y trabajan por poco dinero como jornaleros o empleados domésticos.

Cuando no pueden trabajar más, quedan desprotegidos, sin ningún ingreso, sin posibilidad de calificar para asistencia pública o para la amnistía por falta de los documentos necesarios. Otros simplemente permanecen aquí demasiado tiempo, sin nada que les ate a sus países, incapaces de regresar. Solos y aislados, muchos ancianos terminan en cama, debilitados y hambrientos.

Muchas veces, los ancianos se resignan a vivir en cuartos calientes y malolientes de donde no se atreven a salir por temor a ser detenidos y deportados, con enfermedades sin tratar porque no saben cómo obtener ayuda médica del estado.

«Es denigrante», dice Elisa González, trabajadora social del Gardner Health Center en San José, California, una clínica que ofrece servicios de salud a los pobres. «Los ancianos minoritarios llegan a sus años dorados sin casi nada. Pero si están indocumentados, es mucho peor».

Como viven escondidos, es muy difícil decir cuántos de ellos se encuentran en estas condiciones. «Hay quienes prefieren no pedir ayuda para no tener que decir dónde viven».

«Desde el momento en que les pedimos su dirección, no quieren regresar», afirma Carmen Johnson, directora del East Side Senior Center, un centro que se especializa en servir a ancianos en el este de San José, el sector donde se concentra el mayor número de hispanos y otros inmigrantes. Este temor los mantiene viviendo en un desesperante mundo de pobreza y zozobra, en condiciones de subdesarrollo que tienen poco que ver con la prosperidad asociada con la primera potencia del mundo.

Carmen Feliz, una mexicana de 72 años, vivió con su madre Concepción, una inválida de 95 años, en una dilapidada casa rodante al lado de una ruidosa y polvorienta cantera en un barrio pobre de San José. Hasta cuando fueron a vivir con otra hija de Carmen, las dos ancianas compartían uno de los dos cuartos con la hija de Carmen, la única persona en la casa que trabaja, y con su nieta de siete años. Los muebles de la casa, llenos de rayones, manchas y roturas, desde hace tiempo han estado listos para el basurero. La casa está cubierta de grasa y polvo, y durante el día pululan las cucarachas y otros insectos por las paredes y los pisos como si nadie estuviera presente.

Las dos ancianas han vivido durante veinte años en Estados Unidos. Pero Carmen, quien siempre cuidó a su madre, no tiene Seguro Social y no cumple los requisitos para recibir ni pagos de asistencia pública ni servicios médicos del Medi-Cal, el sistema de salud pública de California.

Las dos también carecen de documentos, como recibos de pago o cuentas de luz y agua. Por esto no pudieron comprobar que habían vivido aquí desde hace tanto tiempo cuando tuvieron la oportunidad de acogerse a la amnistía. Ahora, su único contacto con el mundo exterior es Vicente Pérez, un traba-

continúa

jador social del East Side Senior Center, quien, aunque legalmente no puede hacer nada por ellas, se ha compadecido de su situación y las ayuda durante su tiempo libre.

Pérez las visita de vez en cuando y les lleva un poco de comida o pañales para Concepción, quien es incontinente. Carmen apenas puede darle a su madre una lata de suplemento alimenticio y un poco de fruta enlatada cada día. La dieta es tan deficiente que según ella, su madre pesa sólo 60 libras.

«No hay mucho que se pueda hacer por ellas», afirma Pérez. Su tono de voz demuestra la frustración que le produce el saber que, por no tener papeles, dos seres humanos están viviendo al borde de su existencia.

Pero si bien la situación de Carmen y Concepción es desesperada, para otros ancianos indocumentados que padecen enfermedades graves y no pueden recibir cuidados médicos es más complicada. Elisa González dice que muchos ancianos temen ir al hospital porque creen que serán denunciados a las autoridades de inmigración y serán deportados.

Según expertos, se afirma que en la última década se ha registrado un gran aumento en la cantidad de gente de edad avanzada que viene a Estados Unidos sin documentos.

Un informe del censo de 1990 reveló que durante la década de 1980 la población blanca aumentó un 28%, la población negra un 35%, mientras que la cantidad de ancianos hispanos aumentó un 78%.

«Los vemos en Chicago, en California, a través de todo el país, en Tejas, en Miami y en Nueva Orleans», expresa Carmela Lacayo, presidenta de la Asociación Nacional pro Personas Mayores, una organización con oficinas en 10 estados y en Washington, D.C., que trabaja para mejorar las condiciones de vida de los ancianos hispanos.

Lacayo indica que el aumento se debe en su mayoría a inmigración y que esto presenta un problema muy especial para los hispanos, quienes por la dura vida que llevan en sus países, comienzan a envejecer a los 45–50 años.

Las costumbres que muchos hispanos traen de sus países también actúan como barreras culturales que les impiden el acceso a servicios públicos. Por ejemplo, el 67% de todos los ancianos pobres que son residentes legales o ciudadanos norteamericanos califican para recibir dinero suplementario del Seguro Social, una ayuda federal para todos los pobres. Pero sólo el 44% de ellos lo solicitan, según especifica un estudio sobre los ancianos. Cerca del 40% sobrevive con menos de $574 al mes, lo cual no es mucho, especialmente en estados como California, o Nueva York, donde los alquileres son elevados y se llevan la mayor parte de esos escasos ingresos que reciben.

Concluye González que «muchos hispanos prefieren que la familia cuide a sus ancianos y no les gusta en absoluto pedir ayuda al gobierno».

(*Más*, novembre/diciembre de 1991)

Actividad 3: Palancas para colocar ideas

Toda solución a la situación detallada de la lectura será muy complicada —y nada fácil. Formule una lista de los principales problemas que enfrentan a los viejos, problemas mencionados en «Los peligros de la vejez desamparada». En equipos de tres a cuatro mencionen por lo menos cuatro de sus dificultades, poniéndolas en orden de gravedad.

1. (el problema más grave)

2. (otro problema grave)

3. ...

4. ...

5. ...

6. (problema menos grave)

Eutanasia: Cuando llega la hora final

Luis de Zubiaurre

Juan no se llama así. Pero hay que cambiarle el nombre. Porque va a morir. Y él todavía no lo sabe. Hace unos días lo ingresaron en el hospital. Juan aún no ha cumplido los 70 años. Cuando llegó, sufría de enormes dolores debido a un cáncer terminal, que él aún no conoce en toda su dimensión. Y suplicó la eutanasia: «Me era imposible vivir con esos dolores», recuera Juan. «Lloraba, no podía moverme, me molestaba todo, hasta que me hablaran. Yo siempre he defendido la eutanasia, pero hoy, que me encuentro un poco mejor, no la quiero. Hay veces en que se piden cosas inconscientemente, movido por la desesperación del dolor», explica, postrado en su cama.

A pocos metros de la habitación de Juan, Pilar vive los últimos momentos de su vida. Ella sí sabe que tiene cáncer y que morirá más tarde o más temprano. Tiene 50 años y en 1990 le empezaron a tratar un tumor de mama. Primero, quimioterapia; después una mastectomía radical, de nuevo quimioterapia. Entonces aparecieron metástasis pulmonares.

Su familia ya conocía el diagnóstico con anterioridad; ella se enteró un día en que fue a recoger los resultados de unos análisis. «El sobre estaba abierto; vi que decía posibles metástasis pulmonares. No soy tonta y sabía lo que era. Estaba muy asustada. Pero se lo escondí a mi familia, que por entonces ya lo sabía todo».

Acompañada por su hermana Soledad, Pilar hace un alto para beber un trago de agua. «No espero curación; sé que estoy en fase terminal. No sé cuánto duraré. Pero aquí tratan que viva lo mejor posible el tiempo que me quede». Pilar habla de sus miedos. «Se hace dificilísimo asimilar que vas a morir. Pero mi familia y el equipo médico me ayudan muchísimo. Sé que físicamente ya no tengo solución, pero psicológicamente me están apoyando: hay un trato humano, me hablan con sinceridad.... ».

Un médico comenta que como el resto de sus compañeros, a él este trabajo le ha cambiado muchas ideas. «La mayoría de las personas creen que lo importante es el dinero y el poder; el mundo está hecho para los jóvenes y los guapos. Aquí te das cuenta de lo que realmente necesita una persona: cariño y amor. Me he hecho más sensible y aprovecho la vida a tope. Porque nunca sabes cuándo te va a llegar a ti el final».

La doctora Elizabeth Kübler-Ross, de

continúa

origen suizo y establecida en los Estados Unidos, realizó en los años 60 un estudio entre enfermos terminales. Ella identificó estas 5 fases del enfermo terminal:

1. Fase de negación: el enfermo niega la realidad de su dolencia, quiere creer que es un error.
2. Fase de ira: el paciente se comporta agresivamente, hace reproches a sus familiares y a los que le rodean.

3. Fase de negociación: el enfermo busca alejar la idea de la muerte; pide plazos para su muerte irreversible.
4. Fase de depresión: el paciente se encierra en sí mismo; ya no le interesa lo que le rodea; se abandona.
5. Fase de aceptación: el enfermo asume su dolencia y la muerte cercana.

(*Cambio 16*, 19 de abril de 1993)

Actividad 4: Consejo profesional

Usted es el/la médico de Juan. Como usted es el/la único/a profesional en su departamento que domina el español, usted tendrá que escribir una carta breve a su hijo Pablo Martínez, que vive en Miami. Se desconoce su número de teléfono pero sí se dispone de una dirección postal. En su carta le explicará las circunstancias de su padre. Piense en una carta breve, honesta pero delicada, para prepararlo para lo inevitable.

1. Trabajando con otros, haga una breve lista de frases que serían útiles para su carta.

_____

_____

_____

_____

2. Pablo Martínez ha sido localizado y ha llamado por teléfono. Entre dos en la clase, hagan los papeles de médico y familiar del paciente. El estudiante que haga de médico debe explicarle al hijo lo mejor que pueda que no hay mucho más que hacer.

Actividad 5: Más consejos profesionales

Usted es el/la médico de Pilar. Explique en una carta a sus sobrinos y sobrinas las posibles fases, de acuerdo con el estudio de Kübler-Ross, por las que Pilar pasará en las semanas y los meses próximos. Escriba en un tono profesional y mostrándoles comprensión, pero con palabras más comunes para que ellos entiendan todo.

1. Trabajando con otros, haga una breve lista de frases que serían útiles para su carta.

_____
_____
_____
_____

2.   Los familiares han venido al hospital y le esperan a usted en la sala de espera. Entre dos o tres en la clase, hagan los papeles de médico y parientes del paciente. El estudiante que haga de médico debe explicarles a los parientes lo mejor que pueda que no hay mucho más que hacer.

Actividad 6: Antes de leer

Mientras lee el artículo que sigue, piense en el vocabulario a continuación y basándose en el contexto trace una línea de una columna a otra para conectar el término con su definición. Después de terminar compare sus definiciones con las de sus compañeros de clase.

alborozo	tela que se le pone a un niño para sus necesidades
mellizo	labor intensa y complicada de muchos detalles
pañal	gemelo, hermano de un parto de dos niños
sudar	que se puede tirar y no conservar
desechable	botella para dar de comer a un bebé
tetero	hermano de un parto de tres niños
trajín	producir agua en el cuerpo por ejercicio o agitación
trillizo	exultación, júbilo, alegría
jarabe	medicamento en forma de líquido

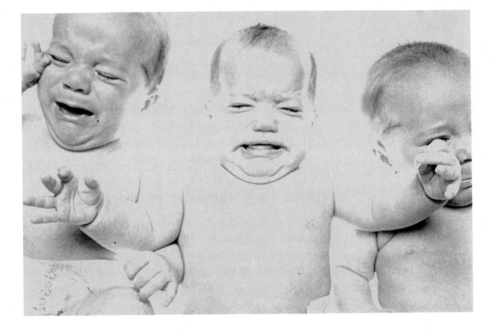

Club de trillizos

Con el auge de los nacimientos múltiples, los padres triples deciden asociarse para intercambiar consejos y compartir experiencias.

En una época marcada por el descenso en las tasas de natalidad, cuando las parejas aspiran a tener sólo dos hijos, la noticias del ginecólogo que dice «¡Son tres!» es descrita por quienes han tenido la experiencia como una mezcla de alegría y sudores fríos. Pero estas sensaciones son apenas la cuota de lo que les espera a los triples padres después del nacimiento. Si bien el anuncio de mellizos es recibido con alborozo, el saber que vienen tres bebés los asusta y ese temor sólo es neutralizado por el hecho de que la mayoría se ha enfrentado antes a la posibilidad de no tener hijos.

El verdadero trajín comienza con el nacimiento. La mayoría de los trillizos nacen antes de los nueve meses de embarazo, lo que indica un peso promedio por cada criatura de dos o tres libras.

Luego de esa primera batalla por la supervivencia, viene la adaptación a la paternidad múltiple: tres bebés que lloran en la noche. O a la confusión acerca de cuál ya recibió alimentación y cuál no. Y a la fila de teteros sumada a la de jarabes para algunas afecciones comunes que obligan a tomar estricta nota para no equivocarse de remedio, de horario o de muchachito. Y el signo '$-PESOS-$' aparece cada vez que se piensa en pañales (varias centenas de desechables al mes), y teteros (un tarro diario de leche en polvo). Y de ahí en adelante, todas las cuentas van con el factor tres como multiplicador.

(*Semana*, 8 de marzo de 1994)

Actividad 7: Después de leer

1. En otra hoja de papel prepare una lista de sugerencias para los nuevos padres de trillizos/as. Póngalas en orden de importancia.

2. Compare sus sugerencias con las de sus compañeros de clase. ¿Son diferentes las sugerencias que escribieron las mujeres a las que escribieron los hombres? ¿Cuáles son las semejanzas?

Actividad 8: ¿Cómo se llamarán sus propios hijos?

Si usted tuviera hijos, ¿qué nombres les pondría? Apunte a continuación sus tres nombres favoritos para varones y hembras, y después dé a cada nombre una lista de tres adjetivos que usted asocia personalmente con ese nombre.

nombres para varones   **adjetivos asociados**

Jorge   sólido, sensato, deportivo

_____   _____

_____   _____

_____   _____

nombres para hembras	**adjetivos asociados**
Margarita	misteriosa, intensa, atlética
_____	_____
_____	_____
_____	_____

Composición y concreción

Metas de exposición: La integración de los componentes de la exposición

- la descripción
- la narración
- el análisis
- la argumentación
- la formulación de una cuestión

En este capítulo, se trata de integrar todas las técnicas que contribuyen a la redacción de un ensayo complejo en un solo documento.

Posibles temas de redacción

1. Escriba un resumen del tema que le afectó más en el curso.
2. Componga un cuento descriptivo sobre su descendiente ideal.
3. Basándose en las lecturas en el capítulo, desarrolle un ensayo que describa los problemas fundamentales que estas lecturas ilustran sobre la crianza de los niños.
4. Diseñe un folleto de avisos para nuevas parejas sobre los peligros de decidir tener hijos: es una responsabilidad seria.
5. Escriba un aviso formal para su médico explicándole las medidas que usted desea que se tomen si usted está moribundo/a. Aclare su posición de manera que él o ella entienda su posición en caso de que usted entre en el hospital en estado de coma.
6. Escriba su propia necrología para un periódico o para las ceremonias funerales.
7. Realice un estudio con recomendaciones para integrar en la comunidad a los residentes de un centro para ancianos.
8. Otro tema después de consultar con su profesor/a.

Ejercicio 1: Lazarillo de temas

1er Paso   *Seleccione uno de los posibles temas para redactar. Durante cinco minutos, prepare una lista de palabras o ideas que se le ocurran y que se relacionen con este tema.*

2o Paso   *Formen grupos basándose en los temas que hayan seleccionado de la lista. Si usted es la única persona que ha seleccionado cierto tema, trabaje con otro grupo a su elección.*

3er Paso   *En los pequeños grupos, pase a sus compañeros las ideas que escribió en el 1er Paso. Ellos le ofrecerán sugerencias para desarrollar sus primeras intuiciones. El grupo debe calificar sus palabras o ideas de acuerdo con los siguientes adjetivos.*

1.   central

2.   relacionado

3.   de posible utilidad

4.   fuera del tema

Si usted no está de acuerdo con el grupo, defienda o explique su selección de términos.

Ejercicio 2: Realización del borrador

Con la lista de palabras e ideas que usted formuló en el Ejercicio 1, escriba un párrafo en que explique exactamente lo que pretende decir sobre el tema que seleccionó. Además, debe indicar cuáles son las razones fundamentales que apoyen su posición.

Ejercicio 3: Antes de leer

Muchas veces resulta fácil reconocer una palabra o forma nueva por lo parecida que es a otra palabra común. Escriba definiciones breves para las palabras subrayadas.

1.   Era un perro simpático y juguetón. [jugar]

_____

2.   Ahora se revuelve nervioso cuando alguien se acerca a la puerta de su perrera. [perro]

_____

3.   Es complicado encajar el abuelo, el perro y los niños con algunos planes veraniegos. [caja, verano]

_____

_____

4.   Facilita la posibilidad de ingresarlos en un centro especializado durante las vacaciones. [fácil, ingresos]

_____

_____

Ejercicio 4: Editores en colaboración

Lea la siguiente selección. Luego siga las instrucciones al final para escribir un resumen del contenido así como textos para arte gráfico para acompañar este artículo.

Aparcados

Residencias, campamentos, hoteles... Hay muchos recursos cuando el abuelo, el niño o el perro no encajan en las vacaciones. Y los hay crueles, como el abandono.

A Rocco, un gigante de 90 kilos de peso, mezcla de mastín y San Bernardo, se le ha agriado el carácter. Antes se comportaba de un modo torpe y cariñoso con los niños. Era un perro simpático y juguetón. Ahora se revuelve nervioso cuando alguien se acerca a la puerta de su perrera. Pone cara de pocos amigos.

Es por la incertidumbre. Espera desde el mes de abril a que su dueña vaya a buscarlo a la residencia canina donde lo dejó por unos días. Un período de tiempo que va camino de convertirse en definitivo.

A José Julio Urías, dueño del Cannes Club, el hogar provisional de Rocco, le ha extrañado mucho que la dueña del perro no haya dado señales de vida. Lo había dejado allí en varias ocasiones y siempre había acudido puntual a recogerlo. La última vez que la vieron fue el día que llevó a Rocco. Se iba a cambiar de domicilio y era mejor librarse del perrazo durante la mudanza. Probablemente Rocco no encaje en el nuevo hogar de su ama. O quizás se ha marchado de vacaciones.

Suele suceder. En vacaciones se produce un cambio en las condiciones de vida donde no tienen cabida algunos miembros de la familia. Es complicado encajar el abuelo, el perro y los niños con algunos planes veraniegos. O encajan, pero la familia prefiere descansar de ellos por unos días y aprovecha la excusa de que el apartamento de la playa es muy pequeño.

Entonces surge un amplio rosario de posibilidades para el veraneo de estos tres miembros de la familia. Al perro lo pueden llevar a una residencia canina. O abandonarlo impunemente. Es fácil: abren la puerta del coche y aprietan el acelerador.

Al abuelo también lo pueden llevar a una residencia. El ministerio de Asuntos Sociales ha puesto en marcha un programa de estancias temporales para echar una mano a las familias que viven con sus mayores. Facilita la posibilidad de ingresarlos en un centro especializado durante las vacaciones.

Y a los niños pueden dejarlos en varios sitios: en campamentos de verano, cursos de inglés en el extranjero, en La Casa de la Abuela, el primer hotel de niños que funciona en España.

Antes de optar por estos destinos, siempre está la alternativa familiar. O sea, echar mano de los cuñados, primos, o de los abuelos para que se hagan cargo de los niños. Pero la familia española ha sufrido importantes cambios en los últimos años.

Ya no es como antes. La integración de la mujer en el trabajo ha creado nuevos problemas. Los niños en edad escolar tienen tres meses de vacaciones, sus padres, sólo uno: ¿quién se ocupa de ellos los dos meses restantes? Tradicionalmente lo hacían las madres. Pero ahora muchas trabajan.

...

(Cambio 16, 1° de agosto de 1994)

1ᵉʳ Paso *El índice de la revista que contiene este artículo necesita una oración completa que identifique el contenido para guiar al lector curioso. Escriba un texto apto que atraiga la atención e interés del público que mira sólo este índice.*

_____

_____

_____

_____

2º Paso *Este artículo sobre el abandono de animales de compañía, niños y parientes mayores merece ser ilustrado con fotos y dibujos. Identifique por lo menos tres opciones que se le ocurran para recomendar al editor de la revista. Incluya una descripción de la foto o del dibujo y un texto provisional.*

foto/arte: _____

_____

texto: _____

_____

foto/arte: _____

_____

texto: _____

_____

foto/arte: _____

_____

texto: _____

_____

Ejercicio 5: Editores en colaboración

Los párrafos y apuntes que siguen se relacionan con el mismo artículo «Aparcados», pero son meramente las ideas preliminares del reportero. Se refieren a dos áreas más, lugares para «aparcar» a los ancianos y los animales de compañía. Tome notas y, según las instrucciones a continuación, escriba la prosa necesaria para compaginar con el comienzo del artículo. Muchas veces la información está fuera de orden y hay que imponer una secuencia más racional, o añadir más información o conexiones lógicas.

EJERCICIO TAMBIÉN EN EL MICRODISQUETE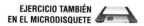

- varias opciones; algunas familias con miembros mucho mayores necesitan ayuda especial
- A María Dolores Jiménez, de 82 años de edad, sus hijos le pagan el veraneo en una residencia-hotel lujosa y cara: más de 250.000 por el mes de

agosto. A ella no le parece mal que la aparquen allí mientras ellos se van de vacaciones a Palma de Mallorca. Ella lo comprende: «Van a una casa llena de escaleras empinadas y se pasan el día navegando. Lo más cómodo para todos es que yo no vaya. Además, ellos también tienen que disfrutar a solas de sus hijos».

- Ministerio de Asuntos Sociales: programa de estancias temporales, hasta de tres meses
- menos presión social en contra de esta actitud es mejor que la de simplemente dejarlos solos
- 600 participantes ancianos hasta ahora
- programa joven
- cuesta el 75% de los ingresos de la seguridad social
- «INSERSO»= Instituto Nacional de Servicios Sociales
- 18% de hogares españoles tiene perro, 12% tiene gato
- frente a la opción de aparcar a las mascotas está la de abandonarlas
- en 1992, 100.000 perros y 200.000 gatos puestos en «libertad» en calle o carretera
- datos sobre mascotas de: Fundación Purina, entidad sin ánimo de lucro, recoge datos, campañas de publicidad en contra del abandono
- animales sueltos en las autopistas causan más de 500 accidentes cada año
- en 1993 75.000 perros y 150.000 gatos abandonados
- la obligatoriedad de un microchip: Se trata de un dispositivo minúsculo que se implanta bajo la piel de los perros. En él se almacena información sobre el animal y sus amos. En caso de abandono se puede localizar a sus dueños desaprensivos a quienes les puede caer un multazo.

Al público

Mire su borrador tal como está en este momento. Siga los pasos en la lista que aparece a continuación y tome apuntes de sus respuestas para las últimas revisiones.

1. Si su profesor/a leyera su trabajo ahora mismo, ¿qué le diría a usted?
2. Si su profesor/a fuera a felicitarle por su buen trabajo, ¿qué le diría?
3. Apunte en una lista los tres puntos más básicos que usted quiere comunicar por medio de su trabajo.
4. Vuelva a leer la primera frase de su trabajo. En una escala de 1 (soso) a 10 (intrigante), ¿qué calificación le pondría?
5. Si usted tuviera que suprimir una parte de este ensayo, ¿qué parte escogería?
6. Si usted fuera a agregar algo a este ensayo, ¿qué añadiría?
7. ¿Qué piensa usted que debe hacer al ensayo para mejorarlo antes de entregar una versión final? ¿Cuánto tiempo calcula usted que será necesario para realizar estos cambios?

CURIOSIDADES DE CULTURA Y LENGUAJE
La Real Academia Española

The desire for a guiding authority for Castilian as a national language first appeared in Spain when Antonio de Nebrija urged Isabel la Católica to embrace the idea through his *Gramática Castellana* (1492), the first grammar of a modern language. The fruition of this desire came in the eighteenth century with the creation of the **Real Academia de la Lengua Española** in Madrid, now located just behind the Prado Museum and housed in a stately old building on the Calle de Ruiz de Alarcón.[1] The present Academy, modeled on the France's *Académie Française*, was founded in 1714 by Felipe V amid the swelling tides of nationalism then felt across Europe when each country wanted to promote its language and literature and use these as instruments of cultural unity among their restless internal factions.

The Real Academia de la Lengua Española has thirty-six **Académicos de número**, now limited to at most two four-year terms, plus countless corresponding and honorary members. Those elected to the Academia are among Spain's and the Spanish-speaking world's most distinguished poets, novelists and writers, as well as researchers in many scientific and humanistic fields who can comment on how Spanish is used in their disciplines.

The Academia's influence and prestige is still felt by educated people in Spain, and in Latin American countries that have established their own academies: Argentina, Bolivia, Chile, Colombia, Costa Rica, Cuba, Ecuador, the Philippines, Guatemala, Honduras, Mexico, Nicaragua, Panama, Peru, the Dominicana Republic, El Salvador, Uruguay and Venezuela. Within the United States there is a modest **Academia Puertorriqueña de la Lengua Española** founded in 1955, and an **Academia Norteamericana** in New York since 1973. All these academies and their international **Asociación de Academias de la Lengua Española** collaborate on linguistic research and together form the largest language academy network in the world.

What do the Real Academia in Madrid and its affiliates actually do? The publication of dictionaries, grammars, histories of the language, critical editions and other reference tools comprise the bulk of their efforts. The *Diccionario de la Lengua Española,* now in its twenty-first edition (1992), is consulted as a particularly authoritative source on the acceptability and correct usage of Spanish words. Preparing dictionaries entails a massive effort perhaps only possible in the Spanish-speaking world through the mediation of the Real Academia itself. Most of the Hispanic academies publish learned journals on literature and language, and the standardization of the Spanish spelling system in line with common pronunciation has to be credited to the work of the national Academias. The Latin American institutions track and document the processes of linguistic evolution in Spanish in the New World, such as the forms of **vos** used in Argentina, the phenomenon of **leísmo/loísmo** (alternation of **le/lo** for masculine singular direct objects), local slang, and the emergence of new loan words.

---

[1]An overview of national language academies across the world can be found in John Lihani, *Global Demands on Language and the Mission of the Language Academies*, Lexington, KY: Univ. of Kentucky, 1988.

continued

♦ ♦ ♦

Although the stated purpose of the Spanish Academy is «**velar por la pureza, propiedad y esplendor de la lengua castellana**», the modern academies are fully aware that no living language can be "policed" for correct usage, and curiously Castilian apparently does not need to be. Despite its global spread to dozens of countries, insufficient educational resources, and hundreds of millions of native speakers, Spanish is remarkably consistent across the world. Linguistic differences within a single country may be starkly clear and even politically charged for some natives, but *as a language* the Spanish exchanged between residents of Buenos Aires and Barcelona, la Habana and Asunción, the Galápagos and Galicia is immediately intelligible to all.

Ejercicio 6: Regionalismos en español

Consult the reference desk of your library to locate the **Diccionario de la Real Academia Española** *and other Spanish dictionaries that include differences in regional or national usage. See if you can track down differences in meaning for the following terms:*

1. la bolsa _____

    el bolso _____

2. carro _____

    coche _____

    auto _____

    automóvil _____

3. champiñones _____

    hongos _____

4. guagua (*Canarias, PR*) _____

    guagua (*América Latina*) _____

5. guisantes _____

    arvejas _____

6. ordenador _____

    computador(a) _____

7. papas _____

    patatas _____

continued

♦ ♦ ♦

8. tortilla (*España*) _____

tortilla (*México*) _____

Ejercicio 7: ¿Cómo contestar el teléfono?

Ask native speakers from as many different Hispanic countries as you can (and when possible, several individuals from the same country) what phrases they spontaneously use when (a) first answering the telephone, and (b) concluding a conversation on the phone. Bring your findings to class and compare them with those of your classmates.

country of origin   **expressions for answering phone**

_____   _____

_____   _____

_____   _____

_____   _____

country of origin   **expressions for concluding phone conversation**

_____   _____

_____   _____

_____   _____

_____   _____

A P E N D I C E 1

Evaluation Criteria

A specific set of evaluation criteria is suggested for the writing tasks studied in each chapter in the textbook. Instructors may announce to their students that their next assignment will be scored according to a given set of criteria as indicated in this Appendix, or that students may choose a set that best reflects what they are composing. The following five modes of rhetorical expression are explored in *Generaciones*.

1.   Description
2.   Narration
3.   Analysis
4.   Argumentation
5.   Formulation of position

This is a deliberate break from the tradition of composition instruction which prescribes that a paper must conform to preset categories (comparison and contrast, cause and effect, etc.) as points of departure for writing assignments, rather than as means to a variety of ends. These five modes of rhetorical expression are woven throughout the book and presented more than once to provide students with the opportunity to use them as tools to explore diverse topics, and also to begin to acquire a more objective voice in their writing. The evaluation criteria suggested for each chapter specifically address these modes of rhetorical expression.

Instructors may wish to require students to submit writing projects totaling 90 to 100 points during the course, consisting of three or four essays according to the point counts suggested below. But instructors should also feel free to change the point values for the various subdivisions, or devise their own evaluation criteria according to the writing tasks they design in consultation with their student authors.

When using these or any other evaluation criteria for compositions, instructors should follow these guidelines.

1.   Read several compositions before evaluating any of them. It will help you establish a baseline set of expectations, and it will also alert you if more than one student has misinterpreted the writing task.
2.   Read the entire composition before identifying the criteria set that best describes the composition. An evaluation that reflects only the first part of the composition may not be a fair representation of the entire work.

3. When using any set of evaluation criteria, always read from the lowest to highest ratings in a category—do not read from highest to lowest. This will increase the overall accuracy of your rating.

4. When making comments on final drafts, your most effective contributions will be your reactions, in Spanish, to the *content* of students' compositions. Spending hours of your time with a red pen making sure every incorrect grammar item or missing accent is marked has not been found to be effective in helping students become better writers.

Capítulo 1 Generaciones

Metas de exposición: La descripción subjectiva (24 puntos)

Description
  2 Little or no description with concrete sensory data
  4 Descriptions are adequate, but lacking in detail and elaboration
  6 Descriptions appeal to physical senses and reveal inner traits

Information
  2 Minimal/inappropriate/inaccurate information beyond the obvious for subject
  4 Adequate information on appearance and behavior
  6 Complete, detailed, accurate data, logically sequenced and internally well related

Comprehensibility
  2 Most of description is incomprehensible
  4 Generally comprehensible description, but needs interpretation
  6 Completely comprehensible

Grammar & Mechanics
  2 Grammar not under control and interferes with sense; accents, formatting, and other mechanics of presentation seem careless
  4 Grammar essentially correct with some stumbles; accents and mechanics occasionally flawed
  6 Grammar correct through extended stretches; accents and mechanics well executed

Capítulo 2 Experiencia de la niñez

Metas de exposición: La descripción objetiva y la narración (24 puntos)

Description & Narration
  2 Little or no description given; context of narrative obscure; reader undefined or unassisted in interpreting content

4   Descriptions are adequate, but lacking in detail and development; narration unconnected except in temporal sequence
6   Descriptions are elaborate, detailed, and well-developed; narrative shows internal cohesion and causality beyond mere progression of incidents

Vocabulary
2   Vocabulary is flat, erroneous, and/or inadequate for subject
4   Vocabulary is adequate but colorless
6   Vocabulary is broad in range, precise, and expressive

Syntax
2   Unvaried short sentences, unrelated by internal connectors
4   Some difficulty in understanding transitions; some good variation in sentence patterns
6   Complex, varied sentences with clear connectors to neighboring sentences and to larger context

Grammar & Mechanics
2   Grammar not under control and interferes with sense; accents, formatting, and other mechanics of presentation seem careless
4   Grammar essentially correct with some stumbles; accents and mechanics occasionally flawed
6   Grammar correct through extended stretches; accents and mechanics well executed

Capítulo 3   Los animales

Metas de exposición: La descripción y el análisis, etapa 1 (30 puntos)

Description & Analysis
2   Little or no description given; no attempt to analyze the subject
4   Descriptions are adequate, but lacking in detail and development; some analysis of content apparent through comparison and contrast, cause and effect, and other organizing principles
6   Descriptions are elaborate, detailed, and well-developed; analysis of the content is clearly sequenced and interlinked

Information
2   No original information given; suggests minimal understanding of content; highly personalized voice
4   Adequate, sometimes original, information given; suggests understanding of content; depersonalized presentation by writer
6   Original, detailed, accurate information with objective, analytical tone throughout

Vocabulary
- 2   Vocabulary is flat and repetitious; no terminology specific to subject matter
- 4   Vocabulary is adequate, but colorless and repetitive
- 6   Vocabulary is broad in range, precise, and expressive

Syntax
- 2   Unvaried short sentences, unrelated by internal connectors
- 4   Some difficulty in understanding transitions; some good variation in sentence patterns
- 6   Complex, varied sentences with clear connectors to neighboring sentences and to larger context

Grammar & Mechanics
- 2   Grammar not under control and interferes with sense; accents, formatting, and other mechanics of presentation seem careless
- 4   Grammar essentially correct with some stumbles; accents and mechanics occasionally flawed
- 6   Grammar correct through extended stretches; accents and mechanics well executed

Capítulo 4   Cuestiones sociales

Metas de exposición: La argumentación subjetiva, etapa 1 (30 puntos)

Argumentation
- 2   No argument presented or not developed in any detail; no attempt to examine topic critically; ideas merely listed without logical connectors
- 4   Arguments are adequate, but lack detail and development; some critical examination of content with some supporting evidence; organization apparent but not entirely effective
- 6   Arguments are elaborate, detailed, and well-developed; critical examination of the content is clear and well-supported with main points easily identifiable

Information
- 2   Minimal/inappropriate/inaccurate information provided; little independent contribution of information; few sub-points or supporting details; shows little objectivity
- 4   Adequate, sometimes original, information; suggests understanding of content; depersonalized presentation by writer; main points and some sub-points discernible; some supporting detail
- 6   Complete, detailed, accurate information given; original, clear understanding of content; main points and sub-points presented with persuasive supporting information

Vocabulary
2   Vocabulary is flat and repetitious; no terminology specific to subject matter
4   Vocabulary is adequate, but colorless and repetitive
6   Vocabulary is broad in range, precise, and expressive

Syntax
2   Unvaried short sentences, unrelated by internal connectors
4   Some difficulty in understanding transitions; some good variation in sentence patterns
6   Complex, varied sentences with clear connectors to neighboring sentences and to larger context

Grammar & Mechanics
2   Grammar not under control and interferes with sense; accents, formatting, and other mechanics of presentation seem careless
4   Grammar essentially correct with some stumbles; accents and mechanics occasionally flawed
6   Grammar correct through extended stretches; accents and mechanics well executed

Capítulo 5   La salud

Metas de exposición: La argumentación, etapa 2 (34 puntos)

Argumentation
3   No argument presented; arguments not developed in any detail; no attempt to analyze the topic critically; argumentation limited to personal opinions; no attempt to look at oneself critically
5   Arguments are adequate, but lacking in detail and development; some critical self-analysis of content with some support; arguments go beyond mere personal opinion
7   Arguments are elaborate, detailed, and well-developed; critical self-analysis is clear and well-supported; arguments are objective

Information
3   Minimal/inappropriate/inaccurate information provided; little independent contribution of information; information merely restated from outside source; few sub-points or supporting details; shows little objectivity
5   Adequate, sometimes original, information; suggests understanding of content; depersonalized presentation by writer; main points and some sub-points discernible; some supporting detail; some synthesis of information from outside sources

7   Complete, detailed, accurate information given; original, clear understanding of content; main points and sub-points presented with persuasive supporting information; source information effectively synthesized with original perspectives

Comprehensibility & Cohesion

3   Serious disorganization or lack of organization; a series of disconnected ideas or merely a list; main points are hard to identify

5   Generally comprehensible, but needs interpretation; limited order to the content or ineffective ordering of main points; information is not just listed—some other organizing principle is apparent

7   Completely comprehensible, well-organized, and developed; main points easily identifiable; relevant supporting information

Vocabulary & Syntax

3   Vocabulary is flat and repetitious; no terminology specific to subject matter; unvaried short sentences, unrelated by internal connectors

5   Vocabulary is adequate, but colorless and repetitive; some difficulty in understanding transitions; some good variation in sentence patterns

7   Vocabulary is broad in range, precise, and expressive; complex, varied sentences with clear connectors to neighboring sentences and to larger context

Grammar & Mechanics

2   Grammar not under control or interferes with sense; accents, formatting, and other mechanics of presentation seem careless

4   Grammar essentially correct with some stumbles; accents and mechanics occasionally flawed

6   Grammar correct through extended stretches; accents and mechanics well executed

Capítulo 6   El medio ambiente y la tecnología

Metas de exposición: El análisis, etapa 2 (34 puntos)

Analysis & Problem Formulation

3   Little or no attempt to analyze the topic; no problem formulated; analysis is merely a statement of personal opinion

5   Analyses are adequate, but lacking in detail and development; some attempt to formulate a problem apparent

7   Analyses are elaborate, detailed, well-developed, and well-supported; the problem and its causes and effects are clearly laid out

Information

3   Minimal/inappropriate/inaccurate information provided; little independent contribution of information; information merely restated

from outside source; few sub-points or supporting details; shows little objectivity

5 Adequate, sometimes original information; suggests understanding of content; depersonalized presentation by writer; main points and some sub-points discernible; some supporting detail; some synthesis of information from outside sources

7 Complete, detailed, accurate information given; original, clear understanding of content; main points and sub-points presented with persuasive supporting information; source information effectively synthesized with original perspectives

Comprehensibility & Cohesion

3 Serious disorganization or lack of organization; a series of disconnected ideas or merely a list; main points are hard to identify

5 Generally comprehensible, but needs interpretation; limited order to the content or ineffective ordering of main points; information is not just listed—some other organizing principle is apparent

7 Completely comprehensible, well-organized, and developed; main points easily identifiable; relevant supporting information

Vocabulary & Syntax

3 Vocabulary is flat and repetitious; no terminology specific to subject matter; unvaried short sentences, unrelated by internal connectors

5 Vocabulary is adequate, but colorless and repetitive; some difficulty in understanding transitions; some good variation in sentence patterns

7 Vocabulary is broad in range, precise, and expressive; complex, varied sentences with clear connectors to neighboring sentences and to larger context

Grammar & Mechanics

2 Grammar not under control and interferes with sense; accents, formatting, and other mechanics of presentation seem careless

4 Grammar essentially correct with some stumbles; accents and mechanics occasionally flawed

6 Grammar correct through extended stretches; accents and mechanics well executed

Capítulo 7   La amistad y las relaciones

Metas de exposición: La argumentación, etapa 3 (34 puntos)

Formulation of Position

3 Position taken merely a personal opinion; no attempt to account for likely opinions of others; position based entirely on personal experiences and anecdotal information; no attempt to look at one's position critically

5   Position is reasonable, but lacking in balance between concrete instances and a "bigger picture"; some critical analysis with some supporting data; arguments go beyond mere personal opinion

7   Arguments are elaborate, detailed, and well-developed; critical self-
analysis is clear and well-supported; appeal to reason

Information

3   Minimal/inappropriate/inaccurate information provided; little independent contribution of information; information merely restated
from outside source; few sub-points or supporting details; format and
paragraphing does not reflect structure of content

5   Adequate, sometimes original, information; depersonalized presentation by writer; main points and some sub-points discernible; some supporting detail; some synthesis of information from outside sources;
format and paragraphing help guide reader through presentation

7   Complete, detailed, accurate information given; main points and sub-
points presented with logic and conviction; source information effectively synthesized with original perspectives; format elegantly reflects
structure of argument

Comprehensibility & Cohesion

3   Serious lack of organization; a series of disconnected opinions; main
points are hard to identify; no attempt to engage emotional sympathies
of reader

5   Limited order to the content or ineffective ordering of main points;
information is not just listed—some other organizing principle is apparent; requires sympathetic reading to elicit agreement with position

7   Completely comprehensible, well-organized, and developed; main
points easily identifiable; relevant supporting information; engages
sympathies and good will of reader

Vocabulary & Syntax

3   Vocabulary is flat and repetitious; no terminology specific to subject
matter; unvaried short sentences, unrelated by internal connectors

5   Vocabulary is adequate, but colorless and repetitive; some difficulty in
understanding transitions; some good variation in sentence patterns

7   Vocabulary is broad in range, precise, and expressive; complex, varied
sentences with clear connectors to neighboring sentences and to larger
context

Grammar & Mechanics

2   Grammar not under control and interferes with sense; accents, formatting, and other mechanics of presentation seem careless

4   Grammar essentially correct with some stumbles; accents and mechanics occasionally flawed

6   Grammar correct through extended stretches; accents and mechanics
well executed

Capítulo 8   Llegar a ser profesional

Metas de exposición: El análisis, etapa 3 (34 puntos)

Analysis & Formulation of Position

  3   Little or no attempt to analyze the topic; no position formulated; position merely personal opinion; no attempt to account for likely opinions of others; no attempt to look at one's position critically

  5   Position is reasonable, but lacking in balance between concrete instances and a "bigger picture"; analyses are adequate, but lacking in detail and development; some attempt to formulate a problem apparent

  7   Analyses are elaborate, detailed, well-developed, and well-supported; causes and effects are clearly laid out; position taken appeals to reason

Information

  3   Little independent contribution of information; information merely restated from outside source; few sub-points or supporting details; shows little objectivity; format and paragraphing does not reflect structure of content

  5   Adequate, sometimes original, information; depersonalized presentation by writer; main points and some sub-points discernible; some supporting detail; some synthesis of information from outside sources; format and paragraphing help guide reader through presentation

  7   Complete, detailed, accurate information given; original, clear understanding of content; source information effectively synthesized with original perspectives; format elegantly reflects structure of argument

Comprehensibility & Cohesion

  3   Serious disorganization or lack of organization; a series of disconnected ideas or merely a list; main points are hard to identify; no attempt to engage emotional sympathies of reader

  5   Generally comprehensible, but needs interpretation; limited order to the content or ineffective ordering of main points; information is not just listed—some other organizing principle is apparent; requires sympathetic reading to elicit agreement with position

  7   Completely accessible, well-organized, and developed; main points easily identifiable; relevant supporting information; engages sympathies and good will of reader

Vocabulary & Syntax

  3   Vocabulary is flat and repetitious; no terminology specific to subject matter; unvaried short sentences, unrelated by internal connectors

  5   Vocabulary is adequate, but colorless and repetitive; some difficulty in understanding transitions; some good variation in sentence patterns

  7   Vocabulary is broad in range, precise, and expressive; complex, varied sentences with clear connectors to neighboring sentences and to larger context

Grammar & Mechanics

2   Grammar not under control and interferes with sense; accents, format-
     ting, and other mechanics of presentation seem careless

4   Grammar essentially correct with some stumbles; accents and mechan-
     ics occasionally flawed

6   Grammar correct through extended stretches; accents and mechanics
     well executed

Capítulo 9   La plenitud

Metas de exposición: La integración de los componentes de la exposición (42 puntos)

Integration of Analysis, Argumentation, and Formulation of Position

3   Little or no attempt to analyze the topic; no position formulated; posi-
     tion merely personal opinion; no attempt to account for likely opin-
     ions of others; no description or narration to buttress presentation

5   Position is reasonable, but lacking in balance between concrete in-
     stances and a "bigger picture"; some attempt to formulate a problem
     apparent; some description and narrative to make problem or position
     more concrete

7   Analyses are elaborate, detailed, well-developed, and well-supported;
     causes and effects are clearly tied together; position taken appeals to
     reason; description and narrative used effectively to complement the
     whole

Information

3   Little independent contribution of information; information merely
     restated from outside source; few sub-points or supporting details;
     shows little objectivity; format and paragraphing does not reflect struc-
     ture of content

5   Adequate, sometimes original, information; depersonalized presenta-
     tion by writer; main points and some sub-points discernible; some sup-
     porting detail; some synthesis of information from outside sources;
     format and paragraphing help guide reader through presentation

7   Complete, detailed, accurate information given; original, clear under-
     standing of content; source information effectively synthesized with
     original perspectives; format elegantly reflects structure of argument

Comprehensibility & Cohesion

3   Serious disorganization or lack of organization; a series of discon-
     nected ideas or merely a list; main points are hard to identify; no at-
     tempt to engage emotional sympathies of reader

5   Generally comprehensible, but needs interpretation; limited order to
     the content or ineffective ordering of main points; information is not

just listed—some other organizing principle is apparent; requires sympathetic reading to elicit agreement with position

7   Completely accessible, well-organized, and developed; main points easily identifiable; relevant supporting information; engages sympathies and good will of reader

Vocabulary & Syntax

3   Vocabulary is flat and repetitious; no terminology specific to subject matter; unvaried short sentences, unrelated by internal connectors

5   Vocabulary is adequate, but colorless and repetitive; some difficulty in understanding transitions; some good variation in sentence patterns

7   Vocabulary is broad in range, precise, and expressive; complex, varied sentences with clear connectors to neighboring sentences and to larger context

Language

3   Incomprehensible due to language use; most sentences ill-formed; little agreement between subject/verb, noun/adjective

5   Some difficulty in understanding content due to language use; consistent agreement between subject/verb, noun/adjective; some sentences awkward or unbalanced

7   Most sentences well-formed and eloquent; structural variation reflects and supports presentation of argument

Grammar & Mechanics

3   Grammar not under control and interferes with sense; accents, formatting, and other mechanics of presentation seem careless

5   Grammar essentially correct with some stumbles; accents and mechanics occasionally flawed

7   Grammar correct through extended stretches; accents and mechanics well executed

A P E N D I C E 2

Advanced Placement Spanish

Generaciones can be used for either college-level courses or for high school classes in Advanced Placement Spanish Language in preparation for the AP Exam. Because *Generaciones* tries to explore the encounters, and often distinct contrasts, between Hispanic and Anglo-American cultures, it should be especially appropriate for high school and college classes rich in Hispanics where cultural comparisons are immediately available for exploration and can be brought to the surface to foster mutual understanding.

For college conversation/composition classes with significant numbers of incoming students with an AP background, occasional timed essays for practice can be a good way of reactivating skills developed during previous language study. AP training in high school seeks to help students "write a narration or description several paragraphs in length; present and defend ideas and points of view; provide appropriate examples and draw conclusions from them; provide introductory remarks, transitions and a conclusion in an essay." [1]

College teachers should probably *not* use these timed-writing exercises as exams or even give them grades. They may provide additional composition themes for each chapter, or be used as extra *«Ensayos al instante»*, first draft exercises that can be read and assessed by the authors, or their teachers and peers, according to the AP evaluation guidelines given below. After revisions, you may wish to apply one of the more task-specific evaluation forms in Appendix 1 of this book. Above all, it should be noted that the AP rubrics seek to give a *holistic* score on *global* abilities as a capstone evaluation of a student's *long-term* progress in writing. The AP criteria are not efficient measures of short-term progress on task-based assignments, although they do provide guideposts toward achieving skills valuable for many writing situations.

For high schools with Advanced Placement Spanish Language classes, the writing practice this book provides is congruent with the skills students will be called on to demonstrate in the free writing portion of the AP Language Exam. The essay topics listed below include some of the questions used in recent

---

[1] *Teacher's Guide to Advanced Placement Courses in Spanish Language*, p. 27. The *Teacher's Guide, The Advanced Placement Examination in Spanish Language and Its Grading, Advanced Placement Course Description: Spanish* and other publications related to the Advanced Placement program are available from the Educational Testing Service and The College Board. Advanced Placement test questions selected from *Advanced Placement Examination: Spanish Language,* © College Entrance Examination Board (1987; 1988; 1989; 1990; 1991; 1992; 1993). Reprinted by permission of Educational Testing Service, the copyright owner of the test questions. Directions and Scoring Rubrics selected from 1996 *AP Spanish: Free Response Guide with Multiple Choice Section,* © College Entrance Examination Board (1996).

years' AP exams and other topics which are more specific than what is likely to be found in a standardized national test but which may be appropriate for local situations and in-class use. For those high school teachers who would like to practice with timed writing assignments, the 1993 Evaluation Rubrics used by ETS faculty consultants to score the free writing sample of the Exam and a repertoire of essay topics are provided below.[2]

Rubrics for scoring the Composition Portion of the 1996 Advanced Placement Spanish Language Exam

9   DEMONSTRATES EXCELLENCE IN WRITTEN EXPRESSION
Control of complex syntax and good use of verbs, although a few errors may occur. Rich, precise idiomatic vocabulary; ease of expression. Very good command of conventions of the written language (orthography, sentence structure, paragraphing and punctuation).

7-8   DEMONSTRATES VERY GOOD COMMAND IN WRITTEN EXPRESSION
Evidence of complex syntax and appropriate use of verbs, although more than a few grammatical errors may occur; very good control of elementary structures Considerable breadth of vocabulary. Conventions of the written language generally correct.

4-5-6   DEMONSTRATES A BASIC TO GOOD COMPETENCE IN WRITTEN EXPRESSION
Control of elementary structures and common verb tenses; frequent errors may occur in complex structures. Vocabulary appropriate but limited; occasional second language interference. May have frequent errors in orthography and other conventions of the written language.

2-3   SUGGESTS LACK OF COMPETENCE IN WRITTEN EXPRESSION
Numerous grammatical errors even in elementary structures; there may be an occasional redeeming feature, such as correct advanced structure. Limited vocabulary, significant second language interference. Pervasive errors of orthography may be present.

0-1   DEMONSTRATES LACK OF COMPETENCE IN WRITTEN EXPRESSION
Constant grammatical errors impede communication. Insufficient vocabulary; frequent second language interference. Severe problems with orthography may interfere with written communication.

-   CONTAINS NOTHING THAT EARNS POINTS
Blank or off-task answers (obscenity, nonsense poetry, drawings, etc.) or mere restatement of the question.

Note: Organization will be taken into account in determining scores. Scores may be lowered on papers shorter than 200 words.

---

[2] The 1991 AP Exam directions for the free writing portion in Spanish and English read as follows: «Escriba EN ESPAÑOL un ensayo claramente expuesto y ordenado sobre el tema que se menciona a continuación. Se calificará su trabajo teniendo en cuenta la precisión y riqueza de vocabulario, la precisión gramatical y la organización del tema. El ensayo debe tener una extensión mínima de 200 palabras». *Write IN SPANISH a well organized essay on the topic below. Your work will be evaluated for extent and appropriateness of vocabulary, grammatical accuracy, and organization. Your essay should be* at least 200 words in length.

Sample essay topics for the Composition Portion of the AP Exam

The following are sample writing topics for timed essays. Some are marked as actual test items from recent AP Spanish Language Exams. Others were written specifically for *Generaciones*. Students should be given time to brainstorm and take notes on the question for as long as 20 minutes, and then write at least 200 words in no more than 20 minutes; instructors may wish to shorten these time periods to as little as 10 minutes each.

Capítulo 1   Generaciones

1. Escriba un ensayo en el que usted describa un personaje histórico que represente bien a su cultura o raza. ¿Por qué representa este hombre o mujer valores importantes para hoy en día?

2. Escriba un ensayo bien organizado que explique qué significa la familia para usted y qué tipo de familia usted espera tener en el futuro.

3. Muchas familias sienten conflictos generacionales. Escriba un ensayo en el que se analicen las raíces de estas tensiones y cómo pueden resolverse.

4. En una descripción de varios párrafos estrechamente relacionados, describa a un antepasado de su familia, real o ficticio, que sirva de inspiración para sus descendientes.

5. La relación entre los adolescentes y los adultos es muy compleja y a menudo puede ser problemática. Las buenas relaciones entre estos dos grupos dependen de la flexibilidad de ambos grupos. Explique usted, en un ensayo bien organizado, la importancia de algunos aspectos de esta relación como, por ejemplo, la comunicación, la responsabilidad que tienen los jóvenes hacia los adultos y viceversa, la flexibilidad, la confianza mutua, y lo que puede ocurrir cuando faltan estos aspectos.   [1990 AP Spanish Exam]

Capítulo 2   Experiencia de la niñez

1. La experiencia preescolar, en una escuela Montessori u otro Jardín de Infancia, suele influir profundamente en la vida de los niños inscritos. ¿Qué opina usted de estas instituciones y qué pueden ofrecer a los pequeños?

2. Algunos niños inventan compañeros imaginarios con quienes pueden compartir sus actividades infantiles. ¿Representan algún vacío en la experiencia familiar del jovencito? ¿Qué consejos puede usted ofrecer a sus padres?

3. En un ensayo bien organizado, describa usted qué es la felicidad para un niño. Ofrezca ejemplos concretos de situaciones que fomenten o apoyen su bienestar psicológico.

4. Muchos defienden la postura que una lengua se aprende más fácilmente de niño que de adulto. Escriba un editorial para el diario estudiantil que

apoye esta posición, y trate de convencer a sus lectores de los beneficios futuros para el niño al saber dos lenguas.

5. Un compañero de clase quiere dedicarse a la enseñanza de niños de seis a diez años en escuelas primarias. En un ensayo bien organizado, apúntele las características de todo buen maestro (sea de nivel primario, secundario o superior) y cuantas recomendaciones concretas le pueda hacer sobre su preparación académica y personal para tener éxito en esta profesión.

Capítulo 3   Los animales

1. Muchas organizaciones —equipos de deportes, naciones, organizaciones caritativas— escogen a un animal para ser el símbolo o hasta el nombre de su grupo. Anote varios nombres de animales que se asocian generalmente con colectividades humanas y analicen qué pueden representar o significar.

2. Piense durante un momento qué animal le gustaría ser. Escriba un ensayo bien organizado en el que usted explique qué animal le representa mejor y por qué.

3. Una de las responsabilidades de ser amo de un animal doméstico es tomar medidas para que no moleste a otras personas. Escriba, en párrafos bien relacionados entre sí, recomendaciones para evitar disgustos ocasionados por un animal doméstico a los vecinos.

4. El cementerio para animales domésticos es una realidad nueva de este siglo. Explore este tema en un ensayo que discuta las motivaciones que explican este curioso fenómeno cultural.

5. La recomendación de casi toda organización para la protección de animales de compañía es de hacerlos castrar para evitar la reproducción incontrolada. En un ensayo bien organizado, explique lo que usted percibe como ventajas prácticas de la castración de gatos y perros domésticos y las emociones que experimentan sus amos al tomar esta decisión.

Capítulo 4   Cuestiones sociales

1. Una fuente de conflicto en muchas familias es que, al aproximarse la edad adulta, los jóvenes esperan más libertad en los horarios personales. Escriba un ensayo que describa las tensiones entre padres e hijos sobre las horas personales que éstos mantienen. Precise qué compromisos le parecen justos para todos.

2. Escriba un ensayo sobre lo que usted percibe como la mayor injusticia infligida a su generación, raza o religión. Incluya ejemplos de sus efectos negativos y esfuerzos para cambiar la situación.

3. Haga una comparación y contraste entre las relaciones románticas de mujeres y hombres de la misma edad que usted, así como los posibles fallos de comunicación entre ellos.

4. Hoy en día se viene contemplando en serio el legalizar la venta de todas las drogas todavía controladas. Por un lado los hay que las comparan con el alcohol o el tabaco, dos drogas que ocasionan adicciones pero que han probado (como en el caso histórico del alcohol) que toda pretensión de prohibición es inútil. Otros protestan por el precio enorme que paga la sociedad por esta libertad individual. Defienda una u otra posición y explique por qué la suya es la más razonable.

5. Generalmente, la independencia personal es muy deseada por los jóvenes; les atrae la idea de tener su propia casa, su propio trabajo, y —en fin— su propia vida. Al mismo tiempo, la independencia implica responsabilidades, autodisciplina y ciertas limitaciones. Escriba un ensayo que explique cuáles son para usted los beneficios y las responsabilidades que la independencia personal implica, y defienda sus opiniones al respecto.   [1987 AP Spanish Exam]

Capítulo 5   La salud

1. En forma de artículo periodístico, escriba consejos a nuevos padres que expliquen cómo deben vigilar la dieta de sus niños para asegurar su buena salud.

2. La depresión como estado psicológico a veces también produce serias consecuencias físicas. Escriba un ensayo que defina qué es la depresión, identifique sus consecuencias y recomiende precauciones o vías para evitarla o aliviarla.

3. Algunas comidas sirven de símbolo de toda una cultura: el chile, para México; la patata, para Bolivia; la pasta, para Italia; y la hamburguesa, para los Estados Unidos. Desarrolle un comentario sobre una de estas comidas u otra para descubrir sus asociaciones culturales.

4. Entre los deportes más populares de su comunidad, escoja uno y describa cómo funciona como recreo y expresión social.

5. Una constante preocupación de la sociedad moderna es la salud y el estar en buen estado físico. Los esfuerzos por mejorar la salud ofrecen muchos beneficios, aunque imponen cierta disciplina. Escriba un editorial para el periódico de su escuela sobre las ventajas de cuidar su salud y mantenerse en buenas condiciones. Trate de convencer a sus compañeros de los beneficios de una dieta adecuada y del ejercicio, y explíqueles por qué vale la pena guardar la disciplina que esto impone.   [1988 AP Spanish Exam]

Capítulo 6   El medio ambiente y la tecnología

1. La contaminación del aire, agua y tierra nos afecta a todos. Explique qué medidas se pueden tomar para controlar la polución del planeta.

2. En algunas universidades norteamericanas han inaugurado un nuevo requisito: la informática. Todo estudiante tendrá que probar sus habilidades

en manejar computadoras además de estudiar los programas que pertenezcan a su disciplina, sea historia, química, antropología o español. Escriba un ensayo bien organizado en el que usted, primero, discuta la importancia de las computadoras para estudiantes de nuestra época, y segundo, defienda (o critique) la obligación de tener que dominarlas para conseguir un diploma.

3.   Hoy en día, casi todos defienden la importancia de conservar el medio ambiente, tanto para nuestra salud física y mental como para la de futuras generaciones. Según su perspectiva personal, ¿cuáles serán algunos de los sacrificios que tendremos que sufrir para mantener la salud ambiental de nuestro planeta? ¿Cuáles sacrificios caerán en las espaldas de nuestros hijos?

4.   Una actividad humana que combina la tecnología con el medio ambiente de forma destructiva es la guerra. Cuanto más avanzamos en el desarrollo de armas destructivas, tanto más provocamos trastornos ambientales que durarán mucho después del conflicto militar. Escriba un ensayo de varios párrafos bien relacionados que examine las consecuencias políticas y sociales de la destrucción del medio ambiente, y la distribución de responsabilidades para las reparaciones ambientales después de una guerra.

5.   En muchos países del mundo es frecuente encontrar personas que hablan más de un idioma. Escriba un ensayo explicando cómo cree usted que un mayor énfasis en el estudio de idiomas en los Estados Unidos podría tener beneficios sociales, políticos, comerciales y personales.   [1989 AP Spanish Exam]

Capítulo 7   La amistad y las relaciones

1.   La amistad enriquece la vida, pero a veces hay relaciones íntimas que uno necesita concluir. ¿Cuáles son algunos de los indicios de que una amistad debe terminarse? ¿Qué consejos ofrecería usted a un amigo o amiga para distanciarse de una relación imposible?

2.   A veces surge el amor entre individuos de distintas razas, como entre blancos y negros, o de distintos grupos étnicos, como entre anglos e hispanos. En un ensayo bien organizado, describa las dificultades personales y sociales que conlleva esta clase de relaciones. Comente también las implicaciones si se casan y tienen hijos.

3.   Viejo o joven, casado o soltero, cada individuo tiende a formar un círculo de amigos especiales que representan las amistades de mayor importancia en su vida. Discuta en un ensayo bien organizado los valores y ventajas de este grupo de amigos para una vida feliz.

4.   Los hay que se ven como «colaboradores de Cupido» mientras que otros los consideran entrometidos: son los que tratan de crear amistades entre desconocidos que no están enamorados de nadie por el momento. ¿Cree usted que uno debe intentar juntar parejas? ¿Cree que este tipo de personas realizan a veces una función loable para la sociedad?

5. Escriba un ensayo en el que usted explica lo que la felicidad representa para usted y por qué piensa de esta manera. Se puede referir a experiencias personales o las de otra persona.   [1991 AP Spanish Exam]

Capítulo 8   Llegar a ser profesional

1. Su padre o madre (u otro conocido mayor de edad) se encuentra cansado/a de su profesión actual y está meditando buscar otro empleo. En una carta formal, ofrézcale un análisis de sus habilidades y limitaciones y recomiende otra profesión que se ajuste mejor a su personalidad y características.
2. Su sobrina de doce años ha anunciado su intención de hacerse policía algún día y le pide a usted consejos para prepararse para esta carrera. En un ensayo bien organizado, explíquele los requisitos personales, preparación académica, estudios técnicos y estilo de vida que le espera.
3. Las relaciones sexuales suelen asomarse también en el lugar de trabajo. Escriba un ensayo en el que discute las tensiones que pueden surgir cuando una mujer tiene a un hombre como jefe y cuando un hombre tiene a una mujer como jefa —y, finalmente, los contrastes entre las dos situaciones.
4. Muchas compañías requieren la jubilación obligatoria de sus empleados cuando alcanzan cierta edad, mientras que otras los dejan continuar trabajando si pueden cumplir con sus responsabilidades profesionales. Escriba un ensayo en el que proponga clases de trabajos y de obligaciones que admitan un retiro voluntario o no.
5. Escriba un ensayo bien organizado en el que discute la importancia de tener un sentido del humor en la vida.   [1993 AP Spanish Exam]

Capítulo 9   La plenitud

1. Las residencias para ancianos ya son parte ineludible de nuestra cultura. Explore en un ensayo bien organizado los aspectos positivos y negativos de estos lugares para los que ya no pueden valerse por sí mismos.
2. Describa a un pariente mayor de edad que usted realmente admira. ¿Qué experiencias contribuyeron a su personalidad? ¿Cuáles son los rasgos emocionales o psíquicos que lo definen como individuo de valor?
3. Se dice que uno pasa la juventud rechazando los valores de sus padres, la temprana mayoría reconociendo cuántos valores ya tiene incorporados sin saberlo, y la madurez dando las gracias por los valores adquiridos. Escriba un ensayo en el que explique los típicos valores personales que los padres entregan a sus hijos. ¿Cuáles son los que pueden modificarse con el tiempo y los que se conservan para toda la vida?
4. Usted vive en California y un incendio se está acercando a su vecindad y a

su casa. Antes de abandonar su hogar, usted debe escoger tres objetos entre todas sus posesiones. ¿Cuáles salvaría de las llamas? ¿Cómo le representan a usted? ¿A su familia? ¿A su sociedad?

5.   Explique en un ensayo bien organizado lo que usted conceptualiza como una vejez digna y feliz. ¿Qué estilo de vida y ocupaciones se incluyen en su visión de «la plenitud de la vida»?

APENDICE 3

Writing with Computers

This *Apéndice* provides instructions for the exercise diskettes supplied with *Generaciones*. These disks are available to you for copying. Please understand that, due to the wide variety of software versions available and system configurations possible, these instructions must remain general in nature. If you have problems accessing and using the exercises, please consult the User's Guide provided with your word-processing software package or ask your computer lab assistant for help.

A. Using WordPerfect® for DOS

Computers and Computer Editing

Many of the exercises in the text and workbook for *Generaciones* are marked with an icon and the phrase «EJERCICIO TAMBIÉN EN EL MICRODISQUETE». Packaged with this text are diskettes with these exercises as text files organized in subdirectories under the name and number of the chapter in which they appear. Most of these files include the directions given in the book and may offer additional suggestions to help you edit them on your computer.

There are several extra subdirectories on your diskette, one labeled \AYUDA. This directory contains a Spanish keyboard for WordPerfect 5.1 that you can transfer to your own machine or use off the diskette if you are working in a public access computer lab; instructions for using the keyboard are in \README, which has information about final revisions in the textbook, instructions for activating the Spanish keyboard, and general helps for using the *Generaciones* diskettes.

Finally there are three more empty subdirectories created for your convenience. The subdirectory \PRESTADO is for holding any composition you receive from a classmate for peer review; that way no one can mistake the intellectual property and homework of one student for that of another. There is an empty subdirectory labeled \BORRADOR.MIO that is your private space for rough drafts, papers for other courses, and personal documents. If you use someone else's diskette for peer reviews, respect their privacy and do not look at files in \BORRADOR.MIO. The directory \TAREA is available in case your instructor wants to collect your diskette as homework: assignments should be copied to this directory when they are in finished form ready to hand in.

It is a good idea to make two backups of the original diskette in case it is lost or damaged during the semester; one copy can be stored away as your permanent backup copy and the other used for daily backups. Always back up your current exercises and essays on both diskettes used on a daily basis for this course to insure your homework against accidental loss. Whenever you finish a piece of writing and save it onto one of your diskettes, you should immediately save it onto the other as well (in Wordperfect 5.1, by using **F-10**). That way *both* diskettes will have identical contents and if something happens to one of them, the other remains intact.

Activating a Spanish Keyboard

After you start up WordPerfect 5.1, if you want to write in Spanish using a keyboard with Spanish accents and characters that is already installed on your computer, employ the follow command sequence:

1. Press **SHIFT** and **F1** keys simultaneously.
2. Press **5** for "Keyboard Layout"
3. Use the cursor keys to move the highlight bar to the option that says Spanish and press **1** or **ENTER.**
4. Press **ENTER** (or **F7**) again to return to your document.

If you do not have the keyboard already installed on the computer you are using, you can use the Spanish keyboard provided on your diskette:

1. Press **SHIFT** and **F1** keys simultaneously.
2. Press **6** for "Location of Files"
3. Press **2** for "Keyboard/Macro Files"
4. Type in **A:\AYUDA** or **B:\AYUDA** depending on which drive your *Generaciones* diskette is in.
5. Press **ENTER** (or **F7**) to return to your document.

From then on (until you leave the program or change your keyboard deliberately) you can generate Spanish symbols by pressing either the **ALT** key or the **CONTROL** key and the letter at the same time, according to the chart below:

á	ALT a	ñ	ALT n
é	ALT e	Ñ	CTRL n
É	CTRL e	¿	ALT q
í	ALT i	¡	ALT x
ï	CTRL i	«	CTRL z
ó	ALT o	»	CTRL x
ú	ALT u	°	ALT p
ü	CTRL u	—	ALT m

If the keyboard does not work for some reason, these characters can still be summoned by another method: Simply hold down the **ALT** key and type in the numbers given below. The numbers must be typed on the numeric pad to the right of the regular keyboard; nothing will appear on the screen until all the numbers indicated have been entered and the **ALT** key is released.

á	ALT 160	ñ	ALT 164
é	ALT 130	Ñ	ALT 165
É	ALT 144	¿	ALT 168
í	ALT 161	¡	ALT 173
ï	ALT 139	«	ALT 174
ó	ALT 162	»	ALT 175
ú	ALT 163	°	ALT 248
ü	ALT 129	—	ALT 196

Creating a Spanish Document

If it is not already available on your school or home machine, a Spanish spell-checker and thesaurus may be ordered directly from the WordPerfect Corp. It does not correct mistakes in the agreement of number and gender, verb tenses, or word choice or syntax (word order), but it will weed out forms that are not Spanish at all and offer you options that are what you probably meant to write in the first place.

   If there is a Spanish language module already installed on your computer, you can skip to the paragraph on language codes below. If you purchased the module separately, you will need to insert its diskette into your computer when you are ready to use the spellchecker or thesaurus and follow the steps listed below.

1.   Press **SHIFT** and **F1** keys simultaneously.
2.   Press **6** for "Location of Files"
3.   Press **3** for "Thesaurus/Spell/Hyphenation."
4.   Type in **A:** or **B:** depending on which drive your WordPerfect diskette is in.
5.   Press **ENTER** (or **F7**) to return to your document.

The next thing you should do is mark your text as a **SPANISH language** text for WordPerfect. You do that by inserting a "language code": **SHIFT-F8, 4 (Other), 4 (Language)** and typing the initials **ES** (for "español"). You can go back and forth between English and Spanish as often as you like in a single document by repeating the process and changing the language designation to **US** (for "United States [English]") and back to **ES** for Spanish. Then back out of that menu to your editing screen. From now on WordPerfect will know to use the Spanish thesaurus and spellchecker from the Spanish files.

Starting a New Document (= file)

You can start typing your document as soon as WordPerfect comes up on your screen. You should ALWAYS label it immediately with your name and the current date at the top, both flush right (**ALT-F6**). The date will be inserted automatically if you use **SHIFT-F5, 1**; if you have already marked this as a Spanish document, the date will show up in Spanish.

Doing a Spellcheck

The internal Spanish dictionary in WordPerfect will sweep your document for words that don't match up with the Spanish words in its dictionary. That will catch a lot of errors, but not all: you have to know when to use *más* vs. *mas*, *qué* vs. *que* and *río* (river) vs. *rió* (he/she laughed). The spellchecker won't pick up word agreement, tense usage, or word order either.

When you are ready to "spellcheck" your document, use **CTRL-F2.** You can choose to spellcheck a single word, the current page, or the whole document. When the spellchecker doesn't find a match with a word in its dictionary it will offer you possible respellings; if the word is too far off from the dictionary's contents, the cursor will drop to the bottom of the screen. You can modify your best guess by choosing #4 (Edit), adjusting the spelling inside the text, and exiting with **F7** to let the spellchecker try again. If a word in your text still fails the spellcheck it might be wildly off (go look it up!), or a legitimate form that just isn't in the dictionary (not all plurals and feminines are there) or a special term beyond the scope of this (rather modest) spellchecker. Remember: The spellchecker only looks for misspelled words—it won't fix tenses or agreement or anything else.

When you've run the full spellcheck, put a couple of line spaces at the bottom of your document, do a flush right (**ALT-F6**), and type in the number of words as a verification for the teacher that you performed this required task:

[número de palabras: 278]

Using the Thesaurus

If you want to check for synonyms and antonyms in a foreign language, you can use the THESAURUS by pressing **ALT-F1.** If you get a message "Word not Found," try typing in a more basic form, such as the masculine singular for adjectives or the infinitive for verbs, or a simple synonym for your target term that you know already (for example, if it won't give you synonyms for Spanish *recontar*, try typing in *decir* at the prompt).

Saving Files and Exiting

When you have completed an assignment and want to turn it in to your professor, be sure to save the original to both diskettes and then to \TAREA on the one you will hand in. Use **F10** to save the document under its original subdirectory and name. Then press **F10** once more and when the full path and name appear at the bottom of the screen use the arrow and delete keys to carefully remove the name of the subdirectory and type in \TAREA in its place. When you hit **ENTER** again it will save a copy of your work in this location as well.

For example, when you finish editing \CAPITULO.4\EJRCICIO.2 you press **F10** to save it and \CAPITULO.4\EJRCICIO.2 appears at the bottom of the screen. You use the arrow keys to move under the CAPITULO.4 portion and delete it, leaving only \EJRCICIO.2. Now type in \TAREA so the finished line reads \TAREA\EJRCICIO.2. If you hit **ENTER** now, a copy will be saved in the \TAREA subdirectory for your professor to check.

B. Using Microsoft Word® for DOS

Computers and Computer Editing

Many of the exercises in the text and workbook for *Generaciones* are marked with an icon and the phrase «EJERCICIO TAMBIÉN EN EL MICRODISQUETE». Packaged with this text are diskettes with these exercises as text files organized in subdirectories under the name and number of the chapter in which they appear. Most of these files include the directions given in the book and may offer additional suggestions to help you edit them on your computer.

There are several extra subdirectories on your diskette, one labeled \AYUDA. This directory contains \README, which has information about final revisions in the textbook and general helps for using the *Generaciones* diskettes.

There are three more empty subdirectories created for your convenience. The subdirectory \PRESTADO is for holding any composition you receive from a classmate for peer review; that way no one can mistake the intellectual property and homework of one student for that of another. There is an empty subdirectory labeled \BORRADOR.MIO that is your private space for rough drafts, papers for other courses, and personal documents. If you use someone else's diskette for peer reviews, respect their privacy and do not look at files in \BORRADOR.MIO. The directory \TAREA is available in case your instructor wants to collect your diskette as homework: assignments should be copied to this directory when they are in finished form ready to hand in.

It is a good idea to make two backups of the original diskette in case it is lost or damaged during the semester; one copy can be stored away as your permanent backup copy and the other used for daily backups. Always back up your current exercises and essays on both diskettes used on a daily basis for this course to insure your homework against accidental loss. Whenever you finish a piece of writing and save it onto one of your diskettes, you should immediately save it onto the other as well (by using **CTRL-F10**). That way *both* diskettes will have identical contents and if something happens to one of them, the other remains intact.

Creating a Spanish Character

You can generate Spanish symbols by holding down the **ALT** key and typing in the numbers given below. The numbers must be typed on the numeric pad to the right of the regular keyboard; nothing will appear on the screen until all the numbers indicated have been entered and the **ALT** key is released. Note that using the extended character set is printer dependent, but unless you have an ancient printer, you should have no problems.

á	ALT 160	Á	*	¿	ALT 168
é	ALT 130	É	ALT 144	¡	ALT 173
í	ALT 161	Í	*	«	ALT 174
ï	ALT 139	Ï	*	»	ALT 175
ó	ALT 162	Ó	*	º	ALT 248
ú	ALT 163	Ú	*	—	ALT 196
ü	ALT 129	Ü	ALT 154		
ñ	ALT 164	Ñ	ALT 165		

*To access these characters, you will need to use DOS commands to change the system's country and keyboard configuration. Refer to your DOS manual for instructions and keyboard maps.

If they are not already available on your school or home machine, Spanish dictionaries (spellcheckers), thesauruses, and grammar checkers may be ordered from various sources, including custom dictionaries supplied directly by Microsoft. Obviously, some are better (and more expensive!) than others, but you should be able to find software that will suit your needs at a relatively reasonable price. A spellchecker will not correct mistakes in the agreement of number and gender, verb tenses, or word choice or syntax (word order), but it will weed out forms that are not Spanish at all and offer you options that are what you probably meant to write in the first place.

Starting a New Document (5 file)

You can start typing your document as soon as Word comes up on your screen. You should ALWAYS label it immediately with your name and the current date at the top, both positioned flush right (**ALT-R**).

Doing a Spellcheck

The internal Spanish dictionary in Word will sweep your document for words that don't match up with the Spanish words in its dictionary. That will catch a lot of errors, but not all: you have to know when to use *más* vs. *mas*, *qué* vs. *que*, and *río* (river) vs. *rió* (he/she laughed). The spellchecker won't pick up word agreement, tense usage, or word order either.

To specify your Spanish dictionary use **ALT-F6, OPTIONS** and type in the location of your Spanish dictionary.

When you are ready to "spellcheck" your document, use **ALT-F6.** You can choose to spellcheck a single word, the current page, or the whole document. When the spellchecker doesn't find a match with a word in its dictionary it will offer you possible respellings; if the word is too far off from the dictionary's contents, the cursor will drop to the bottom of the screen. You can modify your best guess by choosing **Correct,** adjusting the spelling inside the text, and exiting with **ENTER** to let the spellchecker try again. If a word in your text still fails the spellcheck it might be wildly off (go look it up!), or a legitimate form that just isn't in the dictionary (not all plurals and feminines are there) or a special term beyond the scope of this (rather modest) spellchecker. If the word is correct, but not in the dictionary, you can choose to **Add** it to your dictionary or you can also choose to **Remember** or **Ignore** the word. If you add the word to your dictionary, it stays as a permanent part of your dictionary; if you choose **Remember** or **Ignore,** the word will only be held in memory during that work session. Remember: The spellchecker only looks for misspelled words—it won't fix tenses or agreement or anything else.

When you've run the full spellcheck, put a couple of line spaces at the bottom of your document, do a flush right (**ALT-R**), and type in the number of words as a verification for the teacher that you performed this required task:

[número de palabras: 278]

Using the Thesaurus

If you want to check for synonyms and antonyms in a foreign language, you can use the thesaurus by pressing **CTRL-F6.** If you get a message "Word not Found," try typing in a more basic form, such as the masculine singular for adjectives or the infinitive for verbs, or a simple synonym for your target term that you know already (for example, if it won't give you synonyms for Spanish *recontar,* try typing in *decir* at the prompt).

Saving Files and Exiting

When you have completed an assignment and want to turn it in to your professor, be sure to save the original to both diskettes and then to \TAREA on the one you will hand in. Use **CTRL-F10** to save the document under its original subdirectory and name. Then press **CTRL-F10** once more and when the full path and name appear at the bottom of the screen use the arrow and delete keys to carefully remove the name of the subdirectory and type in \TAREA in its place. When you hit **ENTER** again it will save a copy of your work in this location as well.

For example, when you finish editing \CAPITULO.4\EJRCICIO.2 you press **CTRL-F10** to save it and \CAPITULO.4\EJRCICIO.2 appears at the bottom of the screen. You use the arrow keys to move under the CAPITULO.4 portion and delete it, leaving only \EJRCICIO.2. Now type in \TAREA so the finished line reads \TAREA\EJRCICIO.2. If you hit **ENTER** now, a copy will be saved in the \TAREA subdirectory for your professor to check.

C. Using WordPerfect® and Microsoft Word® for Windows®

Computers and Computer Editing

Many of the exercises in the text and workbook for *Generaciones* are marked with an icon and the phrase « EJERCICIO TAMBIÉN EN EL MICRODISQUETE». Packaged with this text are diskettes with these exercises as text files organized in folders under the name and number of the chapter in which they appear. Most of these files include the directions given in the book and may offer additional suggestions to help you edit them on your computer.

There are several extra folders on your diskette, one labeled AYUDA. This folder contains README, which has information about final revisions in the textbook and general help for using the *Generaciones* diskettes.

There are three more empty folders created for your convenience. The folder PRESTADO is for holding any composition you receive from a classmate for peer review; that way no one can mistake the intellectual property and homework of one student for that of another. There is an empty folder labeled BORRADOR MIO that is your private space for rough drafts, papers for other courses, and personal documents. If you use someone else's diskette for peer reviews, respect their privacy and do not look at files in BORRADOR MIO. The folder TAREA is available in case your instructor wants to collect your diskette as homework: assignments should be copied to this directory when they are in finished form, ready to hand in.

It is a good idea to make two backups of the original diskette in case it is lost or damaged during the semester; one copy can be stored away as your permanent backup copy and the other used for daily backups. Always back up your current exercises and essays on both diskettes used on a daily basis for this course to insure your homework against accidental loss. Whenever you finish a piece of writing and save it onto one of your diskettes, you should immediately save it onto the other as well. That way *both* diskettes will have identical contents and if something happens to one of them, the other remains intact.

Activating a Spanish Keyboard

If you want to write Spanish using Spanish accents and characters, you can generate Spanish symbols by using the **ALT/CTRL** key sequence, according to the chart below. The procedure to generate an accented lower-case a (á   ALT a), for example, is to hold down the **ALT** key, and press the **a** key.

á	ALT a	Á	CTRL a	¿	ALT q
é	ALT e	É	CTRL e	¡	ALT x
í	ALT i	Í	CTRL i	«	CTRL z
ï	CTRL i	Ï	ALT + CTRL i	»	CTRL x
ó	ALT o	Ó	CTRL o	°	ALT p
ú	ALT u	Ú	CTRL u	—	ALT m

ü	CTRL u	Ü	ALT + CTRL u
ñ	ALT n	Ñ	CTRL n

If the keyboard does not work for some reason, these characters can still be summoned by another method: Simply hold down the **ALT** key and type in the numbers given below. The numbers must be typed on the numeric pad to the right of the regular keyboard; nothing will appear on the screen until all the numbers indicated have been entered and the **ALT** key is released. Note that you can find these character values using the Character Map application in your Windows Accessories.

á	ALT 160	Á	ALT 0193	¿	ALT 168
é	ALT 130	É	ALT 144	¡	ALT 173
í	ALT 161	Í	ALT 0205	«	ALT 174
ï	ALT 139	Ï	ALT 0207	»	ALT 175
ó	ALT 162	Ó	ALT 0211	°	ALT 248
ú	ALT 163	Ú	ALT 0218	—	ALT 196
ü	ALT 129	Ü	ALT 0220		
ñ	ALT 164	Ñ	ALT 165		

Starting a New Document (= file)

You can start typing your document as soon as the word processing application you are using comes up on your screen. You should ALWAYS label it immediately with your name and the current date at the top, both flush right. The date will be inserted automatically if you use **Insert → Date and Time** (Microsoft Word for Windows) or **Insert → Date** (WordPerfect for Windows) from the menu bar. To save a document you have created, use the **File → Save** command from the menu bar. If you are saving a document for the first time, you will be prompted to enter a name for the file. (Note that **Insert → Date** means that you should move the mouse pointer to the menu bar item **Insert,** click the mouse button to display the menu, move the pointer down to highlight **Date,** and then either click the mouse button or hit the **ENTER** key.)

Doing a Spellcheck

If they are not already available on your school or home machine, Spanish dictionaries (spellcheckers), thesauruses, and grammar checkers may be ordered from various sources, including custom dictionaries supplied directly by Microsoft for use within Microsoft Word, and by WordPerfect Corp. for use within WordPerfect. Obviously, some are better (and more expensive!) than others, but you should be able to find software that will suit your needs at a relatively reasonable price. The information below, while generally descriptive of all spellcheckers, refers specifically to the use of the optional dictionaries available as modules for Microsoft Word and WordPerfect. Note that spellcheckers do not correct mistakes in the agreement of number and gender, verb tenses, or word choice or syntax (word order), nor do they catch usage of a valid word in an invalid context (e.g., *mes* for *mesa*) but they will weed out forms that are not Spanish at all and offer you options that are what you probably meant to write in the first place.

If it is not already available on your school or home machine, the Spanish spellchecker and thesaurus for Word may be ordered directly from Microsoft. To load a Spanish dictionary for Microsoft Word, proceed as follows.

1. To use the Spanish Dictionary as the main dictionary, make sure it is located in the Word Commands folder of the Microsoft Word application folder.
2. Select **Tools → Language.**
3. Select Spanish for the language.
4. Select **Tools → Spelling (F7)** to activate the spellchecker.

If it is not already available on your school or home machine, the Spanish spellchecker and thesaurus for WordPerfect may be ordered directly from the WordPerfect Corp. If there is a Spanish language module already installed on your computer, you can skip to the paragraph on language codes below. If you purchased the module separately, you will need to insert its diskette into your computer when you are ready to use the spellchecker or thesaurus and follow the steps listed below.

1. Select **Tools → Language.**
2. Select Spanish for the language.
3. Select **Tools → Speller (CTRL-F1)** to activate the spellchecker.

The spellchecker will sweep through your document, comparing the words in your document with the words contained in its files. Words that don't match up will be highlighted with an action request. This sweep will catch a lot of errors, but not all: you have to know when to use *más* vs. *mas*, *qué* vs. *que*, and *río* (river) vs. *rió* (he/she laughed). Remember, the spellchecker won't pick up word agreement, tense usage, or word order either.

You can choose to spellcheck a single highlighted word, a highlighted block of text, or the whole document. When the spellchecker doesn't find a match with a word in its dictionary it will offer you possible respellings; if the word is too far off from the dictionary's contents, the misspelled word will be highlighted in a type-in box. You can modify the spelling inside the box, and then click on the **Change/Change All** (Microsoft Word) or **Replace** (Word-Perfect) button to let the spellchecker try again. If a word in your text still fails the spellcheck, it might be wildly off (go look it up!) or a legitimate form that just isn't in the dictionary (not all plurals and feminines are there) or a special term beyond the scope of the spellchecker. If the word is correct, but not in the dictionary, you can choose to **Add** it to your customized supplement dictionary; you can also **Ignore/Ignore All** (Microsoft Word) or **Skip Once/Skip Always** (WordPerfect) that particular word. Remember: The spellchecker only looks for misspelled words—it won't fix tenses or agreement or anything else.

When you've finished running the spellcheck, insert a couple of line spaces at the bottom of your document, set the text to appear flush right, and type in the number of words as a verification for the teacher that you performed this required task:

[número de palabras: 278]

Using the Thesaurus

If you want to check for synonyms and antonyms in a foreign language, you can use the thesaurus by selecting **Tools → Thesaurus** (**SHIFT-F7** for Word for Windows, **ALT-F1** for WordPerfect for Windows). If you get a message "Word not Found," try typing in a more basic form, such as the masculine singular for adjectives or the infinitive for verbs, or a simple synonym for your target term that you know already (for example, if it won't give you synonyms for Spanish *recontar*, try typing in *decir* at the prompt).

Saving Files and Exiting

When you have completed an assignment and want to turn it in to your professor, be sure to save the original to both diskettes and then in the folder TAREA on the diskette you will hand in. Use **File → Save** to save the document to its original folder and name. Then use **File → Save as;** when the pop-up box appears, navigate to and open the TAREA folder. When you click on the **Save** button, or press the **ENTER** key, it will save a copy of your work in this location as well.

For example, when you finish editing EJRCICIO 2 in folder CAPITULO 4, you use **File → Save as;** when the pop-up box appears, a file folder icon and CAPITULO 4 will be displayed in a menu box. Move the mouse pointer to the box and hold down the mouse button, then move down to and highlight the TAREA folder and release the mouse button. If you click on the **Save** button, or press the **ENTER** key now, a copy of the file EJRCICIO 2 will be saved in the TAREA folder for your professor to check.

D. Using WordPerfect® and Microsoft Word® for the Macintosh® Computer

Computers and Computer Editing

Mac Users Note:
Unless you are using a Power PC, you will need to access our home page at http://www.hrwcollege.com to download a Macintosh version of these files.

Many of the exercises in the text and workbook for *Generaciones* are marked with an icon and the phrase «EJERCICIO TAMBIÉN EN EL MICRODISQUETE». Packaged with this text are diskettes with these exercises as text files organized in folders under the name and number of the chapter in which they appear.* Most of these files include the directions given in the book and may offer additional suggestions to help you edit them on your computer.

There are several extra folders on your diskette, one labeled AYUDA. This folder contains README, which has information about final revisions in the textbook and general help for using the *Generaciones* diskettes.

There are three more empty folders created for your convenience. The folder PRESTADO is for holding any composition you receive from a classmate for peer review; that way no one can mistake the intellectual property and homework of one student for that of another. There is an empty folder labeled BORRADOR MIO that is your private space for rough drafts, papers for other courses, and personal documents. If you use someone's else's diskette for peer reviews, respect their privacy and do not look at files in BORRADOR MIO. The folder TAREA is available in case your instructor wants to collect your diskette as homework: assignments should be copied to this directory when they are in finished form, ready to hand in.

It is a good idea to make two backups of the original diskette in case it is lost or damaged during the semester; one copy can be stored away as your permanent backup copy and the other used for daily backups. Always back up your current exercises and essays on both diskettes used on a daily basis for this course to insure your homework against accidental loss. Whenever you finish a piece of writing and save it onto one of your diskettes, you should immediately save it onto the other as well. That way *both* diskettes will have identical contents and if something happens to one of them, the other remains intact.

Starting a New Document (= file)

You can start typing your document as soon as the word processing application you are using comes up on your screen. You should ALWAYS label it immediately with your name and the current date at the top, both flush right. The date will be inserted automatically if you use **Insert → Date** (for Microsoft Word) or **Tools → Date/Time** (for WordPerfect) from the menu bar. To save a document you have created, use the **File → Save** command from the menu bar. If you are saving a document for the first time, you will be prompted to enter a name for the file. (Note that **Insert → Date** means that you should move the mouse pointer to the menu bar item **Insert,** holding down the mouse button to display the menu, moving the pointer down to highlight **Date,** and releasing the mouse button.)

Creating Spanish Characters

If you want to write in Spanish using Spanish accents and characters, you can generate Spanish symbols by using the **OPTION** key sequence, according to the chart below. The procedure to generate an accented lower-case a (á   OPTION e then a), for example, is to hold down the **OPTION** key, press the **e** key, then releasing the **OPTION** and **e** keys and pressing the **a** key. To create upper-case letters for the letters in the chart, use the **SHIFT** key for the desired letter (for example, an accented upper-case A, [Á] is generated by pressing the **OPTION** and **e** keys simultaneously, releasing them, then pressing the **SHIFT** and **a** keys simultaneously). Special characters such as leading question and exclamation marks and guillemets are created by pressing the key designated in the chart while holding down the **SHIFT** and **OPTION** keys.

á	OPTION e then a	Ï	OPTION u then SHIFT i
é	OPTION e then e	Ó	OPTION e then SHIFT o
í	OPTION e then i	Ú	OPTION e then SHIFT u
ï	OPTION u then i	Ü	OPTION u then SHIFT u
ó	OPTION e then o	Ñ	OPTION n then SHIFT n
ú	OPTION e then u	¿	SHIFT OPTION ?
ü	OPTION u then u	¡	OPTION 1
ñ	OPTION n then n	«	OPTION \
Á	OPTION e then SHIFT a	»	SHIFT OPTION \
É	OPTION e then SHIFT e	°	SHIFT OPTION 8
Í	OPTION e then SHIFT i	—	SHIFT OPTION -

Doing a Spellcheck

If they are not already available on your school or home machine, Spanish dictionaries (spellcheckers), thesauruses, and grammar checkers may be ordered from various sources, including custom dictionaries supplied directly by Microsoft for use within Microsoft Word and by WordPerfect Corp. for use within WordPerfect. Obviously, some are better (and more expensive!) than others, but you should be able to find software that will suit your needs at a relatively reasonable price. The information below, while generally descriptive of all spellcheckers, refers specifically to the use of the optional dictionaries available as modules for Microsoft Word and WordPerfect. Note that spellcheckers do not correct mistakes in the agreement of number and gender, verb tenses, or word choice or syntax (word order), nor do they catch usage of a valid word in an invalid context (e.g., *mes* for *mesa*) but they will weed out forms that are not Spanish at all and offer you options that are what you probably meant to write in the first place.

If it is not already available on your school or home machine, the Spanish spellchecker and thesaurus for Word may be ordered directly from Microsoft. To load a Spanish dictionary for Microsoft Word, proceed as follows.

1. To use the Spanish Dictionary as the main dictionary, make sure it is located in the Word Commands folder of the Microsoft Word application folder.
2. Select **Tools** → **Preferences.**
3. Click on the icon labeled "spelling."
4. Move the mouse pointer to either **Main Dictionary** or **Custom Dictionary** as applicable. If the Spanish Dictionary is the main dictionary, select **Main Dictionary** → **Spanish,** then close the Preferences box by clicking on the closer box in the upper left corner of the window. If the Spanish

Dictionary is a custom dictionary, click on the **New** button box, navigate to the location of the dictionary file, and click on the **Open** button. Note that if the Spanish dictionary is located in the Word Commands folder, it may show up as an option under **Custom Dictionary;** move the mouse pointer to the space in front of the custom dictionary name and click the mouse button, creating a check mark in front of the item, then close the pop-up window.

If it is not already available on your school or home machine, the Spanish spellchecker and thesaurus for WordPerfect may be ordered directly from the WordPerfect Corp. If there is a Spanish language module already installed on your computer, you can skip to the paragraph on language codes below. If you purchased the module separately, you will need to insert its diskette into your computer when you are ready to use the spellchecker or thesaurus and follow the steps listed below.

1.   Select **Files** → **Preferences** → **Default Folders.**
2.   When the pop-up box is displayed select **Type** → **Dictionary/Thesaurus.**
3.   Click on the **Define** button.
4.   Navigate to the location of the dictionary file and click on the **Set** button.
5.   Click on the **OK** button, or press **ENTER** to return to your document.

The next thing you should do is mark your text as a Spanish language text. You do that by inserting a "language code" by selecting **Tools** → **Language** → **Set Language.** Highlight **Spanish** and click on the **OK** button, or press **RETURN.** WordPerfect will know to use the Spanish thesaurus and spellchecker from the Spanish files.

The spellchecker will step through your document, comparing the words in your document with the words contained in its files. Words that don't match up will be highlighted with an action request. That will catch a lot of errors, but not all. You have to know when to use *más* vs. *mas*, *qué* vs. *que*, and *río* (river) vs. *rió* (he/she laughed). Remember, the spellchecker won't pick up word agreement or tense usage or word order either.

You can choose to spellcheck a single highlighted word, a highlighted block of text, or the whole document. When the spellchecker doesn't find a match with a word in its dictionary it will offer you possible respellings; if the word is too far off from the dictionary's contents, the misspelled word will be highlighted in a type-in box. You can modify the spelling inside the box, and click on the **Change** (Microsoft Word) or **Replace** (WordPerfect) button to let the spellchecker try again. If a word in your text still fails the spellcheck it might be wildly off (go look it up!), or a legitimate form that just isn't in the dictionary (not all plurals and feminines are there) or a special term beyond the scope of the spellchecker. If the word is correct, but not in the dictionary, you can choose to **Add** it to your custom dictionary; you can also **Ignore/Ignore All** (Microsoft Word) or **Skip Once/Skip Always** (WordPerfect) that particular word. Remember: The spellchecker only looks for misspelled words—it won't fix tenses or agreement or anything else.

When you've finished running the spellcheck, insert a couple of line spaces at the bottom of your document, set the text to run flush right, and type in the number of words as a verification for the teacher that you performed this required task:

[número de palabras: 278]

Using the Thesaurus

If you want to check for synonyms and antonyms in a foreign language, you can use the thesaurus by selecting **Tools → Thesaurus.** If you get a message "Word not Found," try typing in a more basic form, such as the masculine singular for adjectives or the infinitive for verbs, or a simple synonym for your target term that you know already (for example, if it won't give you synonyms for Spanish *recontar,* try typing in *decir* at the prompt).

Saving Files and Exiting

When you have completed an assignment and want to turn it in to your professor, be sure to save the original to both diskettes and then in the folder TAREA on the diskette you will hand in. Use **File → Save** to save the document to its original folder and name. Then use **File → Save as;** when the pop-up box appears, navigate to and open the TAREA folder. When you click on the **Save** button, or press the **ENTER** key, it will save a copy of your work in this location as well.

For example, when you finish editing EJERCICIO 2 in folder CAPITULO 4, you select **File → Save** to save it. Then use **File → Save as;** when the pop-up box appears, a file folder icon and CAPITULO 4 will be displayed in a menu box. Move the mouse pointer to the box and hold down the mouse button, then move down to and highlight the TAREA folder and release the mouse button. If you click on the **Save** button, or press the **ENTER** key now, a copy of the file EJERCICIO 2 will be saved in the TAREA folder for your professor to check.

CREDITS

Photos

p. 1, Peter Menzel   p. 4, A/P Wide World Photos   p. 20, Peter Menzel   p. 42, Peter Menzel   p. 63, Peter Menzel   p. 81, Peter Menzel   p. 96, Peter Menzel   p. 99, Robert Peron/Tony Stone Images   p. 107, Robert Frerck/Oddysey Productions   p. 117, Regine M- The Image Bank   p. 123, Chip and Rosa Maria Peterson   p. 142, Peter Menzel p. 151, Jim Pickerell/Tony Stone Images   p. 165, Peter Menzel   p. 172, Penny Gentieu/ Tony Stone Images

Literary

p. 4, "Linda Ronstadt: El espejo de dos culturas," by José Ronstadt from *Más*, May, 1993. pages 6-7, Carla Pulín, "Situación laboral de la mujer embarazada en 1996," *Cambio 16*, 1268, March 11, 1996.   p. 11, "Precauciones para seleccionar una residencia privada," from *Cambio 16*, January, 1985.   p. 16, "Cuando salí de Cuba," by Juan Fernández, from *Cambio 16*, December, 1994, pages 28-39.   p. 23, "Traductores sin licencia," by Chori Santiago, from *Más*, January-February, 1993, page 23.   p. 33, "El racismo es un cuento," by Angeles Zamora, from *Cambio 16*, December, 1994.   p. 36, "El primer amor nunca se olvida," from *Más*, Spring, 1990. p. 41, "«Don Gato»," from Michèle S. de Cruz-Sáenz, *Romancero tradicional de Costa Rica*, 1986, page 30. Reprinted by permission of Juan de la Cuesta Press, publisher.   pages 45-46, Luis de Zubiaurre, 'Picaduras: consejos' [67] y 'Animales: consejos' [68] de "La Prim*alergia* ha venido," *Cambio 16*, 1270, March 25, 1996, pages 62-68.   p. 47, "Comprobado: Los animales también sueñan y tienen pesadillas," from *Muy interesante*, 1992.   p. 48, Javier Gregori, "Los últimos primos del hombre," *Cambio 16*, 1276, May 6, 1996, pages 96-97.   p. 53, "Las sombras de la mascota muerta...," by Zinie Chen, from *Associated Press*, November, 1992. Reprinted by permission of *Associated Press*. p. 66, "Existe un deseo de droga en la naturaleza humana," by Ander Landaburu, from *Cambio 16*, April, 1993, pages 86-87.   p. 68, "Documento: Por qué legalizar," from *Semana*, October, 1993, pages 76-80.   p. 70, "La feminización de los hombres," from *Semana*, December, 1993.   p. 77, "Usted está embarazado, caballero," by Daniel Samper Pizano, from *Cambio 16*, December, 1994. p. 84, "La guerra contra el ruido," by Alfredo Luque, from *Muy interesante*, IX, 2, pages 5-16. p. 88, "Claves para combatir el estrés," from *Muy interesante*, IX, 10, pages 43-58.   p. 90, "El sol, ¿amigo o enemigo del niño?," from *Más*, May-June, 1991, page 28.   p. 96, "Cómo detener el crecimiento demográfico," from *Crónica semanal*, July, 1994, © CRONICA. Reprinted by permission of publisher.   p. 101, "Fracaso «in vitro»," from *Semana*.   p. 103, "Tecnología. En sus marcas...," from *Semana*, August, 1993, page 50.   p. 112, "De Madrid al cielo," by Luis de Zubiaurre, from *Cambio 16*, December, 1994.   p. 114, "Los hornos microondas," from *Más*, March, 1993.   p. 122, "Para glotones," from *Semana*, October, 1993, pages 117-119.   p. 124, "La máquina de ligar," from *Cambio 16*, May, 1994, page 86.   p. 128, "Como agua para chocolate," from *Semana*, October, 1993.   p. 138, "El túnel de amor," by Yolanda Aguilar, from *Cambio 16*, February, 1995.   p. 144, "El futuro es nuestro... si queremos," from *Más*, January-February, 1991.   p. 151, "Busco «profesión»," from *Semana*, October, 1993.   p. 168, "Los peligros de la vejez desamparada," from *Más*, November-December, 1991, pages 82-86.   p. 170, "Eutanasia: Cuando llega la hora final," by Luis de Zubiaurre, from *Cambio 16*, April, 1993, pages 60-61. p. 173, "Club de trillizos," from *Semana*, March, 1994.   p. 176, "Aparcados," from *Cambio 16*, August, 1994.